林語堂作品精選 4

林語堂

—經典新版—

蘇東坡傳

林語堂 著

目錄

第三卷　成熟（一〇八〇～一〇九三年）

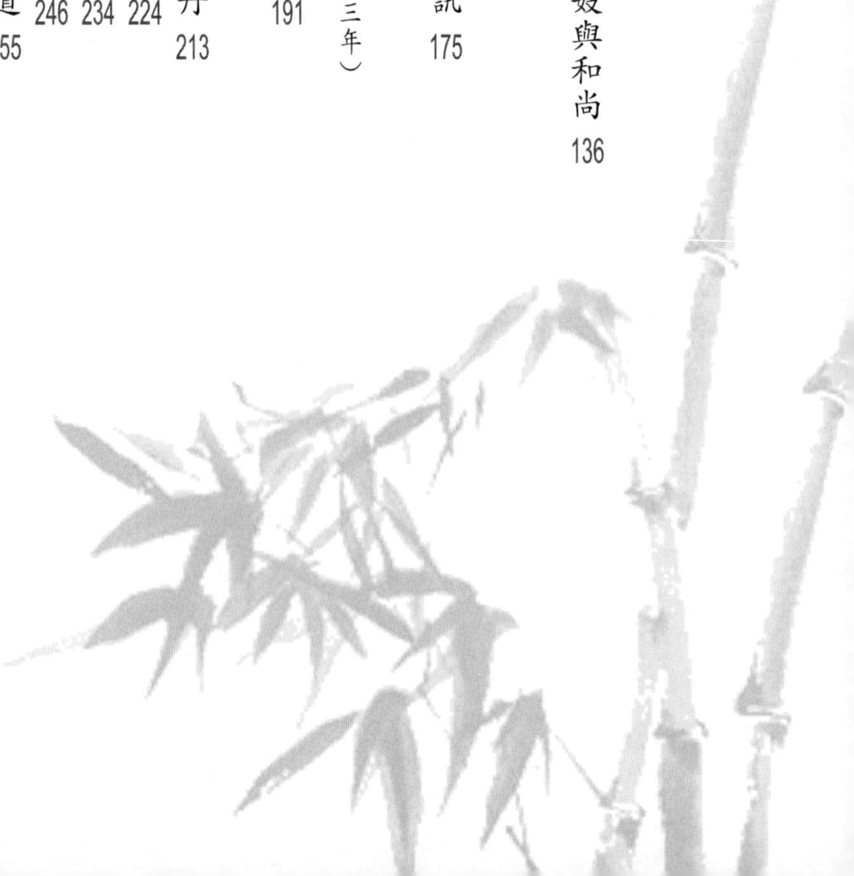

原序

林語堂

我寫蘇東坡的傳記沒有別的理由，只是想寫罷了。多年來，我腦中一直存著爲他作傳的念頭。一九三六年我攜家赴美，身邊除了一套精選精刊的國學基本叢書，還帶了幾本蘇東坡所作或者和他有關的古刊善本書，把空間的考慮都置之度外。那時候我就希望能寫一本書來介紹他，或者將他的一部分詩詞文章譯成英文，就算做不到，我也希望出國期間他能陪在我身邊。書架上列著一位有魅力、有創意、有正義感、曠達任性、獨具卓見的人士所寫的作品，真是靈魂的一大補劑。現在我能動筆寫這本書，我覺得很快樂，單單這個理由就足夠了。

鮮明的個性永遠是一個謎。世上有一個蘇東坡，卻不可能有第二個。個性的定義只能滿足下定義的專家。由一個多才多藝、多采多姿人物的生平和性格中挑出一組讀者喜歡的特性，這倒不難。我可以說，蘇東坡是一個不可救藥的樂天派，一個偉大的人道主義者，一個百姓的朋友，一個大文豪，大書法家，創新的畫家，造酒試驗家，一個工程師，一個憎恨清教徒主義的人，一位瑜珈修行者，佛教徒，巨儒政治家，一個皇帝的秘書，酒仙，厚道的法官，一位在政治上專唱反調的人，一個月夜徘徊者，一個詩人，一個小丑。

但是這還不足以道出蘇東坡的全部。一提到蘇東坡，中國人總是親切而溫暖地會心一笑，這個結論也許最能表現他的特質。蘇東坡比中國其他的詩人更具有多面性天才的豐富感、變化感和幽默感，智能優異，心靈卻像天真的小孩——這種混合等於耶穌所謂蛇的智慧加上鴿子的溫文。

不可否認的，這種混合十分罕見，世上只有少數人兩者兼具。這裏就有一位！終其一生，他對自己完全自然，完全忠實。他天生不善於政治的狡辯和算計；他即興的詩文或者批評某一件不合意事的作品都是心靈自然的流露，全憑本能，魯莽衝動，正像他所謂的「春鳥秋蟲聲」；也可以比爲「猿吟鶴唳本無意，不知下有行人行」。他始終捲在政治漩渦中，卻始終超脫於政治之上。沒有心計，沒有目標，他一路唱歌、作文、評論，只是想表達心中的感受，不計本身的一切後果。就因爲這樣，今天的讀者才欣賞他的作品，佩服他把心智用在事件過程中，最先也最後保留替自己說話的權利。

他的作品散發著生動活潑的人格，有時候頑皮，有時候莊重，隨場合而定，但卻永遠真摯、誠懇、不自欺欺人。他寫作沒有別的理由，只是愛寫。今天我們欣賞他的著作也沒有別的理由，只因爲他寫得好美、好豐富，又發自他天真無邪的心靈。

我分析中國一千年來，爲什麼每一代都有人真心崇拜蘇東坡，現在談到第二個理由，這個理由和第一點差不多，只是換了一個說法罷了。蘇東坡有魅力。正如女人的風情、花朵的美麗與芬芳，容易感受，卻很難說出其中的成分。

蘇東坡具有卓越才子的大魅力，永遠教他太太或者最愛他的人操心——不知道該佩服他大無畏的勇氣，還是該阻止他，免得他受傷害。顯然他心中有一股性格的力量，誰也擋不了，這種力量由他出生的一刻就已存在，順其自然，直到死亡逼他閤上嘴巴，不再談笑爲止。

他揮動筆尖，有如揮動一個玩具。他可以顯得古怪或莊重，頑皮或嚴肅——非常嚴肅，我們由他的筆梢聽到一組反映人類歡樂、愉快、幻滅和失意等一切心境的琴音。他老是高高興興和一群人宴飲玩樂。他說自己生性不耐煩，遇到看不順眼的事物就「如蠅在食，吐之乃已」。他不喜歡某一位詩人的作品，就說那「正是京東學究飲私酒、食瘴死牛肉醉飽後所發者也。」

他對朋友和敵人都亂開玩笑。有一次在盛大的朝廷儀式中，他當著所有大臣的面嘲弄一位理學家，措辭傷了對方，日後爲此嚐到不少苦果。但是別人最不瞭解的就是他對事情生氣，卻無法恨別人。他恨罪惡，對作惡的人倒不感興趣，只是不喜歡而已。怨恨是無能的表現，他從來不知道無能是什麼，所以他從來沒有私怨。大體說來，我們得到一個印象，他一生嬉遊歌唱，自得其樂，悲哀和不幸降臨，他總是微笑接受。拙作要描寫的就是這種風情，他成爲許多中國文人最喜愛的作家，原因也在此。

這是一個詩人、畫家、百姓之友的故事。他感覺強烈，思想清晰，文筆優美，行動勇敢，從來不因自己的利益或輿論的潮流而改變方向。他不知道如何照顧自己的利益，對同胞的福祉倒非常關心。他仁慈慷慨，老是省不下一文錢，卻自覺和帝王一樣富有。他固執，多嘴，妙語如珠，口沒遮攔，光明磊落；多才多藝，好奇，有深度，好兒戲，態度浪漫，作品典雅，爲人父兄夫君頗有儒家的風範，骨子裏卻是道教徒，討厭一切虛僞和欺騙。他的才華和學問比別人高出許多，根本用不著忌妒；他太偉大，有資格待人溫文和藹。

他單純真摯，向來不喜歡裝腔作態；每當他套上一個官職的枷鎖，他就自比爲上鞍的野鹿。他活在糾紛迭起的時代，難免變成政治風暴中的海燕，昏庸自私官僚的敵人，反壓迫人民眼中的鬥士。一任一任的皇帝私下都崇拜他，一任一任的太后都成爲他的朋友，蘇東坡卻遭到貶官、逮捕、生活在屈辱中。

蘇東坡最佳的名言，也是他對自己最好的形容，就是他向弟弟子由所說的話：

「吾上可陪玉皇大帝，下可以陪卑田院乞兒。眼前見天下無一個不好人。」

難怪他快快活活，無憂無懼，像旋風般活過一輩子。

蘇東坡的故事基本上就是一個心靈的故事。他在玄學方面是佛教徒，知道生命是另一樣東西暫時的表現，是短暫軀殼中所藏的永恆的靈魂，但是他不能接受生命是負擔和不幸的理論——不見得。至少他自己欣賞生命的每一時刻。他的思想有印度風味，脾氣卻完全是中國人。由佛家絕滅生命的信仰，儒家生活的哲學和道家簡化生命的信念，他心靈和感覺的坩堝融出了一種新的合金。

人生最大的範疇只有「百年三萬日」，但這已經夠長了；如果他尋找仙丹失敗，塵世生活的每一刻依然美好。他的肉身難免要死去，但是他來生會變成天空的星辰，地上的雨水，照耀、滋潤、支持所有的生命。在這個大生命中，他只是不朽生機暫時顯現的一粒小分子，他是哪一粒分子並不重要。生命畢竟是永恆的、美好的，他活得很快慰。這就是樂天才子蘇東坡的奧秘。

本書不附加太多長註，不過書中的對話都有出處可查，而且儘可能引用原句，只是不太容易看出來罷了。所有資料都來自中文書，註腳對大多數美國讀者沒有多大的用處。書目附表中可以找到概略的資料來源。爲了避免讀者弄不清中國名字，我將比較不重要的人名省略了，有時候只提姓氏。中國學者有四、五個名號，也有必要從頭到尾只用一個。英譯中國人名，我去掉惡劣的

「hs」，改用「sh」，這樣比較合理些。有些詩詞我譯成英文詩，有些牽涉太多掌故，譯起來顯得怪誕不詩意，不加長註又怕含意不清，只好改寫成英文散文（譯註：中文版已「還原」成詩詞）。

譯序

宋碧雲

翻譯林語堂的作品，最大的困難就是人名、地名、書名……等專有名詞。因爲背景是中國，專有名詞不能音譯，也不能意譯，必須查出中文的原名。翻譯《蘇東坡傳記》除了這些困難，還要面對蘇詩蘇文的「還原」問題。蘇東坡生前留下一千七百多首詩詞，八百封信件，數不清的短記和題跋，不少奏議、碑銘、雜文，還爲朝廷擬過八百道聖詔，別人談論他的文章更不計其數。本書所引的就有好幾百篇。某些詩文有篇名或寫作時間供譯者參考，查起來還不太困難。有些引句除了上下的括號，沒有任何「線索」可查，只好用死方法，依照林先生所列的參考書目一本一本、一頁一頁往下翻。除了手邊的《蘇東坡全集》、《宋詞》、《古文觀止》和《王荊公》等書，中央圖書館更成爲我經常光顧的所在。有時候譯一頁原文，動筆的時間不到一個鐘頭，查書倒花了五、六個小時。

舉例來說，林先生的原序中說，蘇東坡的作品都是真情流露，有如「the cries of monkeys in the jungle or of the storks in high heaven, unaware of the human listeners below.」照林先生的文風來判斷，他很可能是用蘇東坡本人的作品來形容他。但是這兩句話到底是詩，是詞，是碑銘，是書信，還是他的「文談」或「詩話」，我一無所知，甚至不能百分之百確定是他筆端的產物。我只好拿起蘇東坡的全集，一頁一頁做「地毯式的搜索」，打算查不到時再去翻閱其他相關的書籍。找了好幾個小時，終於查到蘇東坡給參寥和尚的一首長詩中有下列四句：「多生綺語磨不盡，尚有宛轉詩人情。猿吟鶴唳本無意，不知下有行人行。」後兩句正好吻合上述英文句的意思，前後也相當貼切。「找到了！找到了！」那份意料之中又像出乎意料之外的驚喜，實非三言兩語所能道盡。

說來我接譯這本書實在有點自不量力。我雖然學外文，從小也喜歡讀讀唐詩宋詞，自以爲國學造詣總可以拿五六十分吧。蘇東坡家喻戶曉，他那些趣聞軼事人人都知道。「不識廬山真面目，只緣身在此山中」、「常把西湖比西子，淡抹濃粧總相宜」、「忽聞河東獅子吼，拄杖落地心茫然」等名句，幾乎人人都會背。翻譯他的傳記還有什麼問題？於是一拍胸脯就接了下來。

仔細讀完原著，才知道問題不那麼簡單。書中引了幾百篇題跋、書信、奏議、詔命和詩文，很多我都沒有讀過。而且林先生聲明，書中的每一句對話都根據宋人或後人的筆記譯成英文。我雖不打算將這些對話「還原」成古文（讀起來太彆扭），至少也要查到出處，與英文對照翻譯，以保留原句的風采。引用的詩文則一定要「還原」，查考資料將是一件十分吃力的工作。但是一股接受挑戰的狂勁卻使我不甘心打退堂鼓。反正林先生在書後列了一百多本參考書。了不起下「死功夫」，一本一本借來查嘛！於是一行一行譯，一頁一頁查，前後花了六個月的時間，整天埋頭苦幹，終於把這本書譯出來了。

我這本譯作不敢奢望「傳神」，只求儘量不出錯，但也只是「儘量」而已。如果有任何不妥當的地方，歡迎每一位朋友提出指正。

第一卷　童年至青少年時代

（一〇三六～一〇六一年）

第一章　文忠公

要認識一個死去千年的人其實並不難。想想我們對同市的居民——甚至市長的私生活——所知是多麼有限，有時候，反覺得死人比活人更容易瞭解。至少有一點，活人的一生還沒過完，誰也不知道他碰到危機會做出什麼事來。酒鬼會改過，聖人會墮落，牧師也許會和唱詩班的女團員私奔。活人總有太多太多的「可能性」。而且活人有隱私，某些隱私往往在他死後很久才真相大白。因此，同時代的人往往很難批判，他的一生和我們太接近了。

像蘇東坡這樣的古詩人就不同了。我讀過他的雜記、他的一千七百首詩詞和八百封私人信件。認不認識一個人不在於和他同一年代，這是共鳴瞭解的問題。畢竟我們只認識自己真正瞭解的人，而且只對自己真正喜歡的人才能充分瞭解。我想我認識蘇東坡，是因為我瞭解他，而我瞭解他，又因為我喜歡他。喜歡一位詩人向來是口味的問題。以詩詞偉大的標準——清新、自然、技巧和同情心——來說，我認為李白已達到更卓越的成就，杜甫更能給人大詩聖的完整印象。但是毫無理由，我最喜愛的詩人卻是蘇東坡。

今日我覺得蘇東坡偉大的人格比任何一位中國作家更突出，也更完整地蝕刻在他的生活和作品中。蘇東坡的肖像在我腦海中十分清晰，原因有二。首先，它發自蘇東坡本人傑出的腦袋，印在他的每一行作品中，就像我見過那兩張蘇東坡所畫墨竹上的黑影，閃閃生輝，彷彿一個鐘頭前才著上去似的。這是一種奇特的現象，莎士比亞的情形也是如此。莎翁生動的詩行直接發自他敏感而豐富的腦袋，到今天仍然清新無比。雖然一代一代的學者努力研究他，我們對他外在的生活仍然所知不多；但是他死後四百年，我們還覺得藉著他注入作品中的情感，我們已深知他思想的隱秘。

第二個原因，是蘇東坡一生的記錄比中國其它的詩人要完整些。材料包括各種記載他漫長而多采的政治生涯的史籍，他自己大量的詩詞和散文作品（將近一百萬字），他的雜記、親筆題書和私人信函，以及當時人物把他尊爲最敬愛的學者而談起他的許多隨筆——由他同代人物以雜記和傳略的方式留傳到今天。他死後一百年間，沒有一本重要的傳略不提到這位詩人。

宋朝的學者都擅於寫日記，著名的有司馬光、王安石、劉摯、曾布等人；也有人不屈不撓地寫傳略，王明清和邵伯溫就是最好的例子。由於王安石國家資本主義所造成的複雜情勢，以及蘇東坡時代政治鬥爭的熾熱和刺激，這段時期作家所保存的資料——包括對話在內——特別豐富①。

蘇東坡本人不寫日記；他不是愛寫日記的一型——那樣對他來說太有條理、太忸怩了。但是他寫過一本雜記，是他對各項旅程、思想、人物、地點和事件按日期或不按日期的記載。別人也忙著記下他所說所做的一切。他的信件和附筆都由崇拜他的人仔細保存下來。身爲大家爭相尋訪的書法家，他習慣在酒宴後做一首詩來描述那個場面，或者描寫自己的思想和評論送給朋友。這些短箋都被人妥善保存，傳給子孫，有時候也高價出售。這些即興短箋包含了不少蘇東坡最好的作品。他有八百封信和六百則著名的親筆小記和題跋留傳到今天。

其實是因爲蘇東坡太受歡迎了，黃庭堅等後輩學者才爭相收集他的附筆和便條，集成一冊出版。蘇東坡死後，成都有一位藝品收藏家馬上開始收集蘇東坡的親筆短箋和私人信函，刻在石頭上，把拓印本當做書法來賣②。

蘇東坡為某一場合而寫的詩篇立刻由國內學者傳閱和背誦。當時所有好學者都被逐出京師，這些抗議政府作風的詩句天真誠實，使統治者的怒氣完全集中在他一個人身上，幾乎害他送命。他後不後悔？放逐期間，他表面上對不太親密的朋友說他後悔了，但是對好朋友卻表示毫無悔意，若再有必要吐出飯菜中的蒼蠅，他仍會重蹈覆轍。由於這種心靈的流露，他發現自己處在當時正派學者的領導地位，不免覺得悲哀。徒然和政客小人鬥爭一番後，他第二次遭到流放，遠走國外的海南小島，多少有點認命的意味，心靈倒分外平靜。

因此這個人成為文學閒話的中心，死後尤其受到深廣的敬重，也是很自然的。拿西洋作家為例，李白可以比美雪萊或拜倫，是一個燃燒自己展現出瞬間壯景的文學彗星。杜甫就像米爾頓，是一個熱心的哲學家和老好人，以貼切、淵博的古典比喻寫出了豐富的作品。蘇東坡永遠年輕。他性格比較像薩克萊，政治和詩詞的盛名則像雨果，同時又具有約翰生博士那份動人的本質。不知怎麼，約翰生博士的痛風病直到今天還叫我們感動，米爾頓的瞎眼卻不盡然。如果約翰生同時又兼有甘斯伯勞的特色，而且像波普用詩詞批評政治，又像史維夫特吃過那麼多苦而沒有史維夫特的尖酸味兒，我們就能找出一個英國的類比了。蘇東坡的人道精神由於遭受許多困難而更加醇美，卻沒有變酸。今天我們愛他，只因為他吃苦吃得太多了。

中國有句俗話說，蓋棺才能論定。人的一生就像一齣戲，只有落幕後才能判斷這齣戲的好壞。差別是——人生的戲往往連最聰慧、最精明的演員也不知道下一幕會演些什麼。不過真實的人生永遠隨一種必然性自然推展，只有最好的戲劇能夠企及。因此寫過去人物的傳記有一項最大的方便，我們可以檢視一幕幕已經終了的情節，眼見許多事情因外在事變和內在性格的必然性而自然發展。

我徹底研究蘇東坡的一生，明瞭他爲什麼一定要做所做的一切，內心卻渴望棄官隱居，我覺得自己彷彿在讀中國占星家筆下某人一生的預言，清晰、明確，絕對無法避免。中國占星家可以逐年列出一個人一生的過程，爲了豐厚的酬金也願意把整個預言寫下來。但是傳記家的後見之明永遠超過占星家的預測。今天我們能認清蘇氏一生起起落落的明圖，看出同樣的必然性，但也確知無論問題在不在星宿，陰晴圓缺總要發生的。

蘇東坡生於宋仁宗景祐三年（西元一〇三六年），死於徽宗建中靖國元年（一一〇一年），也就是華北被金人攻佔，北宋滅亡前二十五年。他在宋朝最好的皇帝手下成長，服侍過一個用意良好卻野心勃勃的皇帝，等那十八歲的昏君登上龍座，他就不斷蒙羞受難了。因此，研究蘇東坡的一生就等於研究國家因黨爭而隕落的過程，結果國力消滅，政客小人橫行霸道。《水滸傳》的讀者對這種暴政都很熟悉，正直的好人爲了逃避稅吏或者避開貪官的「公理」，一個接一個走向樹林，成爲書中受人愛戴的綠林英雄。

蘇東坡年輕的時候，有一大群卓越的學者圍在皇帝朝中，北宋末期卻一個也不剩。著名的國家資本主義者王安石第一次迫害學者，整肅御吏，任用屬下，至少還有二十位名學者和正義人士願爲自己的罪名而受苦。等小昏君第二次施虐，好人大部分已經去世，或者很快流放而死。這種削弱國力的舉動是由這位大信仰家以「社會改革」、避免「私人資本剝削」，維護可愛的中國人民「利益」的名稱而發動的。對國家命運來說，最危險的莫過於一個思想錯誤卻固執己見的理想家。詩人兼人道哲學家蘇東坡以他的常識來對抗經濟學者王安石的邏輯，他所頒授的教訓以及中國所付出的代價，我們至今還沒有學會。

王安石熱衷社會改革，自然覺得任何手段都沒有錯，甚至不惜清除異己。神聖的目標向來是最危險的。一旦目標神聖化，實行手段必然日漸卑鄙。這種發展趨勢逃不過蘇東坡敏銳的心靈，甚至有點違背他的幽默感。他的行徑和王安石不合；彼此的衝突決定了他一生的經歷，也決定了宋朝的命運。

蘇東坡和王安石都沒有看見他們鬥爭的結局，以及中國被北方蠻族征服的情景，不過蘇東坡親眼看見廣泛宣傳的「社會改革」造成了可怕的結果。他看到王安石「熱愛」的農民不得不逃出家園，不是因為饑荒或洪水，而是豐年怕回到村裏交不出社會主義政府強迫農民借的貸款和利息，會被官吏抓去坐牢。他呼聲震天；不能自已。

有些不誠實的官吏覺得隱瞞社會主義政府的弊端——他們不可能察覺不到——頌揚它的優點比較有利。只要謊言夠大，說得次數夠多，謊言變成真話也不是現在的新發明哩。宦官要謀生。就這樣，不負責的人玩弄著國家的命運，彷彿他們自己逃得掉最終的結局似的。蘇東坡至少能維護他的靈魂，為此付出代價。皇帝正直的本心不足以成為昏庸的藉口，因為重大問題方面他判斷錯誤；蘇東坡卻是對的。

鐵腕政治以社會改革的名義強加在人民身上。在瘋狂的權力鬥爭中，黨爭超越了愛國的興趣，國家的道德和經濟纖維被削弱耗盡，正如蘇東坡的預言，使國家輕易落入西伯利亞方向來的強敵手中。小人甘願在「區域獨立」的名分下替北方的強鄰當傀儡，效忠異族，難怪北宋覆滅，中國要退到長江以南。宋室焚毀之後，史學家在焦木廢墟裏漫步，才開始檢視原野，用自大的史學眼光來考慮災禍的原因，可惜太遲了。

蘇東坡死後一年，政客小人當道，北宋還沒有斷送給橫跨蒙古野地而來的狼主，一件歷史上非常重要的事件發生了。這就是元祐黨人碑的設立，也是整個時期鬥爭的象徵和總結。

「元祐」是蘇東坡黨人當權時的年號（一〇八六～一〇九三），這個黨人碑有三百零九個元祐時代人物的黑名單，以蘇東坡為首。聖旨規定這些人和他們的子弟永遠不能在朝為官。忠貞家庭的子孫不准嫁娶「元祐黨人」的子女，如果已經訂親，也要依皇令解除。列有黑名單的石碑在全國各區設立；有些至今還留存在中國山區裏。

這是根絕一切反對勢力的措施，也是作者心目中讓這些人永遠受辱的方法。因為中國被社會改革家斷送在北方強敵手中，這些石碑所帶來的效果，也就和作者當初的意願大不相同。一百多年間，黑名單人物的子女為先人名列石碑而自誇自豪。因此元祐黨人碑才會名留青史。事實上，有些人的祖先並不值得尊敬，因為黨人碑的作者一心要根絕反對勢力，把所有仇敵都列上名單，其中有好人也有壞人。

彷彿是天意，崇寧五年（一一〇六年）一月，天空出現了一顆隕星，文德殿東牆上的石碑被閃電擊中，分裂為二。再沒有更清晰的天怒指標了。徽宗大驚，又怕首相反對，就叫人連夜將端（禮）門上的另一塊石碑偷偷毀掉。首相發覺，十分懊惱，但卻憤慨地驚嘆說，「碑可毀，這些人的名字卻永遠難忘！」現在我們知道他的預言實現了。

閃電擊中黨人碑，使蘇東坡死後名望不斷增高。最初十年，一切刻有他筆跡或文章的石碑都奉命拆毀，他的書本被禁，他也被除去生前的一切頭銜。不過當時有一位作家在雜記中寫道：「東坡詩文落筆輒爲人所傳誦。崇寧大觀間海外詩盛行，是時朝廷禁止賞錢增至八十萬。禁愈嚴而傳愈多，往往以多相誇。士大夫不能誦東坡詩，便自覺氣索，而人或謂之不韻。」

電擊後五年，一位道士對皇帝說，他看到蘇東坡的英靈在天宮擔任文相。皇帝更加害怕，連忙恢復蘇東坡生前最高的爵位，後來又加封一個比生前更高的榮銜。政和七年（一一一七年）皇室在同一個君主治下，竟也收集蘇東坡的文稿，每件出價高達五萬錢。宦官梁師成花三十萬錢（約三百美金，以當時生活水準來說算相當高價了），買英州石橋上（被人妥善隱藏）的碑文，還有人出五萬錢來買蘇東坡在一位學者書齋匾額上所寫的三個字。生意旺盛進行著，不久，這些珍稿就收入宮中或富豪的家裏。

金人攻下京城，他們特別搜掠蘇東坡和司馬光的作品，因爲蘇東坡生前大名就已傳到中國域外的北方部族裏。蘇氏某些最好的字畫隨著兩個身死異邦的皇帝被運往敵國（當時徽宗已退位給兒子），不過，還有數萬件蘇東坡的文稿獲得保全，由物主帶到南方。

現在蘇東坡已死，政治狂熱的風暴也已經過去，南宋的皇帝坐在杭州新都內，開始閱讀他的作品，尤其是他的奏議表狀。他們愈讀愈欽佩此人大無畏的忠心。他的孫子蘇符因皇上顧念他出名的祖父而獲得高位。這一切都使蘇東坡死後的盛名和地位達到最高點。

乾道六年（一一七〇年）孝宗謚給他「文忠公」的榮銜，並贈太師的官位。皇帝寫下至今留存的最好贊文。聖旨和皇帝親筆題的序文印在蘇東坡「全集」一切版本的前端。頒謚「文忠公」頭銜的聖旨如下：

「敕。朕承絕學於百聖之後，探微言於六籍之中。將興起於斯文，爰緬懷於故老。雖儀刑之莫睹，尚簡策之可求。揭為儒者之宗，用錫帝師之寵。故禮部尚書端明殿學士贈資政殿學士謚文忠蘇軾。養其氣以剛大，尊所聞而高明。博觀載籍之傳，幾海涵而地負；遠追正始之作，殆玉振而金聲。知言自況於孟軻，論事肯卑於陸贄。方嘉祐全盛，嘗膺特起之招；至熙寧紛更，迺陳長治之策。歎異人之間出，驚讒口之中傷。放浪嶺海，而如在朝廷。斟酌古今，而若斡造化。不可奪者嶢然之節，莫之致者自然之名。經綸不究於生前，議論常公於身後。人傳元祐之學，家有眉山之書。朕三復遺編，久欽高躅。王佐之才可大用，恨不同時。君子之道闇而彰，是以論世。讜九原之可作，庶千載以聞風。惟而英爽之靈，服我衮衣之命。可特贈太師。餘如故。」

因此，蘇東坡在中國歷史上的特殊地位，不但是基於他詞詩和散文的魔力，也基於他敢英勇地堅持自己的原則和主張。他的個性和主張構成了盛名的「骨幹」，而文風和用語的魅力則形成了靈性美的「肌膚」。我認爲一個缺乏正氣的作家無論文筆多麼燦爛，多麼迷人，我們不可能真心仰慕他。皇帝爲蘇氏「全集」所寫的序文，強調他「氣節」的偉大，使他的作品不同於一般「佳文」，也使他的盛譽名實相符。

不過我們別忘了，蘇東坡主要是詩人兼作家。他的盛名也靠這方面得來。他的作品有一種難以解說的特性，在譯文中比較看不出來。名作就是名作，只因爲各時代的人都覺得「佳文」應該如此，追根究柢來說，文學上不朽的聲名要靠作品給讀者的樂趣而定，誰能說讀者要怎麼樣才能滿意呢？文學和一般寫作不同的地方，就是它有取悅心靈的音律、感官和風格的魅力。名作能取悅千秋萬世的讀者，超越一時的文風而留傳下去，必定是基於一種所謂「真誠」的特質，就像真寶石能通過一切考驗。「文章如精金美玉，」蘇東坡寫信給謝民師說：「市有定價，非人所能以口舌貴賤也。」

但是構成永恆特質的「真誠性」究竟是什麼呢？蘇東坡清清楚楚表達了他對寫作和文體的意見。

「大略如行雲流水。初無定質。但常行於所當行，常止於不可不止。文理自然，姿態橫生。孔子曰，言之不文，行之不遠。又曰，詞達而已矣，夫言止於達意，則疑若不文，是大不然。求物之妙，如係風捕影，能使是物了然於心者，蓋千萬人而不一遇也。而況能使了然於口與手乎。是之謂詞達。詞至於能達，則文不可勝用矣。揚雄好為艱深之詞。以文淺易之説，若正言之，則人人知之矣。此正所謂雕蟲篆刻者。」

蘇東坡爲文體下定義，正好貼切地描述了他自己寫文章的過程，動筆收筆都像「行雲流水」，揭露出文章和修辭的一切奧秘。什麼時候進行，什麼時候結束，都沒有一定的規矩。如果作家的思緒很美，只要他能忠實、誠懇、妥當表達，魅力和美感自然存在。這些不是硬放入作品的東西。詞達而造成的單純、自然和某一種自由感，正是好文章的秘訣。這些特質具備了，文體不虛浮空洞，就可以寫出真誠的文學作品。

總而言之，蘇氏作品的特色就是給人快感。寫作的時候最快慰的是作者本人。「生平最快樂的時刻，」有一天蘇東坡對他的朋友說，「就是寫作時，筆端能表達一切思想的脈絡。我自忖道『人間至樂莫過於此』。」

蘇文對他同時代的人也有類似的效果。歐陽修說，他每次收到蘇東坡的新作，就會快活一整天，神宗皇帝的一位侍從曾經對人說，每次皇帝吃飯半途放下筷子，一定是讀蘇東坡的表狀。甚至在蘇東坡放逐期間，每次有新詩傳到朝廷，皇帝都會當著眾臣讚嘆一番。正因爲皇帝的讚嘆使群臣惶恐，只要神宗在，他們就儘量讓蘇東坡流放久一點。

他曾一度堅稱，給人快感的力量便是文學本身的報酬。他晚年曾想棄筆不寫文章，因爲一切麻煩都是寫作惹來的。他給劉沔的回信中寫道，「軾窮困，本坐文字。蓋願刳形去皮而不可得者。然幼子過文益奇。在海外孤寂無聊。過時出一篇見娛。則爲數日喜。寢食有味。以此知文章如金玉珠具。未易鄙棄也。」由於作者自由創造活動中所得到的滿足，以及文章給讀者的快樂，文學便自有存在的價值。

蘇東坡具有非凡的天分，可以破除一切限制，似乎毫無疆界可言。他的詩詞永遠清新，不像王安石偶爾會達到完美的境地。蘇東坡不必求那份完美。別的作家都受詩詞字彙和傳統題材的限制，蘇東坡可以寫詩描述澡堂按摩的滋味，可以結合俚語，使它在詩中產生美好的效果。就是那種別人達不到的特殊風韻，使後輩詩人不得不佩服他。

「詞」本來限於描述相思，他對「詞」的主要貢獻，是他能將這一種調調化爲描寫佛道和哲學議論的工具，這一項幾乎不可能完成的冒險工作，他卻做得很成功。他通常寫得比別人好也比別人快，因為他常常要在宴席上當眾賦詩。他的思想比別人清新，類比和掌故也用得較恰當。有一次朋友在黃州為他餞行，席上一位女歌姬請他在披風上題詩。他駐黃州期間沒有聽過這位歌女李琪的名字，他叫她磨墨，並提筆寫了一個平淡的開頭：

「東坡七年黃州住，何事無言及李琪（譯註：也有人說她名叫李宜。蘇東坡題的詩是「東坡居士聞名久，因何無言及李宜」後二句同上。）。」

然後他停下來繼續和客人談天，在場的人都覺得這兩句平淡無奇，而且全詩又沒有寫完。蘇東坡繼續吃喝談笑，李琪上前要他寫完。

「喔，我差點忘了。」蘇東坡說。他再度提筆，馬上完成後兩句：

「卻似西川杜工部，海棠雖好不吟詩。」

音韻完全吻合，這首詩的效果有如一顆小寶石，照例充滿他漫不經心的美感。詩中微妙地恭維這個少女，李琪因此變成文學上不朽的人物。

中國詩的技巧限制很多，用典及用同一韻腳來「和」朋友的詩，需要高度的技巧。不知怎麼，蘇詩押韻比別人自然，仔細檢查，他的典故也含有更深的意義。他的散文具備各種力量，由最莊重的質樸古文到流俗作家可愛的閒話，無所不包。兩者之間原本很難選擇。他被公認為大文豪，原因在此。

難怪蘇東坡被列爲中國的大詩人兼散文家。此外，他還是第一流的畫家和書法家，著名的清談客，也是大旅行家。他善於理解佛家哲理，經常與和尙爲伍，也是第一個把佛教哲學注入儒詩的詩人。他曾說，月亮上的黑點是山脈的影子，果然猜得不錯。他開拓一種新畫派「士人畫」，使中國藝術獨具一格。他開鑿湖泊和運河，對抗洪水，建築堤壩。他自採藥草，被視爲藥學權威。他試行煉丹，幾乎到死前還興緻勃勃尋找不朽的靈丹。他祈求天神並與魔鬼爭吵——偶爾還贏哩。他想奪取宇宙的奧秘，半受挫敗，卻含笑而死。

要不是今天「民主」一辭已遭到濫用，我們會說他是一個民主大鬥士，他接觸人生百態，朋友中有皇帝、有詩人、有大臣、有隱士、藥師、酒店老闆和不識字的農婦。他的至交好友包括愛詩的和尙、不知名的道士以及比他更窮的人。他喜愛做官的榮譽，但是群眾不認識他，他最高興。

他爲杭州和廣州建立良好的供水系統，建立孤兒院和醫院，設置獄醫，對抗殺嬰的惡俗。在社會改革的餘波中，他一個人熱心賑災，不顧官僚制度的巨大阻力。簡直好像只有他關心廣泛的饑荒和流浪的災民。他始終替人民對抗政府，爲窮人爭取債務免還的德政，最後終於成功。他只想維持自己的本色。今天我們可以說他真是一個現代人。

（譯者按：為便於閱讀，本文對話都譯成白話文。書信、詩詞、文章、奏議……等等才引原文。另，本書的日期都遵照史料，沿用農曆。）

注釋

①本書對話都根據真實的記載。見書目（九）。

②即「西樓帖」三十卷。

第二章　眉山

你若沿長江往上走，越過漢口市，經三峽進入極西的四川省，然後沿河經重慶上溯源頭，你就會看到一座三百六十呎高的大佛，由岸邊的山壁雕刻而成。這裏是本省西界，中國內地第一高峰峨嵋山腳下的樂山，蘇東坡時代叫做嘉州。岷江就在這兒注入長江。

岷江由西夷居住的西市山區流下來，一湧而下，會合峨嵋山流下的另一條河，筆直衝向樂山大佛，然後大江慢慢轉向東南，再向東彎，直接注入東海中。在雲霧瀰漫的峨眉山陰影下，在樂山以北四十哩的地方有一個眉山鎮，隸屬眉州，是中國文學史上最著名的文學世家所在地。那就是蘇家，以「三蘇」知名。父親蘇洵生了兩個傑出的兒子蘇軾（東坡）和蘇轍（子由），父子三人都名列「唐宋八大家」①。

古今的旅客可以由樂山上溯玻璃江，乘帆船到眉山。此江冬天呈透明的深藍色，所以得名。夏天山上來的激流卻使它一片濁黃。這條河是岷江的支流，眉江位在樂山和省會成都之間，要到省都的旅客必須穿過該城。你乘帆船往上走，會看到蟆頤山直立在溪流上。那是一個低圓的小山，和江蘇常見的小丘差不多。這就是眉山，三蘇的故鄉。

多虧了紀元前三世紀末期李冰父子的工程天分，這裏有完美的控水和灌溉系統，一千多年來始終有效；使四川西部成為四季肥沃的平原，又沒有水患。這座小山立在一片稻田、果園和菜園遍佈的平原上，偶爾有竹林和奇特的矮棕櫚點綴其間。你可由南面入城，沿著整潔的石階路進入市中心。

那不算一座大城，卻是很舒服的居家所在。十二世紀有一位詩人描寫說，街道很乾淨，眉山在五、六月間以荷花知名，荷花的栽培已成爲一種工業，因爲附近城市都從這裏購買荷花。走到街上，只見路邊有許多荷花池，幽香遍野。到了紗縠行，可以望見一棟中等的住宅。一入大門，只見一座綠漆屏風抵擋路人的探視。屏風內是一間不大不小有院落的房舍。房屋附近有一棵高高的梨樹，還有水塘和菜圃。小庭園內種了各種花木和果樹，牆外是一片修竹密佈的叢林。

宋仁宗景祐三年（一〇三六年）（**譯註：有學者提出：景祐三年十二月十九日應為西曆一〇三七年元月。**）——海斯丁戰役發生前三十年——十二月十九日，一個男嬰在襁褓中哭泣蹬腳。由於長子夭折，他變成家中的長男。這個嬰兒並沒有特殊不凡的舉動，我們還是來看看家中的一切吧。不過，我們先談談這個生日，以免爲中國人寫傳記的外國作家搞不清楚。

中國娃娃生下來就算「一歲」，因爲人人都想儘快達到德高望重的年齡。到了新年，人人都長一歲，他就「兩歲」了。根據中國這種算法，若與西洋算法比起來，人在生日前總是多算了兩歲，生日後也多一歲。本書的年齡都照西式算法，不考慮實際的生日，不過蘇東坡本人卻需要精確些。他十二月十九日出生後就算「一歲」，過年就算兩歲——其實兩週還不到。他生在年尾，他實際的年齡永遠比中國算法年輕兩歲。

關於這個生日，第二件要提的就是他屬魔羯（**天蠍**）宮。照他本人的說法，他一生遭受許多磨難，被人扯上好好壞壞、莫須有的許多謠言，都是這個原因——命運和韓愈相同，他也屬於同一星座，也因議論而遭到放逐。

其中一個房間的中鑲板上掛一副張仙圖。嬰兒的父親已二十七歲，正遭遇一生最大的精神危機，在市場上看到這張像，就用一個玉鐲把它買回來。七年來，他每天拜祭張仙。他太太幾年前生過一個女兒，還有一個男嬰小時候就夭折了。他一直想要兒子，終於如願以償。他一定很快樂；不過我們知道，他正感受強烈的羞恥和折磨。

他們家道小康，有田地，也許比一般中等人家富裕些。至少有兩名丫環，此外，家人還為蘇東坡和他姐姐雇了一個奶媽。但弟弟出生後又雇了一個，這兩名奶媽照中國風俗，終生跟她們養大的子女生活在一起。

蘇東坡出生時，祖父還在世，已六十三歲了。他年輕的時候又高又俊，健康強壯，愛喝酒，為人豪爽慷慨。蘇東坡成為當代第一流學者，官拜「制誥」之後，有一天搬入皇宮附近的新居。幾位好友和門生來看他，那天正好是他祖父的生日，他開始談起這位怪老頭的趣事。他不識字，當時他們住在鄉下，有一大片土地。他不像別人囤積食米，卻以米換穀，存了四千石。別人都不懂他為什麼要這麼做，後來饑荒來臨，祖父就開倉放穀，先給家人和親族，再給太太的親戚，然後分給佃戶和村裏的窮人。現在大家明白他為什麼囤積稻穀了，穀子可以保存很多年，碾好的米卻會受潮腐壞。他無憂無慮，衣食不缺，常常帶著酒壺和朋友四處逛逛，坐在草地上享清福。他們大笑大喝大唱，使一般文靜莊重的農夫感到很意外。

有一天正鬧得痛快，一件大消息來了。他的次子——蘇東坡的二伯——考中進士。附近還有一家人的兒子也考中了。那就是蘇東坡母親的娘家程氏。兩家是姻親，真是雙喜臨門。不過程家很富裕，屬於有土地的貴族，早就準備慶祝，蘇家老祖父卻沒有準備。兒子知道父親的作風，親自派人送了告示、官帽、官袍和手笏，還有一張太師椅和一個美麗的茶壺。

喜訊送來，祖父正酩酊大醉，手上拿著一塊大牛肉。他看到官帽上的紅扣子由包袱裏伸出來，知道是怎麼回事。不過酒意未消，他接下官文，大聲唸給朋友聽，並且將那塊牛肉和告示、官帽、官袍一起塞入包袱內。他叫村裏的一個少年扛包袱，自己騎驢進城。這是他一生最快樂的時刻。

街上的人已得到消息，看見這個醉老頭騎在驢背上，後面跟著古怪的包袱，不覺大笑。程家人覺得很丟臉，但是蘇東坡說，只有優秀的文人才能欣賞那份純真。這位老頭也是自由思想家，有一天，他醉醺醺跑進一間神廟，把神像砸得粉碎。他對這位神明特別反感，本區的人民卻很怕祂。也許他是討厭斂財的廟公吧。

蘇東坡並未遺傳到祖父的酒量，但是卻繼承了他對美酒的喜好，以後我們就會發現。這位文盲老頭的智慧潛伏在他的血液中，後來卻在孫子身上開出了奇花異果。老祖父具有特殊的身心活力，廣大的心胸，以及強烈果斷的正氣。和許多顯赫的世家一樣，蘇家的崛起也合乎進化和天擇的法規。我們找不到蘇東坡母親家智力的記載，不過蘇家和程家血統的結合卻生出了這位文學天才。

除此之外，老祖父對這位大詩人的文學生命倒沒太大的影響，只知道他名叫蘇序。這是作家最窘的事，蘇東坡身為名學者，不得不寫很多序文。他忌用「序」字，所以作品中「序」都稱為「引」。

諱言父母或祖父母大名是古老的規矩，有時候會造成很窘迫的後果。大史家司馬遷的巨作中找不到「談」字，只因這是他父親的大名。有一個人名叫趙談——他只好擅自為他改名。同理，《後漢書》的作者不得不避開他父親的大名「泰」字，今天一百二十卷《後漢書》內找不到一個「泰」字。詩人李翺的父親恰好單名「今」字，於是他只好一直用一個古字來描寫眼前的一刻。

諱言當代皇帝的姓名也常常產生相同的結果。參加殿試的人如果學名有一個字和當朝的先帝們相同，就會被逐出殿外。而皇帝們通常以年號或追封的頭銜知名，很多學者常常忘記先皇的名字而被人趕出去。有時候皇帝自己也會忘記，誰也不能老記著十代祖先的名字嘛。皇帝一時健忘，爲新殿取了名字，後來才想起他用了忌字——祖先的大名。殿名剛取好又不得不換掉。

蘇東坡的父親蘇洵沈默寡言，就政治野心來說，他失意而死，不過他死前，兩個兒子卻實現了他對文學和政治功名的願望。蘇洵智慧很高，脾氣剛烈，思想獨立，個性又古怪，不是一個好相處的人。直到今天，大家還知道他是一個二十七歲才認真向學的大學者。大家通常拿這個例子向小孩證明，只要有決心肯努力，成功永遠等待著我們；不過聰明的小孩也許會得到相反的結論，認爲童年不必發憤讀書。

事實上，蘇洵小時候有充分的機會學讀書寫字；這位仁兄似乎生性魯直，愛反抗，討厭當時的正規教育。我們知道很多聰明的小孩都是如此。他小時候不可能完全沒有學過讀書寫字，只是他荒廢了童年的時光罷了。不過程家對這個年輕人印象卻很好，才會挑他做女婿。說也奇怪，他雖然二十七歲才發憤讀書，卻贏得了至高的文名，他的名聲並沒有完全被他出眾的兒子所掩蓋。

大約在兒子出生後，他開始認真起來，深悔自己浪費了少年時光。他看到自己的哥哥、大舅子和兩位姐夫都通過考試，在外做官，心中一定很慚愧。這些事對平平庸庸的人不會有什麼影響，但是對一個智力超群——由他的「全集」可以看出來——的人來說，這種情況一定很難忍受。

他後來在妻子的墓誌銘中指出，她一直激他前進，因爲蘇東坡的母親是一個受過良好教育的女子。不過老祖父對兒子倒沒說什麼，也沒有管他，由各方面看來，他似乎只是一個執拗、古怪、游手好閒的才子。朋友們問他兒子爲什麼不讀書，他又爲什麼不管，他平靜地說，「我不擔心。」表示他充滿自信，知道這位聰明而迷路的兒子總有一天會看出自己的錯誤。

即使在那個時代，四川人已是一個吃苦耐勞、善辯、自信、大體能自治的種族，和許多邊區或殖民地的人民一樣，還保留某些古代的風俗習慣與文化。尤其要感謝一百年前本省發明了印刷術，川人突然熱中求學，在蘇東坡的時代，不少官員或成功的學者都來自四川。當時那兒一般的學術水準比現在劃歸河北和山東的省區還要高，這兩省進京趕考的人，詩詞往往做不出來呢。

成都是文化中心，以好信紙、蜀錦和美麗的寺廟聞名全國。有才氣甚高的名妓，也有天賦不凡的美女，在蘇東坡之前的一兩世紀，那兒至少出過兩位著名的女詩人。學者的作品仍然遵守先漢純樸的古風，與當時各地流行的頹廢、空洞華麗的文體截然不同。

古今的川人都善爭辯，最會寫雄渾的長篇。就連中產社會談話間也充滿淵博的案例和明智的典故，在外省人眼中具有古典優雅的氣氛。蘇東坡也分享了這種內在的辯才和不服輸的決心。不用提他和神鬼爭辯好多回，就是他的策論也以清晰、有力而知名。蘇氏父子的敵人都攻擊他們像戰國的詭辯家。朋友則稱讚他們有孟子的雄風，像孟子一樣善辯，引喻恰當。四川人應該是很好的律師才對。

因爲這個原因，眉州人得到「難管」的惡名。蘇東坡有一次辯解說：這裏的人不像低文化區的人民，他們不會輕易被長官嚇倒。仕紳家中都有法典，暢談法律和規條而「不以爲非」。這些仕紳守法度日，也要官吏守法。如果地方官公正廉明，他任期屆滿，大家會把他的肖像掛在家中，膜拜五十年。但是他們就像現代的學生換了新老師一樣，自有一套頑皮的把戲。新官上任，他們會考考他，他若精明練達，他們就不再搗蛋。如果他好管閒事，氣勢凌人，日子就不好過了，蘇東坡解釋說，只有不善應付的官吏才覺得他們難管。

除了某些古怪的風俗習慣外，眉州人還有一種社會門階制度。著名的老世家可分爲「甲」「乙」兩級，稱爲「江卿」。江卿的子女不和其它家族聯姻，無論對方多麼有錢有勢，只要不同類就不相嫁娶。還有一種農民合作的風俗。每年二月農夫開始種田。到四月初割草，農夫數百人一起工作。他們選兩個人當領袖，一個管更漏，一個管敲鼓，大家都根據鼓聲動工或收工。遲到或偷懶的人要罰錢，田多人少的家庭要出錢做公款。收成時，全村的人都一起來慶祝。他們打破「更漏」，用罰金和規費來買肉買酒慶祝豐收。先舉行農神祭典，然後大家吃喝玩樂，盡興而歸。

注釋

①唐宋八大家中，有六位是本書的重要人物。除了三蘇，還有王安石、歐陽修和曾鞏。

第三章　童年與少年

蘇東坡八歲到十歲間，他父親進京趕考。落榜後就四處遊歷，遠達現在的江西省，由母親在家教導他。有一件事，宋史本傳和他弟弟寫的長篇墓誌銘都有記載。母親教他《後漢書》中的一篇。後漢由於治理不當，政權落入宦官手中；學者都反對中性人治事。當時盛行貪污、賄賂、斂財和濫捕，地方官都是宦官的手下和門人。忠貞的學者一再冒死進諫。一再的改革和抗議風潮帶來了一再的審訊。學者遭受酷刑，由聖詔逼供殺害。

這群正直文人中，有一個名叫范滂的青年，母子兩人讀的就是他的傳記。

「建寧二年，遂大誅黨人，詔下急捕滂等。督郵吳導至縣，抱詔書，閉傳舍伏床而泣。滂聞之，曰：『必為我也。』即自詣獄。縣令郭揖大驚，出解印綬，引與俱亡，曰：『天下大矣，子何為在此？』滂曰：『滂死則禍塞，何敢以罪累君，又令老母流離乎！』其母就與之訣。滂白母曰：『仲博孝敬，足以供養，滂從龍舒君歸黃泉，存亡各得其所。惟大人割不可忍之恩，勿增感戚！』母曰：『汝今得與李、杜齊名，死亦何恨！既有令名，復求壽考，可兼得乎？』滂跪受教，再拜而辭。顧謂其子曰：『吾欲使汝為惡，則惡不可為；使汝為善，則我不為惡。』行路聞之，莫不流涕。時年三十三。」

小蘇東坡抬眼看看母親說，「媽，如果我長大變成范滂，妳容許嗎？」母親答道，「你能當范滂，我就不能當范母嗎？」

他六歲入小學。那是一間相當大的學堂，學生有一百多個，大家都由一位道士教導。聰明的腦袋馬上脫穎而出，一大堆學生中，蘇東坡和另外一個小孩最得老師的誇獎。這個學生姓陳（陳太初），後來也通過科舉，但卻變成道人，追求「不朽」去了。陳氏晚年打算昇天，前來拜訪他的朋友。老友給他食物和金錢，他出來把食物和錢分給窮人，就在門外按道家規矩打坐，一心一意想餓死。

幾天後，他其實已嚥下最後一口氣。這位朋友叫佣人去抬屍體。不過正當新年，佣人都抱怨說，這麼一個大吉大利的日子還要抬屍首。死人聽了就說，「沒關係，我自己走。」他站起來走到鄉間，死在一個比較方便的所在。這就是很多道士「昇天」的實際情景。

蘇東坡小時候除了讀書，還有很多別的興趣。放學後，他常回家偷探鳥巢。他母親嚴禁孩子和丫環抓小鳥，日子久了，小鳥知道這兒不會受到干擾，有些就在低枝上做窩，小孩都看得見。蘇東坡特別記載，有一隻桐花雀曾在他們園中待了四、五天。

東坡的伯父已經做官，偶爾會有官吏經過小鎮，順便來看他們。於是家裏會熱鬧一番，丫環赤腳到園中摘青菜，殺雞備酒，官吏來訪在他心中造成很深的印象。

他常和表兄弟一起玩耍，他和弟弟偶爾會參觀市集，在園中挖土。有一天，他們掘出一片色澤優美，帶著細緻青紋的石塊。敲擊之下發出清脆的響聲；他們拿來做硯台，效果好極了。硯台必須用滲水性特別強的石塊，能吸收濕氣，保留濕氣；和書法藝術有很大的關係。上好的硯台一向被學者所珍愛，因爲那是他案頭大部分活動的工具。父親把這塊硯石送給他，他一直保留到成人；還在上面刻過一篇碑銘。這是他崛起文林的好預兆。

根據記載，他十歲就寫過不少佳句。有兩句出現在「黠鼠賦」中。「黠鼠賦」是一篇短文，描寫一隻小老鼠落入袋中，被摔到地上，裝死騙過捕鼠人的經過。就在這時候，他的老師讀一篇描寫當朝名士冠蓋雲集的長詩給他們聽。他望著老師肩膀上端，開始提出有關這些名士的問題。他們都是中國歷史中赫赫有名的人物。因爲蘇東坡幼年，中國正逢宋朝最賢明的君主，他特別支持文學和藝術。國內太平，和北方及西北長年惹事的金人、遼人、西夏也相安無事。在這樣的政府中，好人當道，不少文學天才都起而點綴朝廷的文采。這時候他才開始聽到歐陽修、范仲淹等人的大名，深深感動。

幸虧這是他童年唯一不凡的表現。雖然蘇東坡記載過不少他成年後所做的夢以及夢中未完成的詩篇，其中倒沒有什麼不經心的言辭可供現代傳記家憑分析、直覺和幻想而編造出他潛意識的肌理。蘇東坡沒有提過尿布或便秘之類的事情（**譯註：這句話是諷刺現代心理學家**）。

他十一歲進入中等學堂，認真準備趕考。爲了應付官家的考試，學生必須博覽經書、史書、詩篇和選文。他們自然要背古文，在課堂上一再記誦，學生背向老師，以免偷看老師桌上攤開的書本。比較用功的人會背下史書的篇章。

重要的不止是內容和資料。用字措辭也不可忽略，一位作家的字彙就由此得來。引用著名的成語掌故卻不說明來源，往往使淵博的讀者產生一種高貴而自我中心的樂趣。那是一種志趣相投的語言；讀者佩服作家寫得出來，也佩服自己能夠瞭解。成語借重暗示和觀念的聯想，往往比不帶暗示的直述法有效得多。

背書是辛苦而費力的工作。傳統的方法是讓學生閱讀不加標點的史書，試加標點，以確定他完全明白其中的意思。不過最用功的人，會逐字抄下所有的古文和斷代史。蘇東坡學生時代就這麼抄過：想想中國散文和詩篇的規則，想想歷史巨作中經常引用人名、事件和比喻，這種方法確實有深遠的益處。逐字抄下全書，讀者就開始對這本書產生了多遍閱讀所無法達到的瞭解。這件事日後對蘇東坡有很大的好處，他上書皇帝或者替皇帝草擬聖詔的時候，從來沒有用錯史例，當時學者都用史例，就像今天的律師舉用「判例」一樣。此外，抄書也可以練習書法。

印刷術發明之前，抄寫是必要的，不過，蘇東坡那個時代商業印書已經存在一百多年了。活字版印刷是商人畢昇發明的。特殊的黏土刻字弄硬，做成不同的字版，然後裝在塗好松脂的金屬盤上。字版排好，將松脂加熱，用一張金屬片壓在版面上，使表面平整。印完後，松脂再加熱，字版很容易由金屬盤上掉下來，準備清洗排下一頁。不過，一個木塊刻印兩頁的木板印刷術還十分盛行。

蘇東坡和弟弟子由正在積存大量的文學和古籍知識，他父親落榜回來了。公職考試要遵守固定的標準和格式。就像博士論文一樣，要合乎一定的標準，下過定量的功夫，善於記事實，有相當的智慧。太聰明、太創新反而成為考試成功的障礙，於事無補。很多傑出的作家——如秦觀等詩人——始終無法過關。蘇洵的弱點大概是詩韻；考詩詞需要相當的措辭技巧和機智，蘇洵卻只對概念有興趣。不過，做官是學者唯一飛黃騰達的出路，除了教書，也是唯一的職業，他父親回家想必一定很洩氣吧。

國人習慣由子弟朗讀，父親躺在長椅上聽他們讀書的聲音，據說是世上最悅耳、最快活的音律之一。父親可以糾正發音的錯誤，初學者容易唸錯的地方太多了。歐陽修和蘇東坡本人日後也臥聽兒子朗讀，現在蘇洵則躺在長椅上靜聽兒子悅耳的童音，眼睛盯著天花板，心情類似最後一箭落空的獵人，彷佛正重鑄新箭，想把兒子發出去射那隻糜鹿。

孩子們流利唸出古文的音節，他們的眼光和書聲使他相信，他們定會成功，於是他恢復了希望，受挫的自尊也自然痊癒了。說不定兩兄弟在記誦歷史和寫作詩文方面都超過父親。日後有一位蘇東坡的門人說，蘇洵天賦較佳，不過蘇東坡學識比較淵博。父親還沒有放棄做官的野心，但是他自己雖落榜，卻料定兒子必會考中。這不是貶低他父親，我們都知道他教導兩個兒子研究時代興衰的法則，趨向純樸的文風，認真關心歷史和政治。

幸虧蘇東坡的父親一向支持簡樸的文風，反對當時流行的華麗風格；後來東坡進京趕考，禮部主試歐陽修決定改革文風，作品虛華空洞的人都不予錄取。虛華的文體就是不斷堆積深奧的名詞和曖昧的典故以「美化」文章。這種文章連一句單純自然的句子都很難找到。他們怕事物正名，也怕任何句子樸實無華。蘇東坡形容這種可憐的作品是一句一句堆砌而成，不顧及整個效果——就像歌劇開場日老太太的臂上、頸上掛滿珠寶似的。

他家的氣氛似乎很適合培養文學傾向強烈的少年。圖書室裏推滿各種書籍。祖父變了一個人，因爲次子官拜造務監裁，老頭也被封官，擔任大理評事。這種官位是榮譽性的，主要的功能是讓大官提起父親可以稱爲「顧問」或「海軍准將」，就算他一輩子沒上過朝廷，沒見過一艘船也沒有關係。似乎墓誌銘上能刻這種頭銜就是人生一切的目標——人若不能生爲仕紳，至少希望死爲仕紳。如果他不巧死得太快，還沒得到這些榮銜，也可以死後追封。尤其宋朝，連一般官吏的頭銜也很少名實相符。

讀到蘇家墓誌銘的人也許會誤解，以爲他祖父是大理評事兼太子太傅，他父親是太子太師，那些頭銜都是蘇子由當門下侍郎時頒贈的。事實上，兩人生前都沒有做過這些官。蘇東坡現在還有一位大官伯伯，還有兩個姑姑嫁給做官的丈夫。祖父和外祖父都有官銜，我們已說過祖父是虛銜，外祖父則是真的。

不過家中陪他成長、學習、一輩子和他最親近的，就是他弟弟子由。兩兄弟的友愛和坎坷中所表現的忠誠，是他一生最常歌頌的主題。他們悲哀中互相安慰，災難中互相幫助，常常夢見彼此，也常寫詩互贈，就算在中國，這兩兄弟的友愛也算是相當難得了。子由脾氣安穩、冷漠、重實際，不知怎麼，官位始終比哥哥高，雖然他們政見相同，整個政治生涯也同起同沉，子由卻比較不情感用事，常常給哥哥一些忠告。

也許他沒有那麼固執；也許他文才和文名都不如哥哥，政敵們覺得他沒有那麼危險吧。這段期間，蘇東坡不但是弟弟的同學，也是他的老師。他在一首詩裏說，「我少知子由，天資和且清。豈獨爲吾弟，要是賢友生。」弟弟則在蘇東坡的墓誌銘中寫道，「我初從公，賴以有知。撫我則兄，誨我則師。」

說到這裏，我們先談談三蘇的許多名號。根據古風，中國文人向來有好幾個名字。除了姓氏之外，他有一個「名」字，專簽在信件或官文末尾。有一個「字」供朋友們叫喊或寫信。通常正式寫信給朋友，都用「字」不加姓，附上「先生」的尊稱。此外，很多文人在各種場合還用「號」做爲藏書室或書齋的名稱——常刻在圖章上，一旦成名就家喻戶曉。還有人用文集的書名來稱呼他。少數舉國知名的人物甚至被冠上故鄉的名字（**中國的溫德維基也許會被人稱為「印第安維基」，羅斯福也許被封為「海德公園羅斯福」**），很多顯赫的官員死後還有追封的榮銜。

老蘇名洵；字明允；詩號老泉，是他家鄉祖塋的名稱。長子蘇軾；字子瞻，號東坡。最後這個名稱來自詩銜「東坡居士」，是他貶居黃州東坡的時候取的。後來就變成他的代稱，在中國家喻戶曉。中國記載上通常稱他爲「東坡」，不冠「蘇」字，有時候也叫他「東坡先生」。他的全集有時候用「文忠公」的封號，是他死後七十年皇帝頒給他的。詩評家偶爾也敬稱他故鄉的名字，叫他「蘇眉州」。弟弟蘇轍，字子由；晚年退休自號「潁濱遺老」。於是中文作品中有時叫他「蘇潁濱」，有時叫他「蘇欒城」，欒城是他選集的名字，也是蘇家老祖先居住的地方，在北平以南，靠近正定縣，蘇家兩百年前才搬到眉州。

每人一個中文名字已經叫西方讀者弄不清了，所以我就一直叫父親蘇洵，長子蘇東坡，次子蘇子由吧，沿用中國流行的叫法。一個學者用那麼多名號，使研究中國史的學生混淆不清，浪費不少時間。蘇東坡的時代，至少有八個人名叫「夢得」，表示那個人的母親懷孕之前已夢中得子。

東坡十六歲的時候，家裏發生一件插曲，使父家和母親的娘家關係惡化，也洩露了他父親的性格。

按照中國家庭的慣例，父親把蘇東坡的姐姐嫁給母舅家的一位表兄，我們不知道詳情，只知道新娘在程家很不快樂。也許她被夫家虐待也未可知。反正她不久就死了，使蘇洵大大不滿。新娘的公公似乎是一個無恥的壞蛋。蘇洵寫了一則苦澀的詩篇，爲女兒之死而自責。然後他做了一件不尋常的事。他編了一份族譜，刻在石頭上，又立了一座亭閣。爲慶祝這個場面，他召集蘇氏全族，打算當眾宣讀他妻舅家的檄文。

族人倒酒祝告祖先之後，蘇洵對族人說，村裏「某」人——指他的大舅子——代表一個有勢力的家庭；他給村中帶來道德的混亂；他把兄弟的遺孤趕出門，獨占了家中的財產；他寵妾壓妻，沉迷肉欲；父子同樂，女德喪盡。他們都是勢利小人，「惟富者之爲賢」；美麗的車馬迷亂了窮鄰居的耳目，金錢和官位足以影響朝廷，最後，又說他「是州里之大盜也。吾不敢以告鄉人，而私以戒族人焉」。

他父親無疑得罪了太太娘家，不過，他早就準備斷絕一切關係，還教兒子不要和姐夫來往。從此四十年間，蘇東坡兄弟和姐夫程之才沒有任何交情，不過父親死後，他們和其它表兄弟倒處得很不錯。對豪門挑戰、公開譴責的語氣，顯示他父親具有嫉惡如仇的性格，東坡後來也顯出這些特性。

母親對這件事很不快活。她也爲失去愛女而難過。在這樁家庭衝突裏，很難猜出她是支持亡女還是支持娘家。我們說過，他母親受過良好的教育，其父現任京城的高官，就我們所知，她也許會反對娘家的勢利眼，至少反對她哥哥的放蕩作風。她哀痛欲絕，一天天衰弱下去。

中國民間的傳奇都認定東坡有一個不美而才高的妹妹。她也是詩人，嫁給名詩人兼東坡的門生秦少游。據說她新婚之夜不讓新郎進房，要他對上她所出的句子。因爲句子很難，新郎無計可施，在院子裏踱來踱去，最後蘇東坡幫他解出來。還有小說描寫兩位戀人交換怪詩，可以正讀倒讀，形成一個圓圈。

故事裏，蘇東坡曾對妹妹說，「妳若是男人，一定比我有名。」大家樂意相信這些傳說。不幸歷史上並無根據。蘇東坡兄弟的幾百封書簡和記載中常常提到秦觀，竟找不出絲毫聯姻的跡象。當時學者所寫的十幾本傳略中，也不曾提到蘇東坡有一個妹妹。而且秦觀二十九歲才見到東坡，當時早已婚配，蘇東坡的妹妹就算真有其人，等秦觀認識東坡，她早已四十歲了。

傳聞是後人揑造的，往往和茶餘飯後的趣談連結在一起。這種通俗傳聞的存在，只是表示蘇東坡其人吸引了中國人民的幻想罷了。

不過東坡有一個堂妹，是他初戀的對象，他至死對她柔情萬縷。她是他的親堂妹。祖父死後，東坡的父親倦遊歸來，伯父一家也回來參加葬禮，因此堂兄妹有機會見面玩耍。蘇東坡說她「慈孝溫文」。既然同姓，當然不可能嫁娶，如果她是表妹——也就是說，她不同姓——一切就不同了。

後來，這位堂妹嫁給柳仲遠。日後東坡四處遊歷，曾在靖江她家住過三個月。其間他寫過兩首詩，若非情詩就很難解釋了。這段時期的作家和研究蘇東坡生平的人，都沒有提過這一層特殊的關係，因爲誰也不願意提。不過他晚年流放在外，聽到堂妹的死訊，曾寫信給她兒子，說他「此心如割」。他流放歸來，經過靖江她的墓園，雖然病重，還勉強起來祭拜他們夫婦的英靈。第二天朋友去看他，發現他躺在床上，面壁流淚。

第四章　應考

蘇東坡兄弟長成少年，即將應考，婚配的問題馬上發生了。如果他們未婚進京，通過考試，一定會被有女兒的人家提親。當時盛行求婚，京城有女未嫁的富商都在等待考試的結果，打算向金榜題名的單身漢提出財政條件。公職考試的期間也是婚姻市場的旺季。

由父母的立場來說，他們寧願兒子娶本鄉本土的女孩，身家也彼此熟悉。一切照例由父母安排。東坡十八歲娶王弗小姐為妻，她年方十五，是江畔十五哩以南的青神人。第二年他弟弟才十六歲，娶了一個小他兩歲的新娘。都算早婚，卻不稀奇。

原則上，早婚——不一定像蘇家兄弟那麼早——可以省掉年輕人不少擇偶求愛的時間、精力和情緒紛擾。最好年輕人的愛情和戀史都定下來，不妨礙工作。中國父母養兒媳婦是天經地義的，年輕人根本不必要耽誤佳期，也許女孩子愛一個已成夫婿的男人，要比愛一個還沒有娶她的男人來得好些。只是在浪漫的社會裏，後者顯得比較刺激罷了。反正蘇家兄弟高高興興娶了親。

這倒不是說，父母安排子女的婚姻不會出錯，或者幸福婚姻的比例一定較高；不管怎麼安排，一切婚姻都是賭博，都像在茫茫大海中行船。就算親自安排，也沒有一位父母或預言家能確知兒子的婚事將來會變成什麼結果。

在理想的社會中，婚姻由十八歲到二十五歲的未婚男女在黑森林中盲目匹配，只要社會倫理和社區生活很安定，婚姻幸福的比例還是一樣的。男人不管是十八歲還是五十八歲，擇偶仍然以大自然設計的性魅力爲基礎，很少例外，女人也以同一基礎來吸引人，但是不主動挑選。他們更瞭解明智抉擇的企圖，光是這一點，就使現在婚姻不至於完全淪於動物的交配。父母作主的優點是簡單、方便、不浪費時間，而且有更多選擇的自由和範圍。一切姻緣都是天定，卻在地上實行，男女必須在走出聖堂後才開始建立關係。

小兒子成婚後，兄弟倆隨父親進京。他們先到省會成都，拜會大官張方平。他日後和蘇東坡情同父子。父親也希望得到官位。他現在年屆四十七，不過上次落榜後，他大大下了一番功夫。這時候，他寫了一本巨作，討論政治、戰爭、和平的原則，極富深度及創意，應該能吸引京師學者的重視和尊重。

當時有一條門徑，可由某位大官特別推薦而得到官職。他把作品呈給張方平看，張方平十分讚賞，準備指派他擔任成都的州學教授。老蘇不甘只任書院教席。最後，張方平被他的熱誠所感動，雖然和全國第一大學者歐陽修沒有什麼交情，還是寫了一封介紹信給他。另外一位姓雷的朋友也寫了一封介紹信，說老蘇有「宰輔之才」。帶著這兩封給歐陽修和梅堯臣的信件，父子三人就由陸路進京，走了兩個月的時間，經過四川北部和陝西的山區。

仁宗嘉祐元年（一〇五六年）五月，三蘇抵達京城，住在一間佛廟裏，等待秋天的考期，這是禮部的初試，考中的人才能參加明春皇帝的殿試。在眉州來的四十五位考生中，有十三個人考中，兩兄弟也包括在內。父子們一心等待明春的殿試，沒有別的事可做，就留下來參觀京城，進入社交界。

蘇洵把作品呈給士林中最受敬愛的歐陽修。面容和煦的歐陽修耳朵奇長，上唇很短，笑起來露出上牙床。他外貌不英俊，但是會見這個文人領袖，得到他的好感，卻是讀書人共同的心願。歐陽修贏得士林的愛戴，主要是他總以發掘後進、獎掖後進爲己任。他誠懇接待蘇洵，又介紹老蘇到樞密韓琦家作客，引見高官大員。不過蘇洵態度冷淡自負，沒有在大官面前留下好印象。

蘇家兄弟沒事就逛逛街，到著名的飯館吃飯，站在冷風裏瞻仰名臣座車的風采。宋朝有四個都城，以河南開封爲主。開封當時名叫東京，外城周長十三哩，內城周長七哩。城門有十二座，都設置雙層或三層的防敵工事，城牆頂端按一定的間隔設立「馬頭」，類似現在的槍墩。京都位在低矮的平原上，沒有地勢之利，只有北面受到黃河兩百哩左右的保護——現在的隴海鐵路就沿河而建——於是他們設計了一套完整的軍防計畫。

西京在一百三十哩外的洛陽西面，專門用來保護西北經潼關重鎭入侵的通路。東面八百哩外的商邱建有另一個軍事要地南京。南方倒不怕人侵略。相反的，西元十世紀前葉，北方的蠻族曾侵入中國。當時有一個軍閥另成立政府，與蒙古那邊的異族結盟，對抗中國其它的兵力。石敬塘變成鮮卑皇帝的兒子，卻滿口說他愛中國，關心人民的安寧與福利。他自稱「兒皇帝」，叫鮮卑人「父皇」。

他保全性命，破壞了中國的統一，卻贏得異族的喝采。因此政府採取特別的措施，避免分離政權重現，因爲古代也好，現代也好，總有不少「愛國志士」甘願借中國老百姓的名義擔任外國政府的傀儡，追求自己的權力。這位異國暴君的「兒子」失勢，蒙羞而死，並不能阻止十二世紀另一個傀儡張邦昌；張邦昌飽受利用，然後被推翻，也不能阻止十六世紀另一位「愛國者」吳三桂領導異族軍隊進入長城，毀滅中國政府。因此，宋朝在河北南方的大名府建立北京，嚴防北面的蒙古異族入侵。

京師是中國的首府，飽藏帝國的繁華。全國的財富、天資和美質都集中在朝廷四周。城外有一百呎寬的壕溝，兩岸遍植榆樹和垂柳，露出後面白白的扶牆和朱漆大門。四條河流過市區，大抵東西向，最重要的是汴水，由東南部安徽與河南的平原運送貨品和食物到京師。四條河的水門晚上都關閉起來。城內大街每隔一百碼就設一個崗哨。

城內河面上佈滿精雕的木橋，皇宮前的小橋則用精心設計的大理石雕鑄而成。皇宮位在城中心，南面由宣德樓下的一列石磚牆開始，有精美的龍鳳半扶雕，上面露出亮晶晶的屋頂，都是用各色琉璃瓦建造的。宮外四邊就是主要街道，依照羅盤的四點來命名。皇宮西邊是中書省和樞密院。朱雀門外的南外城有國立大學和皇家廟宇。街上擠滿行人、官車、牛車和轎子，這是一般的交通情況，少數二輪小車子則由人力拉動，是近代洋車的雛型。牛車上的婦人都把簾子拉下來。京師有一個特色，誰也不能光著頭走來走去，連最卑微的算命先生也打扮得像文人似的。

殿試的時候到了。歐陽修被皇帝任命爲主試，還有不少名學者擔任判官。這是讀書人一生最重大的時刻，向來充滿興奮、希望和患得患失的心情。多年的寒窗苦讀就要見出成果了。應考人必須半夜起床，天亮就到皇宮，自備冷飯乾糧，要到考完才能出來。考試進行中，他們分別關在隔室裏，有宮中衛士看守。

當局有一套嚴防賄賂或循私的制度。應考人的試卷都由書記重抄一遍，再交給考官，以免負責人看出他們的筆跡。重抄的卷子不寫姓名，另記在檔案裏。應考人考完出來，判官開始入禁宮中，不准和外面的人接觸，通常由一月底關到三月初，把試卷批好呈給皇帝看。應考人先考歷史或策論。第二回再考古文，等成績揭曉，得中的人必須在皇帝監督下考詩賦和策問。仁宗皇帝特別愛才，對這些測驗也十分關心。他常派身邊侍僕送出考試題目，有時候爲防洩露，又在最後一分鐘更改。

蘇氏兄弟都高分入選。東坡寫了一篇文章，歐陽修後來拿給同事看，還欣賞了好多天。文中談到國家行政求簡求寬的原則，也是蘇東坡基本的政治哲學。不過其間發生一項不幸的誤解。歐陽修很欣賞那篇試卷的文體和內容，以爲一定是好友曾鞏所寫的。爲了避嫌疑，他把卷子由第一名改爲第二名，於是蘇東坡考了個第二。嘉祐二年（一〇五七年）四月八日，蘇東坡通過殿試，四月十四日年方二十就被點爲進士，在三百八十八位考中的學子中名列前矛。得到這個榮譽，就表示他立刻變成全國一流的學者了。

不過，這位才子在試卷上隨便引用史例，還杜撰了一則對話，卻是史上少有的。他暢言獎賞寧可失之過寬，處罰若有疑問則應慎刑免殺無辜的道理。他寫道，唐堯時代有一個人即將被判死刑。「皋陶曰殺之三。堯曰宥之三。」對話不錯，也頗能支持聖君願起用壞人，給他表現才華機會的權威說法。考官讀到這則故事，不敢置疑，怕承認自己沒有讀過這些不出名的古書。於是蘇東坡過關了。

考完後，有一天，考官之一的梅堯臣問他：

「對了，堯帝和皋陶的故事刊在哪本書裏？我不記得在哪裏讀過。」

「我杜撰的。」小學者承認說。

「真的？」老考官說道。

「咦，聖君一定會這樣做的，對不對？」蘇東坡回答說。

文人在某一位主考官手下金榜題名，就得感激他的知遇之恩，兩個人之間從此建立「恩師」和「門生」的關係。考生要拜見恩師和考官，並寫信道謝。歐陽修是文學權威，他的一句褒貶就可以造就或毀滅一個文人。當時有一位作家說，文士不怕刑罰，不愛晉昇，也不貪生畏死，只怕歐陽修的意見。

歐陽修對一位同事說，「讀蘇東坡的信，我全身喜極流汗。我應當退隱，使這個青年出人頭地。」想想這句話對蘇東坡有多大的影響。歐陽修這句話一說出來，全京師都聽到了。據說，歐陽修還曾對他兒子說，「記住我的話，三十年後沒有人會談起我。」預言果然實現了，蘇東坡死後十年沒有人提歐陽修，人人都在談蘇東坡，偷讀他被禁的作品。

東坡正要開始做官，他母親去世了。根據儒家的規矩，這是一件大事，連宰相也要立刻辭官，守喪二十七個月，才能復職。東坡的姐姐幾年前就死了，家裏的男人都出去應考，母親和兩個媳婦留在家中。她臨死還沒有聽到京師的好消息。父子匆匆趕回家，發現母親已死，房子亂七八糟，籬笆倒塌，屋頂漏雨，「如逃亡人家」。

辦完喪禮，他們在一片山坡下的「老翁泉」選了一塊墓地。根據地方傳說，晴朗的月色可以看見一個白髮俊臉的老頭在泉邊或坐或躺；但是人一走近，他就消失在水中，因此命名「老翁泉」。

後來蘇洵也葬在同一個墓穴裏，他詩號「老泉」，就是由這個地方而得名。

蘇洵在亡妻的祭文中寫道：「我知母心，非官是好，要以文稱。昔予少年，遊蕩不學；我知子心，憂我泯滅。感嘆折節，以至今日……有蟠其丘，惟子之墳。鑿爲二室，期與子同。……嗟予老矣，四海一身。自子之逝，內失良朋。我歸舊廬，無有改移。魂兮未泯，不日來歸。」

強迫蟄居的二十七個月期間，是蘇東坡年輕時最快樂的日子。兩兄弟都和年輕的夫人住在一起。東坡常到青神拜訪他太太的娘家，那兒青山圍繞，山頂有溪流、深塘和佛寺。一片神秘、浪漫和傳奇的氣氛。蘇東坡常和太太的叔叔、堂兄弟姐妹一起遊廟，在瑞草橋畔野餐或喝酒。夏夜他就坐在茅屋外吃瓜子和炸蠶豆。那是一個大家庭：有他太太的父親王方，她的兩個叔叔和家眷、在王家三十多個堂兄弟姐妹中，有一位「二十七娘」，後來竟成爲他生命中的一部分。

這時候，老蘇正在等他的派令。他可以做官，因爲哀悼亡妻不像哀悼母親，不至於成爲出仕的障礙。京裏的高官答應幫忙，不過他等了一年多還沒有消息。最後聖旨來了，叫他到京師接受特別的考試。這使他驚惶失措，如今他對一切考試都感到害怕。他寫了一封回函給皇上，以年老體衰爲藉口，拒絕應試。但是他寫給朋友的信裏說：

「僕非固求仕者，亦非固求不仕者……何苦乃以衰病之身委曲以就有司之權衡，以自取輕笑哉……嚮者權書論衡幾策，乃歐陽永叔以爲可進而進之。苟朝廷以爲其方言之可信，則何所事試。苟不信其平居之所云，而其一日倉卒之言又何足信耶？」

另一封給梅堯臣的信裏也說：

「惟其平生不能區區附合有司之尺度，是以至此窮困……自思少年嘗舉茂林，中夜起坐，裹飯攜餅待曉東華門外，逐隊而入，屈膝就席，俯首据案。其後每思至此，即爲寒心。……」

第二年——嘉祐四年（一〇五九年）——六月，他收到政府另一道命令，重申前一次的旨意。文中沒有說特免考試；但是他只關心免考的問題。政府領袖應該信任他——要嘛就接受，要嘛就算了。他不願像小學生被人考來考去。所以他第三次懇辭。

他寫信說，他已經五十歲了。這個年齡能爲國家做些什麼？畢竟學者從政只是爲國效力，否則就該安份的做一個窮學者。如果他現在決心從政，既不能得到爲國效命的機會，又不能享受大隱士的殊榮。不過他最後說，現在已是夏季，他兒子的服喪期下個月就滿了；他會陪他們再度入京，他希望到時再會見眾官，討論一切。

由整封信的語氣看來，他不反對五十歲從政，只要這些大人物妥善安排，不讓他的試卷像小學生一樣受人批改就行了。

事實上，老妻已死，老蘇打算永遠離開四川。他顯然很適合京都的生活。兩個兒子已得到功名，下一步就算不爲自己求官，也該看一看政府有什麼空缺留給他們。孝期剛滿兩個月，父子就再度進京，這次還帶著年輕的太太同行。他們爲亡母的靈魂做了一番妥當的安排。蘇洵叫人塑了六座菩薩像，放在兩個木刻鑲金的聖龕裏，安置在極樂院的如來廳內。六菩薩是觀音娘娘、勢至菩薩、天藏王、地藏王、解冤王者和引路王者。

動身前，蘇洵正式把佛像獻給廟方，又到亡妻靈前告別。祭文末尾說，「死者有知，或升於天，或升於四方上下所適如意，亦若余之遊於四方而無繫云爾。」

第五章　父子行

現在父子媳婦向京師進發。這回和上次不一樣。他們的文學功名已經實現，未來的官職也幾乎有了保障。他們要遷居到京城，所以不走西北陸路，改由長江順流而下。一共要走一千一百多哩，其中七百哩是水路，四百哩是陸路，十月出發，次年二月才到。不必趕時間，又有婦女同行，他們就慢慢走，在船上喝酒玩牌，一路欣賞湖光山色。

兩兄弟的太太都沒有離開過故鄉。她們知道自己正陪進士丈夫出門，卻想不到她們家裏有三個當代的散文大家，其中一個還是大詩人呢。兩兄弟一路作詩——不過當時文人習慣用詩來記載某一風景或心情，就和我們今天寫信一樣。

子由的新娘來自四川古老的史家。蘇東坡的夫人身分和年紀都居長。她是現實、明理、能幹的一型，弟媳婦很容易和她相處。何況一家之長的老父還在身邊，不聽話、不和睦可就有失閨範囉。她看出三個男人中，她丈夫最衝動、最狂放、最健談；子由高瘦些，不如哥哥活躍，東坡顴骨突出，下額勻稱，顯得英俊而壯碩。他那一年才生的兒子——蘇家的長孫——也和他們在一塊兒，一切都剛剛好。如果小孩早一年出生，就表示他在母喪的第一年內就放縱自己，那就有點難爲情了。宋朝的理學家對這種不孝的憾事會大不以爲然哩。

他們在大佛所在地嘉州上船，兩對小夫妻開始了希望之旅；心中又敏感又熱誠，充滿自信。

「故鄉飄已遠，往意浩無邊。」四川是中國最大的省分，面積和德國差不多，與三國歷史有密切的關連。他們走了一個月才到四川東界，三峽就在那兒，山頂的城鎮廟宇使他們想起古戰士和道家仙人。兩兄弟上山拜訪「仙都」，據說一個古仙人得道前曾在那兒住過。他初期作品中有一首詩描寫老仙人身邊的傳奇白鹿，已經表現出他精神的高超。

「日月何促促，塵世苦局束。仙子去無蹤，故山遺白鹿。仙子已去鹿無家，孤棲悵望層城霞。至今聞有遊洞客，夜來江市叫平沙。長松千樹風蕭瑟，仙宮去人無咫尺。夜鳴白鹿安在兮，滿山秋草無行跡。」

長江三峽風景壯麗，旅程危險刺激，延伸兩百二十哩，激流在懸崖絕壁中流進流出，水裏藏著大石頭，船夫必須特別靈巧。三峽每年要吞掉許多船隻和遊人，因爲這是深水大江，沉下去就沒命了。不過，三峽壯觀瑰麗的風景是中國任何地方都比不上，世界也很少地方能夠企及的。四川一向被視爲獨立的王國，東面有高山和長峽爲屏障，任何敵人都攻不進來，這也是主要的原因。

上溯峽谷是船夫最費力的工作，由六、七十個船夫把一條長纜套在肩上，合力拉一條逆流的小船。順流而下更危險，船隻被激流往下推，只靠掌舵船夫極高的技巧來把持方向。這段危險的江面就是長江三峽，瞿塘峽和巫峽在四川，西陵峽在湖北境內。每一峽都包含一連串險灘，還有漩渦和激流在矗立水面幾百呎的峭壁間流過。

危險和刺激都由瞿塘開始；先看到一堆石頭，有時候伸出水面三十呎，有時半隱在水中，江水隨季節而漲落，水位也時高時低。當時是冬天，最難航行的季節。由於通路窄，夏季泛潮時和乾冷的冬天水位相差一百呎左右。船夫通常都照江中這堆石頭來判斷水位。這些石頭名叫灩澦堆，因爲漩渦打在上面形成霧珠，很像女人迷濛的亂髮。石堆完全淹在水中，就造成更危險的渦流。

俗語說，「灩澦大如馬，瞿塘不可下；灩澦大如象，瞿塘不可上。」不過這句話也沒有多大的用處，因爲河床多變；有的地方水位該低，有的地方該高，全看水底藏石的高度而定。如果突然遇到暴風雨，船夫會在某處待幾天，等水位回復安全的高度才動身。不過大家還是願意走三峽，爲名爲利而冒險，蘇家兄弟現在正是如此。旅客只能把一切交給天神，他自己毫無辦法。不管上行下行，大家往往在入峽前禱告，出峽後又禱告拜謝，比較危險的地段，神明永遠不缺酒食祭品。

說也奇妙，三峽的環境產生了不少山頂仙人的怪譚和傳說。快到瞿塘峽入口處有一個「聖母泉」。這是岸邊的一個小裂縫，能應人聲出水，旅客到縫口大叫「我渴了」，溪泉就流出一杯的水量，然後停止。要第二杯的人得再叫一遍。

三蘇求神庇佑，然後順流而下。船隻太密很危險，所以按規定，一隻船要走到半哩外，第二隻船才能出發。大官出門有士兵按一定的間隔站崗，手上拿著紅旗，等前面的船隻安全通過一個危險的地帶，他們就搖旗示意。蘇東坡描寫說：

> 「入峽初無路，連山忽似龕。縈迂收浩渺，蹙縮作淵潭。風過如呼吸，雲生似吐含。墮崖鳴窣窣，垂蔓綠毵毵。冷翠多崖竹，孤生有石楠。飛泉飄亂雪，怪石走驚驂。」

偶爾他們會駛過孤零零的小屋，看見鄉下少年砍木柴，頂天立地。空曠的小屋證明他們一無所有；屋頂是木板做的，連瓦片都不鋪。蘇東坡想起人生的勞苦，注意力被天邊自由盤旋、無憂無慮的灰鷹吸住了。他懷疑功名利祿是否值得犧牲文明生活的自由，灰鷹遂變成人心解放的象徵。

現在他們進入延伸五十哩的巫峽。這裏山峰加高，峭壁貼近，江面也變窄了。白晝的光芒換成永恆黎明的微光。由船上望去，只見一線藍天。中午才能瞥見太陽，晚上月亮在天頂的時候能瞥到一絲月光。兩岸怪石林立，山峰永遠藏在雲端。高風吹著雲朵，變幻莫測，高聳的山峰也不斷改變形貌，造成一幅藝術家無法描繪的活動奇景。

其中，神女峰很像裸露的女體，自從西元前三世紀一個詩人用熱情幻想的文章加以描寫之後，它已成爲巫山十二峰中最著名的一峰。在這風雲際會、天地相接的山頂上，陰陽顯然結合成一體，至今「巫山雲雨」仍是性交的含蓄形容辭。空中似乎充滿仙人和妖精，在雲端嬉戲。這時，蘇東坡的理性主義說話了。古傳說不合邏輯嘛。「世人喜神怪，論說驚幼稚。」他作詩說，「楚賦亦虛傳，神仙安有是。」

但是老船夫開口說，他年輕時爬到山頂，曾在山池洗浴，把衣服掛在枝上晾乾。山上有猿猴，但是一爬到峰頂，鳥聲猿啼都消失了，四野俱寂，只有山風。虎狼不上山頂，他一個人什麼都不怕。神女廟有一種特殊的竹子，軟竹垂地，彷彿祭拜仙靈似的。風吹枝搖，永遠把石龕掃得乾乾淨淨，真像女神的侍僕。蘇東坡非常感動，「神仙固有之，難在忘勢利。」蘇東坡和當時其它的人一樣，終生對遇仙、成仙的可能抱著開朗的看法。

一入巫峽，「神烏」開始追隨在船邊。這些烏鴉只是採取明智的舉動罷了。在神女廟上方或下方幾哩處，牠們注意尋找來船，一路追蹤覓食，遊人常逗牠們。他們把糕餅丟到半空中，看烏鴉俯衝下來接住，覺得很好玩。

這些地方自然沒人住，也不能住人，三蘇穿過「東濡灘」，波濤洶湧，船隻就像小漩渦中的一片枯葉被人打來打去，剛以爲驚險已過，誰知又遇上更險的「怒吼灘」。猙獰的怪石排列兩岸，延伸到江心裏。然後又到一個名叫「人鮓瓮」的地方，可見很多遊人都在此地送命，和一罐死魚差不多。這是一塊大石，佔了五分之四的江面，使長江變成一條窄巷，強迫船隻急轉彎。任何遊人經過「人鮓瓮」而不死，一定把船夫當做再世爹娘。

走出巫峽，不久就到秭歸，開始看到岸邊高高低低的簡陋房舍。這是一個小鎭，只住了三、四百戶人家，位在山邊的陡坡上。居民很窮，不過一想到該地迷人的風光必定會深入民心裏，這個半開化的小村出過兩位大詩人，一位名后，一位歷史上著名的女子，也就不足爲奇了。山中男女都習慣在背上揹水桶或竹籃，不過大部分是由女人來揹。肌肉很累，但卻可以培養優美的身材。未婚女子常梳一個雙髻的高髻，兩端插上五、六根銀針，背後別一個手掌大小的象牙髮飾。

但是遊人才經過二峽，最險的還在前面哩。三十年前有一次山崩，尖石都落入江心裏，船隻根本無法通行。江運阻隔了二十年左右，最後才開出一條窄路來。因此這個地方名叫「新灘」。

蘇東坡家人在這裏被暴風雪阻留了三天。

「縮頸夜寒如凍龜，雪來唯有客先知。江邊曉起浩無際，樹梢風多寒更吹。青山有似少年子，一夕變盡滄浪髭。方知陽氣在流水，沙上盈尺江無澌。隨風顛倒紛不擇，下滿坑谷高陵危。江空野闊落不見，入户但覺輕絲絲。沾裳細看若刻鏤，豈有一一天工為。霍然一聲遍九野，吁此權柄誰執持？

山夫只見壓樵擔，豈知帶酒飄歌兒。凍吟書生筆欲折，夜織貧女寒無幃。高人著屐踏冷冽，飄拂巾帽真仙姿。野僧砍路出門去，寒夜滿鼻清淋漓。

舟中行客何所愛，願得獵騎當風披。草中咻咻有寒兔，孤隼下擊千夫馳。敲冰煮鹿最可樂，我雖不飲強倒巵。楚人自古好弋獵，誰能往者我欲隨。紛紜旋轉從滿面，馬上操筆為賦之。」

本地人由天然災害得到不少利潤。他們打撈沉船，賣木板來修理其它的船隻，已變成一種生意。旅客往往被迫在那兒停幾天，他們就像其它的名勝地區一樣，可以賺旅客的錢。此地激流險惡，船隻通常要卸下一切客貨，乘客也寧願走陸地，保身體。

由秭歸望去，地平線端的大牛背依稀可見，高聳在近處的山脊頂。現在他們來到黃牛山俯視的地區。這兒岩石很怪，山影立在天空中，很像一條大牛被一個穿藍衣、戴笠帽的牧童所牽引。有一句土話描寫大牛俯視的面貌：「朝發黃牛，暮宿黃牛。三朝三暮，黃牛如故。」

這裏的女人膚色白皙，頭上都繫著小黑圓點的頭巾。風光可比美巫峽，有些人甚至覺得比巫峽更棒。這是國畫中常見的山水，一顆顆難以置信的獨石聳立在天邊，像天神設計的石屏風，也像一群石雕的巨人，有的低頭，有的跪拜，正對天祈禱。岸邊的層石疊峰令人感嘆自然的壯麗，有時候，平滑的大峭壁就像一把巨劍，劍端直伸入土垠裏。向下走一段距離，還沒有完全離開危險的地帶，就來到蝦蟇培。蝦蟇培是一個大扁石，外表酷似青蛙頭，水滴流入江中，活像嘴裏吐出的水晶簾幕。大石頭呈苔青色，尾背佈滿小水珠。尾巴末端有一個石洞，泉聲潺潺可聞。有些文人進京趕考，特地從蛙口收集水珠，留來考試磨墨用。

過了蝦蟇培。自然狂暴的魅力開始消失，怒石怒水的戲劇告一段落。宜昌以下風景就一片安詳寧靜了。落日照著一大片稻田、屋舍和炊煙，旅客發覺自己又回到了可以住人的世界。依照風俗，旅客都互相道賀，慶幸怒水餘生。大家都買酒肉來酬謝船夫的辛勞，人人快快樂樂，心懷感激。回頭一看，彷彿做了一場難以相信的怪夢。

他們在江陵下船，換車走陸路進京，走完這一段，兩兄弟已寫了一百首詩。都收在《南行》集裏。不過，蘇東坡的好詩有不少是在陸路上寫的，完全注重音樂、曲調和氣氛，韻律豐富，形式也變化多端。他在襄陽寫了幾首樂府詩，「野鷹來」是追憶劉表的故事，「上堵吟」則追憶孟瑶，因兩位手下不才而失去沃土的經過：

「台上有客吟秋風，悲聲蕭散飄入宮，台邊游女來竊聽，欲學聲同意不同。君悲竟何事，千里金城兩稚子，白馬為塞鳳為關，山川無人空且閒。我悲亦何苦，江永冬更深，鯿魚冷難捕，悠悠江上聽歌人，不知我意徒悲辛。」

蘇氏全家二月抵達京師。他們在宜秋門附近買了一棟花園住宅，佔他半英畝左右，離鬧街很遠。房子四周有高大的老槐樹和柳樹，樸實的氣氛很適合詩人一家。

定居以後，父子就等待官廳的派令，通常要很久才能下來。兩兄弟又通過兩次考試，一次考京師各部的任務，另一次更重要，考「制策」，公開批評朝政。仁宗皇帝求才若渴，下令舉辦這個特殊的考試，以鼓勵公開批評的精神，一切文人都可以靠各部推薦或提出作品而報名。兩兄弟在歐陽修推薦下報名，通過考試，蘇東坡的分數自宋朝以來只有另一個人得過。他還提出二十五篇史論，其中幾篇至今仍是學校最愛選的範文。後來仁宗皇后告訴別人，仁宗曾說，「今日爲子孫得二相才。」

他父親被任命爲校書郎，不必考試，正合他的心願，後來又在官廳主編當代皇帝的生活史（《太常因革禮》）。那是作家的工作，他高高興興接下來。不過其中牽涉到真實性的問題，因爲先皇都是現在皇帝的祖先，蘇洵認爲，這是史家的工作，史家對自己祖先的過錯也不該粉飾。大家對這個論點意見紛紛。

蘇洵「全集」中有一篇報告說，「洵聞臣僚上言，以爲祖宗所行不能無過，差不經之事欲盡芟去，無使存錄……編集故事非曰制爲禮典而使後世遵而行之也。然則洵等所編者是史書之類也，遇事而記之，不擇善惡，詳其曲折而使後世得知，是史之體也。若夫存其善而去其不善，則是制作之事，而非職之所及也。班固作漢志，凡漢之事悉載而無所擇也。欲如之，則先世之小有過差者不足以害其大明，而可以使後事無疑之。」

三蘇的學術和寫作聲譽一天天增高。他們結交國內最著名的作家，自己的詩文也受到廣泛的敬愛。大家已經把蘇家視爲文壇的奇景。兩兄弟才二十出頭，青春有時候反成爲天才的障礙。蘇東坡愉快、衝動、野心勃勃，心境像一匹純種馬，焦急地猛抓地面，打算衝入旋風去征服全世界。但是他有一個沉默的伴侶子由，還有一個見解深刻、精神不屈、性格孤傲的老父，使這對純種馬不能立刻往外飛奔。

第二卷　壯年期

（一〇六二～一〇七九年）

第六章　神、鬼、人

儘管蘇東坡有那麼輝煌的記錄，他還是得從基層幹起。嘉祐六年（一〇六一年）底，他被任命爲大理評事，簽書鳳翔府判官，有權連署報告和送往朝廷的通訊。唐代國家飽受地方分權之害，唐末竟因藩鎮之亂而覆亡，藩鎮又往往是皇親國戚。因此宋朝想改正這個流弊，採中央集權制，軍隊都集中在京師附近，另有一套考核和控制的系統來管理各省長官。

地方官的任期通常是三年，不斷換來換去。副長官有權連署公文，也是制度的要點之一。子由也被任命爲商州軍事通官；但是他父親的工作在京師，兩兄弟得有一人留下來，總不能撇下鰥居的父親。於是子由拒不赴任。他送東坡一家人到四十哩外的鄭州，兩兄弟生平第一次離別，東坡遠走，子由要回去陪妻子和父親住三年。

東坡眼看弟弟在鄭州西門外的雪地上騎著一匹瘦馬，路面逐漸沉落，他的頭一起一伏，終於消失在視線之外。東坡寫給弟弟的第一首詩函說：

「不飲胡為醉兀兀？此心已逐歸鞍發。歸人猶自念庭闈，今我何以慰寂寞？登高回首坡隴隔，惟見烏帽出復沒。若寒念爾衣裘薄，獨騎瘦馬踏殘月，路人行歌居人樂，僮僕怪我苦悽惻，亦知人生要有別，但恐歲月去飄忽，寒燈相對記疇昔，夜雨何時聽蕭瑟，君知此意不可忘，慎勿苦愛高官職。」

「夜雨對床」的詩境是一位唐代詩人寫給他弟弟詩中的主題。後來就變成蘇氏兄弟的信物，也是他們退休後打算過的理想生活。後來兩兄弟做官重逢，曾兩次在詩中提起這個許諾。

信件從京師送到鳳翔只要十天，兩兄弟每個月按時互寄一首詩。由這些詩函我們可以看出蘇東坡做官初期魂不守舍的心境。

兩兄弟常常「和」詩，用同一韻腳。這是作詩技巧的一大考驗，因為押韻要自然，古代中國文人都能辦到。大家都在尋找意外、悅人、清新的思想應和，用規定的韻腳表達，詩句必須自然連貫。就像縱橫字謎一樣，愈是困難的韻腳，若能毫不費力完成，樂趣也就愈高。東坡最初「和」子由的詩篇中，有一首已顯出大詩人的風範。規定用「泥」、「西」做韻腳，東坡寫道：

「人生到處知何似，應似飛鴻踏雪泥，泥上偶然留指爪，鴻飛那復計東西。」

這是東坡的佳作之一。飛鴻象徵人類的精神：事實上，這本書所寫的蘇東坡生平事略，只是一個偉大心靈偶爾留下的足跡，真正的蘇東坡是一個幻鳥般的靈魂，說不定今天還在星宿間夢遊呢。

鳳翔位在陝西西部，靠近渭河，陝西是中國文化的搖籃，整個渭河河谷充滿歷史地名和古史上有關的名稱。不過，此地因為和甘肅南邊的強鄰西夏糾紛迭起，人力缺乏，民窮財盡。到任第一年，蘇東坡蓋了一棟花園小屋做官舍，屋前有池塘，花園裏種了三十一種花，屋後還有一個小亭子。

現在他定居下來，判官也沒有太多責任。他可以到處走走，到東面和南面的高山玩幾天。有一次他因公到附近地區調查案情，以便早日解決未判的案子，儘量多釋放一些囚犯。他最適合出巡，曾經到太白山，黑水盆地的廟宇，以及周朝開國君主誕生的地方。有時候沒事可辦，他甚至遠走西安附近的終南山，去看他一位朋友收藏的名畫家吳道子的珍本或真跡。

蘇東坡還年輕，魂不守舍。他第一次和太太、小孩搬出來住。現在他已初嘗做官的滋味，並不如他想像中那麼美好。遠離京師的刺激，在偏遠的地段擔任連署文件、審判訟案的副首長，他覺得很厭煩。有時候他覺得孤單，不過有時候看看酒杯中的月影，他也會興高采烈。

頭幾年還未成熟，他需要妻子的忠告。蘇太太似乎比他講求實際。不錯，她崇拜丈夫，知道自己嫁了一個有名、年輕又英俊的詩人。一個傑出的詩人和一個只有普通常識的女人生活在一起，結果往往是妻子比丈夫顯得更聰明。婚姻中，男女總是不斷表現出相對和互補的力量。她知道東坡生性坦白，有時候非常衝動，她覺得照顧他比崇拜他更重要。

蘇東坡大事清楚，小事糊塗；但是生命往往由許多小事所構成，大事通常不多，時間也相隔很遠，東坡只好聽太太的話。蘇太太提醒他，他現在是第一次脫離父親的指導。東坡相信任何人，他太太卻比較會分好壞。她常站在門簾後邊，聽丈夫和客人說話。有一天，客人走了以後，她對丈夫說，「你何必浪費時間和這個人說話呢?他一直注意你要說什麼，好設法迎合你。」

她要他當心那些表現太露骨的泛泛之交，以及他根據「世間無惡人」理論而交上的朋友。他的麻煩就出在這兒；他無法看出別人的錯處。他太太對他說，「當心那些朋友。太快建立的友情不會長久的。」東坡承認，她的話總是應驗，我想她這方面的智慧是來自中國「君子之交淡如水」的古訓——沒有令人興奮的味道，卻永遠不會生厭。誠摯的友情從來不表現太多。真正的好友不常寫信，因爲全心信任彼此的友誼，根本不必寫。分別幾年又重逢，友情依然如故。

蘇東坡是一個沒事做就難受心煩的人。不過，旱災眼看就要發生了。很久沒下雨，農夫都擔心收成。除了求雨，也沒有其它的辦法，求雨便是地方官的事。蘇東坡突然活躍起來。一定有什麼地方不對勁，神明生氣了。如果雨不快來，農夫馬上要遭殃。他有一份很好的狀子要呈給神明。這件事他不能失敗，他打算使出一切辯才，替農民哀告神祇。於是他動手實行。

渭河南部有一個高山區，通稱秦嶺，其中最高最有名的山峰就是太白山。太白山頂一座道觀前面有一個小小的池塘，「龍王」就住在裏面，可以化身爲各種小魚。蘇東坡入寺祈禱。他替農民哀求，不過他像一個好律師，儘量使龍王知道旱災對神明不利。他拍了龍王一陣馬屁之後，就在官方祈雨文中說，「乃者至冬徂春，雨雪不至。西民之所恃以爲生者麥禾而已。今旬不雨，即爲凶歲；民食不繼，盜賊且起。豈惟守土之臣所任以爲憂，亦非神之所當安坐也孰視也。聖天子在上，凡所以懷柔之禮莫不備至。下至愚夫小民，奔走畏事者，亦豈有他哉，凡皆以爲今日也。神其盍亦鑑之？上以無負聖天子之意，下以無失愚夫小民之望。」

由太白山下來以後，他拜訪了幾處地方，尤其是上回錯過的地點。他七日獻上祈雨文，回到城內，十六日有一陣小雨，但是不敷農民作物的需要。他尋找原因，有人告訴他太白山的祈禱並未失敗，不過宋朝皇帝只頒給山神濟民侯的封號，求祂再也沒有用了。蘇東坡翻閱唐史，發現前朝太白山君被封爲神應公。實際上山神爵位已降，也許正爲此事而不高興呢。他立刻替太守寫了一篇奏文，要皇上恢復太白山的公爵封位。然後他和太守沐浴一番，派特使去通知山神，他們已替祂爭取高位，同時由山上的池塘帶了一盆「龍水」回來。

十九日，蘇東坡出城迎接「龍水」。整個鄉村的人都很興奮，大家全關心這次的成敗。幾千人由鄉下趕來，鬧哄哄的。「龍水」還沒到。不過一大片烏雲襲來，天空漸漸昏暗。大家等了很久，還是不下雨。蘇東坡再度進城，陪宋太守到真興寺祈禱。半路上看到一堆烏雲低低飛過，往他這邊飄來。他向農民借了一個簍子，抓一把雲入簍，緊緊蓋住。他入城對這片雲祈禱說，「開緘仍放之，掣去仍變化。雲兮汝歸山，無使達官怕。」說完，他和宋太守又出城去。

一到郊區，冷風大作。旌旗、小旗和鎗上的流蘇都在風中猛烈搖擺，密雲像一群野馬從天而降。遠處雷聲轟轟。這時候「龍水」來了。蘇東坡和宋太守上前迎接，把水盆安置在暫放的神龕上，又說了一篇禱文，現在那篇文章還和其它祝文同收在他的「全集」裏。彷彿回覆禱文似的，陣雨竟翩翩下滿了四鄉。兩天後又有一次大雨，連續下了三天，枯萎的小麥和玉米又恢復了生機。

現在到處喜氣洋洋，最高興的卻是他自己。為了紀念這個歡樂的場面，他將官舍後面的亭子命名爲「喜雨亭」，還寫了一篇碑記。這篇碑記是學校最愛選的蘇東坡散文之一，因爲用字簡單，又能代表蘇東坡的個性，他最高興分享百姓的快樂。

結果太白山神升官了，被皇帝封爲公爵。蘇東坡和宋太守又上山道謝並賀喜。第二年七月再度乾旱，這次求雨沒有反應。蘇東坡很失望，就到蟠溪祈求姜太公的英靈，太公至今仍是中國百姓相當歡迎的神祇。他是西元前十二世紀的一位老智者，傳說他釣魚常把釣線提到水面上三呎。可見他是一個仁慈、公正的人，如果魚兒跳出水面三呎來上鉤，那就怪魚兒自己了。

蘇東坡祭姜太公有沒有效，史上並無記載。不過任何善男信女——信的是佛教也好，是一棵老樹也好——都沒有理由懷疑祈禱的功用。誰也不能證明祈禱無效，根據佛家的訓示，若有毛病總是祈禱的人不對，通常都是誠意不夠的關係。一切神明都靈，否則人類就不會對祂們感興趣了。此外，祈禱還基於人類最深的本能之一。畢竟祈禱或者有心祈禱才是最重要的；靈不靈倒在其次。

不過蘇東坡在各地做官，必要時就繼續求雨。他知道他的做法正確。他相信上蒼公正講理。他既然相信有神明存在，自然也相信神明會儘量解除人生的痛苦，帶來幸福與正義。如果講理是人類最高的屬性，上蒼也一定明理，肯聽人勸說和理論。不過在他日後的天災報表中，他也依據中國正統的說法，說政府應該解除壓迫的作風，祈禱才會生效，這就是中國常識的信仰，所以最早的古籍上曾說「盡人事，聽天命。」我見過中國人所做的一切蠢事，這種說法卻恢復了我的信心，中國人畢竟是真正偉大的思想家。

我簡直想說，蘇東坡的精神代表「火」，他一生和水災、旱災奮鬥，每到一地就忙著修建供水系統、水運系統和水井。火的象徵很恰當，因爲他活力充沛；換句話說，他的脾氣和一生都像烈焰，到處給人生機和溫暖，也一路燒毀了某些東西。

根據記載，這團烈焰曾兩度和魔鬼爭辯。蘇東坡始終認爲，不但神明，連鬼魅也應該接受他邏輯的大辯論。他討厭不講理的東西，連魔鬼也該看出祂做的事情有沒有道理。鬼魅有時候也許健忘或糊塗了，不過，祂們若能在蘇東坡勸導下看出自己行爲的錯誤，祂們就會終止自己的惡行。

後來他由鳳翔回京，沿山路直走，曾經通過白華山。有一個衛士突遭魔鬼附體，開始一路脫衣服，全身赤裸。蘇東坡叫人替他強穿上衣服，把他綁起來，衣服照樣脫光。大家都說山神發怒，士兵中了邪。於是蘇東坡到廟裏獻了一篇祝文：

「某昔去之無祈，今之回也無禱。特以道出祠而不敢不竭而已。隨行一兵狂發遇祟。而居人曰『神之怒也』，未知其果然否。此一小人如蟻虱耳，何足以煩神之威靈哉。縱此人有隱惡，則不可知。不然以其懈怠失禮或盜服御飲等小罪爾，何足責也，當置之度外。竊謂兵鎮之重，所隸甚廣，其間強有力富貴者蓋有公為奸慝，神不敢於彼示其威靈，而乃加怒於一卒，無乃不可乎。某小官一人病則一事闕，願恕之可乎。非某愚其諒神不聞此言。」

蘇東坡祈禱完畢，走出廟門，一陣冷風迎面吹來。不久飛沙走石，遊客都看不見路。蘇東坡對隨員說，「山神更氣了嗎？我不怕。」他繼續往前走，暴風比原先更猛烈了。只有扛行李的人跟著他走，其它的人馬都想找地方避風，大家都覺得寸步難行。有人勸他回廟裏向山神道歉。「我的命運由蒼天掌握，」蘇東坡回答說。「山神若要生氣，就由他氣吧。我要向前走。山神又能把我怎麼樣？」說著暴風就漸漸小了，大家平安無事，那個士兵也痊癒了。

蘇東坡始終相信他的機智能對抗無形的神鬼，有一次還和鬼魅討價還價呢。幾年後他在京師擔任高官，他的二媳婦是歐陽修的孫女，剛生產完畢，遭魔鬼附身。這位兒媳婦表現出一位死者的人格，對在場的人說，「我叫王靜。冤魂不散，已在這兒盤桓多時了。」蘇東坡對中邪的婦人說，「我不怕鬼魅。何況京師有很多道士能驅除厲鬼，他們也可以把妳趕出去。別傻了！妳生前顯然是愚婦，才會冤死，現在死了還想鬧事。」然後他向鬼魅說明佛家人氣的概念，並且告訴她，「現在靜靜走開，明天傍晚我替妳向菩薩祈禱。」於是鬼魅雙手合十說，「謝大人，」他媳婦就恢復了。第二天傍晚，他寫了一篇禱文給菩薩，並燒香備酒肉，把鬼魅請走。

不久，他次子的小孩說他看見一個小偷在屋內亂跑，樣子又黑又瘦，穿一身黑衣服。蘇東坡叫佣人搜查，卻不見人影。這時奶媽突然倒地尖叫。蘇東坡上前看她，奶媽大喊說，

「我就是那個穿黑衣的瘦子！我不是賊，我是冤鬼。你若要我離開這女佣的身體，你就請一個巫師來。」

蘇東坡泰然對鬼魅說，「不，我不請。」

「大人不肯，我也不堅持，」鬼魅聲音緩下來，「能不能替我寫一篇禱文？」

「不行，」蘇東坡說。

鬼魂開始降低條件，用更柔的語氣討一點酒肉吃，蘇東坡不為所動。鬼魂被不信邪的人鎮住了，現在只要他們燒一點紙錢，他仍然不答應。最後鬼魅只要一杯清水，蘇東坡說，「給她吧。」奶媽喝完水又倒在地上，不久就恢復知覺。但是奶水從此就乾涸了。

鳳翔任期內有一段插曲，蘇東坡後來似乎很慚愧，不大愛談起。他和上司宋太守處得不錯，宋氏是他家的故交。不過新太守一來，情況就變了。新任陳太守是一個老軍人，律己待人都很嚴，皮膚黝黑結實，眼睛有嚴重的斜視。他和蘇東坡來自同一地區，喜歡把他當做突然竄起的毛頭小伙子。陳太守官譽極佳。有一次，他逮捕了長沙一位有權有勢的敗德和尚，繩之以法，使當地人民大

吃一驚。另外一次，他逮捕了七十多個欺壓良民的巫師，逼他們回家耕種，還拆掉幾個傷風敗俗的廟宇。聽說他下令士兵立正，就是敵人的箭弩由空中密密射來，他們也照站不誤。

現在蘇東坡碰上了這位長官，文武官吏都向他低頭，至於蘇東坡，我們可以猜得出來，兩個不屈的人物正面相遇了。兩人時常針鋒對罵。蘇東坡年少聰明，要一個自有主張的傑出青年屈從外在的權威，實在不容易。也許蘇東坡最氣的就是太守一再刪改他起草的官文。為表示不悅，蘇東坡拜望的時候，陳太守常常不接見他，有時候讓他等很久，時間夠蘇東坡睡一個午覺了。最後兩個人鬧得十分不愉快，陳太守上表入京，彈劾蘇東坡不服從命令。

不久蘇東坡報復的機會來了。太守在官舍內建了一座平台，閒暇時好觀賞四野的風光。不知道為什麼，陳太守叫蘇東坡寫了一篇文章，要刻石留記。這個機會太好了，他捨不得推拒，他要開開玩笑。刻石的碑記會留傳後世；應該莊重、優美、詩意。他當然不能直接攻擊陳太守，但是他可以射一隻嘲弄的小箭，不會有什麼後果。「凌虛臺記」留傳至今：

「國於南山之下，宜起居飲食與山接也。而太守之居，未嘗知有山焉。太守陳公杖屨逍遙於其下，見山之出於林木之上者，纍纍如人之旅行於牆外，而見其髻也。曰是必有異。使工鑿其前為方池，以其土築高出於屋之危而止，然後人之至於其上者，悅然不知臺之高，而以為山之踊躍奮迅而出也。公曰，是宜名凌虛。以告其從事蘇軾，而求文以為記。軾復於公曰，物之廢興成毀，不可得而知也。昔者荒草野田，霜露之所蒙翳，狐虺之所竄伏，方是時，豈知有凌虛臺耶。廢興成毀，相尋於無窮，則臺之復為荒草野田，皆不可知也。嘗試與公登臺而望其東，則秦穆之祈年橐泉也。其南則漢武之長楊五柞。而其北則隋之仁壽，唐之九成也。計其一時之盛，宏傑詭麗，堅固而不可動者，豈特百倍於臺而已哉。然而數世之後，欲其求髣髴，而破瓦頹垣無復存者，既已化為禾黍荊棘，丘墟隴畝矣。而況於此臺歟？夫臺猶不足恃以長久，而況人事之得喪，忽往而忽來者歟？而或者欲以夸世而自足，則過矣。蓋世有足恃者，而不在乎臺之存亡也。」

如果蘇東坡年齡大一點，他的語氣就會成熟些，箭鋒也會隱藏起來。這篇碑記靜思索平台倒塌的狀況，暗諷老頭子從來沒聽過城外的山丘，在碑銘作品中確實獨樹一格。不過老太守心胸也寬，竟然接受了，這次他一字不改就叫人把文章刻在石頭上。

陳太守內心其實並不壞。兩個人分開後，蘇東坡漸漸看出這一點，曾努力破除前嫌。成名作家的一大負擔就是受某人兒孫親戚之託替他寫墓誌銘。墓誌銘總要婉轉稱頌死者，沒有什麼文學價值可言，往往接近虛僞。寫這種墓誌銘，古人稱爲「諂媚死者」。不過這是作家很難拒絕的人情。蘇東坡對這一點自定了嚴格的規定，切實執行；連王爺求他寫墓誌銘，他都不接受。他一生只寫過七篇墓誌，每一篇都有特殊的理由，是他內心真有話要說。幾年後，他也替陳太守寫了一篇墓誌銘。除了司馬光的墓誌，這是最長的一篇。最後這兩個人彼此產生了極高的敬意。

我們必須提一下陳太守的兒子陳慥，他後來變成蘇東坡終生的好友。陳慥喜歡飲酒、騎馬、舞劍和射獵，是一個揮金如土的人。有一天，陳慥帶兩個士兵騎馬射獵，蘇東坡在山裏遇見他。一隻鵲鳥出現在眼前，馬夫沒有射中。他暗罵一聲，衝出密林，一箭就把小鳥射下來。他臉上的某一種氣質吸引了東坡。後來陳慥的父親在別的地方做官，被控收受賄賂，判處死刑。據說蘇東坡遭放逐的時候，陳慥正隱居黃州。蘇東坡的敵人想起他和陳慥的父親一度不和，就把他趕到這個地方，讓他落入陳慥的掌握。說不定陳慥想爲父親報仇，蘇東坡的敵人就不必真動手啦。事實上，蘇東坡和陳父處死毫無關連，結果他貶居黃州期間，陳慥變成了他最好的朋友。

蘇東坡認識的另一位「朋友」章惇，卻註定要打擊他後半生的事業。章惇日後變成一個邪惡的政敵，當時正在附近地區擔任太守。不知道蘇太太有沒有警告他注意章惇，章氏聰明、熱情，正是蘇東坡喜歡的典型。傳說蘇東坡曾預言章惇的未來。有一次到蘆關旅行，兩個人深入山區，往黑水盆地進發，來到一個深坑上。坑上架著一個小木板橋，百呎下有激流飛過，四周是直立的峽谷。章惇自己很勇敢，對蘇軾一鞠躬，要他走過木板橋，在對面峭壁上留幾個字。蘇東坡拒絕了，章惇獨自過橋，泰然自若。他攏攏長袍，抓住一根吊索，沿峭壁到溪流對岸寫了六個字：「蘇軾章惇來遊」，然後若無其事走回來。蘇東坡拍拍朋友的背說，「有一天你會殺人。」

「爲什麼？」章惇問道。

蘇東坡答道，「能將自己性命玩弄於股掌之上，也就能殺人。」蘇東坡的預言到底對不對，我們以後就知道了。

除了仁宗逝世期間奉命監運皇陵的用材，大忙了一段時間外，蘇東坡一直悶悶不樂，他十分想家。嘉祐八年（一〇六三年）秋天，他寫信給子由說：

「始者學書判，近亦知問囚．但知今當為，敢問嚮所由。士方其未得，唯以不得憂，既得又憂失，此心浩難收。譬如倦行客，中路逢清流。塵埃雖未脫，暫憩得一漱。我欲走南澗，春禽始嚶呦，鞍掌久不決，爾來已徂秋。橋山日月迫，府縣煩差抽。王事誰敢愬，民勞吏宜羞。千夫挽一木，十步八九休。對之食不飽，餘事更遑求。劬榮幸已過，朽鈍不任鎪。秋風迫吹帽，西阜可縱遊。聊為一日樂，慰此百日愁。」

英宗治平元年（一〇六四年）十二月，他被免去前職。他太太的哥哥由四川來他家同住，次年一月，全家就回到京師。通常三年任滿，地方官要通過「磨勘」的考驗。基於這次會面，官吏可被推薦其它的官職。現在東坡返京，子由可以輕鬆了，他馬上到大名府——當時名叫「北京」，其實在現在的北京以南一百多哩——任職。

新皇帝英宗久聞蘇東坡的大名，想破例升他爲翰林，替皇帝擔任起草詔命的文書工作。宰相韓琦反對，勸皇帝爲蘇東坡著想，讓他慢慢磨練才智，不要突然晉升高位。於是皇帝建議他掌理皇宮公事的記錄工作。宰相又反對，說這個職位和「制詔」差不了多少。他推薦文教部門的工作，要蘇軾通過正規的考試。皇帝說，「我們不知道一個人的真才實學，才需要考試。何必考蘇東坡呢？」但是宰相堅持他的作法，蘇東坡應考通過，就在史館任職。這一部門的官吏輪流在皇家圖書館工作，蘇東坡有機會看看皇家收藏的珍本、手稿和名畫，心裏非常高興。

那年五月，蘇東坡的太太死了，年方二十六歲，留下一個六歲的兒子。他父親對他說，「你太太跟了你，卻無法享受你的成就。你該把她葬在她婆婆身邊。」他太太死後十週年，蘇東坡曾寫過一首短詞來表示滿腔的哀思，文意淒美，充滿蕩氣迴腸的音律，可惜現在無法唱出了。

「十年生死兩茫茫，不思量，自難忘。千里孤墳，無處話淒涼。縱使相逢應不識，塵滿面，鬢如霜。夜來幽夢忽還鄉，小軒窗，正梳粧。相顧無言，惟有淚千行。料得年年斷腸處，明月夜，短松崗。」

他太太夭亡，第二年即治平三年（一〇六六年）四月，他父親又去世。蘇洵已完成《太常因革禮》百卷。兩兄弟馬上辭官回家。他們帶著父親和蘇東坡太太的棺材，要爬山涉水走一千哩路，返葬在眉州故鄉。朋友們送了一大堆奠儀和禮物。

帶著棺材，他們必須乘船走安徽水路，然後沿長江上行。兩兄弟走了很久才到家，也許一路實現他們旅行的願望吧，直到第二年四月才抵達眉州。他父親已親自建好墓穴，只要把棺材放在亡妻身邊就行了。不過蘇東坡喜歡做大事，他在山坡上種了三萬棵松苗，希望有一天能長成松樹林。

他們又被迫蟄居了一段時間，直到神宗熙寧元年（一〇六八年）七月，二十七個月喪期才屆滿。返回京師前要先做兩件事。蘇東坡效法他父親替母親塑佛像的作風，也爲父親立了一座廟。廟中置放他父親的畫像和名家吳道子筆下的四張珍貴菩薩像，是他在鳳翔求得的。建廟花了一千元，蘇氏兄弟捐五十元，其它的由和尚負擔。

喪期屆滿，蘇東坡的第二件大事就是再婚。新娘是他太太的堂妹，王錫的女兒。十年前他母親去世，蘇東坡曾返鄉戴孝，常到青神他太太娘家去玩。閏之當時只有十歲左右，常在家裏看見他。

大家一起郊遊野餐，她對這個殿試中頭榜的少年印象很深。現在她長成二十歲的少女了，蘇東坡父母雙亡，這次由他自己選對象。這次婚姻也許是她弟弟促成的，他對東坡十分景仰。

她比丈夫小十一歲，又全心崇拜他，似乎一切都隨丈夫的意思。直到老死，她也沒辦法叫他省錢。她不像他的前妻那樣能幹，性情也比較溫和，始終柔柔順順的。她是東坡最活躍時期的伴侶，撫養她堂姐的遺孤和自己的兩個兒子，分享他一生所有的起伏榮辱。男人的心智和精神千變萬化，女人只要穩定正常，永遠讓人覺得美麗、健康、善良就夠了。他的心靈衝向四方，注意新的志趣，忙著種種概念，時而興高采烈，時而深思痛苦，有時候卻不免爲女人的端莊能促成人生的進展而感慨驚嘆。

熙寧元年（一〇六八年），蘇氏兄弟帶家人走陸路回京，把父母的墓地交給堂兄子女和鄰居楊先生看管。兩兄弟都沒有再回故鄉。他們一至京師，就捲入政治風暴中。日後的官職遍歷各省，卻不曾在自己的家鄉任職。

第七章　國家資本主義

蘇家兄弟於熙寧二年（一〇六九年）抵達京師。從那年開始，中國捲入新政的大浪中，政治風暴迭起，遺禍一直延續到宋朝末年。這不是中國第一次試行國家資本主義，卻是最後的一次。在中國四千年的歷史中，曾四度試行極權主義、國家資本主義、社會主義，以及劇烈的社會革命，每一次都慘敗而終。最成功的是法家商鞅的右派極權主義，他的理論由興建長城的秦始皇（西元前三世紀）有效推行。早期法家理論最重要的兩大原則就是教戰與重農。兩者其實是同一回事，因爲商鞅相信農夫是最好的軍人，所有中產階級的商人和貿易家都該儘量受到壓制。大家都知道，根據這一教條而建立發展的強大軍事系統使秦國統一了全中國；但是此一政治理論剛遍行全國，不到幾年就完全崩潰。

另外兩次劇烈的改革分別由漢武帝和王莽所推動，發生在西元前二世紀和西元後一世紀。前者遵行桑弘羊的國家資本主義財政論，使府庫充實，爭戰處處得手，但是幾乎招來叛變而廢止；後者在篡位的王莽手中實現，等他被推翻也就自然結束了。因此王安石第四次實驗失敗，也不足爲奇。不過這四次新政的念頭都來自創新的思想家，他們想完全破除過去的一切，都以極大的決心來執行自己的信念。說來有趣，王安石很佩服法家商鞅，曾寫了一首詩來闡揚他的思想。還有一點要注意，無論古今中外，每一個極權論都以國家、人民利益爲口號。歷史上多少政治罪惡假「人民」的名義而推行，現代讀者不難瞭解。

王安石是一個怪人，腦袋和性格都很特殊。他是勤奮的學生，也算是好學者（不過他的語言學根本不通），更是一位大詩人。不幸他懷著救世主的使命感，卻不夠圓滑，無法和任何人相處。同時他也是不切實際的理想主義家。如果理想主義者就是不在乎衣食外表的人，那王安石當之無愧。他污穢的衣裳，不修邊幅的外表遠近聞名。蘇洵在一篇優美的文章中說他「衣臣虜之衣，食犬彘之食。」說他「囚首喪面而談詩書」。不知道王安石是否喜歡這樣的盛名，不過我們不難相信一個專心思想的人自然而然會忽略他的外表。聽說他從來不換外袍。有一天幾個朋友陪他上廟裏的澡堂。他洗澡的時候，朋友們偷偷留下一件乾淨的袍子，看他會不會發現衣服換過了。王安石穿著新袍走出浴室，完全沒有發覺朋友的舉動。反正他穿上一件袍子就對了。

還有一天，朋友們對王安石的胖太太說，她丈夫喜歡吃兔肉絲。

「我不相信，」他太太大吃一驚。「他從來不注意飯菜。怎麼會突然喜歡吃兔肉絲呢？你怎麼會有這種想法？」

「因爲飯桌上他沒有動過別的菜，把一盤兔肉絲全吃光了。」

「那盤肉放在哪兒？」

「就在他面前。」

他太太明白了，便對朋友說：「我告訴你們。你們明天把別的菜放在他面前，看看有什麼結果。」

於是第二天，朋友們把菜換了位置，兔肉絲離他遠遠的，然後看他吃。王安石開始夾面前的菜，根本不知道桌上有兔肉。

還有人記載，王安石擔任揚州太守的幕僚，通宵用功。當時韓琦任太守，後來變成宰相。王安石常開夜車，在椅子上打盹到天亮。往往一覺醒來發現太遲了，不梳不洗就衝入衙門。韓琦看到他的樣子，以爲他縱情女色，還告誡了他一番。

「年輕人，」他說，「我勸你利用少年時光多讀書。」

王安石呆呆站著沒有解釋，臨別告訴朋友們韓琦不欣賞他。後來王安石的文名一天天升高，韓琦才對他改變看法，收他做門人，王安石很氣憤。王安石在京師得高位那年，也正是韓琦罷相的時候。王安石每天勤寫日記，記滿七十大本，他日記中常說，「韓琦貌美，餘一無可道。」

不過這位怪人不只是不修邊幅而已。他尚未得勢以前的二十年間，最爲人稱道的是他一再拒絕朝廷擢升的派令。很難相信他只是沽名釣譽，因爲他二十一歲中進士到四十六歲當權期間——也就是他壯年最活躍的二十五年——他一再拒絕高職，始終只願意擔任外郡的小官。當時是仁宗治下，一切有名的才子都薈集京師。王安石愈拒絕高位，名氣愈大。最後京裏的大官們沒有一個不渴望見他一面。

他除了文章出色，也是能幹的行政人材。他築水壩、改革學校、成立農民貸款，而且也實現了他的一部分新政的思想。他政績不錯，人人都很喜歡他。別人催他進京，他置之不理。直到嘉祐五年（一〇六〇年），朝廷派他擔任三司度支判官，他才有興趣入京。顯然他志在經濟與財政，覺得自己在這一方面最能報效國家。後來他母親去世，他不得不辭官守喪；但是守孝期滿，朝廷再召他進京，他又拒絕了，寧願留在南京（當時叫做金陵，在江寧府）。

這段時期他自甘淡泊頗令人費解，因爲他一定相信時機來了他能爲國家做一番大事，壯年建立政治生涯應該是最合理的。也許京師大學者的競爭讓他受不了，像范仲淹、司馬光、歐陽修、曾公亮等年高名重的學者一定不贊成激烈的改革，他們的名望足以教思想新奇的年輕人爲之氣餒。王安石要靜待時機。不過我認爲還有一個心理上的原因。像王安石那種脾氣，不管到哪裏都要當上司，在外區任太守，就等於在小水潭裏當大青蛙。他在京裏任職，短期間內一再和同事爭吵，把事情弄糟。他要改變規矩，照自己意思處理一切。吳珪和張方平都曾回憶說，和他共事期間他很難與人合作。

嘉祐五年（一〇六〇年）他來到京師，被視爲一大奇才。他詩詞散文都寫得不錯。思想創新，口才絕佳。富弼和文彥伯等老臣都看重他，連歐陽修也喜歡他。此人奇特的外表下隱藏著大家無法測量的才氣和性格。只有少數人看穿王安石的個性，認爲他是國家的一大危機，蘇洵和他的老友張方平就是其中之一。後者曾和他一起監考鄉試，把他解雇，從此不和他說一句話。他一定曾告訴蘇洵自己早年與王安石共事的經驗。因此兩個人都討厭王安石，尤其認爲他的衣著和習慣有虛僞的成分。歐陽修把王安石介紹給東坡的父親，王安石本人也很想結識三蘇，但是老蘇不願意見他。王安石的母親去世，老蘇也應邀作客，但是蘇洵拒絕參加喪禮，還寫了著名的「辨奸論」，至今仍是學校最流行的範文。

在這篇文章裏，蘇洵首先指出人的性格很難洞察，往往連聰明人也會受騙。只有平靜的觀察家能看穿一個人的性格，預言他將來的發展，他列舉王衍少年時一位古學者對他的預言，以及一位大將軍對覆唐的盧杞所做的批評。盧杞是一位大策士，外表醜得嚇人。主人若接待他，一定把歌兒舞女屏退，以免女孩子嚇到，或者忍不住哧笑而得罪了他。但是蘇洵說，要不是當時的皇帝昏庸無能，這兩個人還不足以毀滅一個帝國。然而現在有一個人兼具盧杞的醜貌、才略和王衍的辯才。「今有人，口誦孔老之言，身履夷齊之行，收召好名之士。不得志之人，相與造作言語，私立名字，以爲顏淵孟軻復出。而陰賊險狠，與人異趣。」這種人可以騙過最英明的君主，一旦得勢，必是國家的一大禍害。「夫面垢不忘洗，衣垢不忘澣，此人之至情也。今也不然，衣臣虜之衣，食犬彘之食，囚首喪面而談詩書，此豈其情也哉？凡事之不近人情者，鮮不爲大姦慝。」蘇洵但願自己的預言不準，他會像一個好將軍，未打仗就先嚇退敵人。但是他說，「使斯人而不用也，則語言爲過，而有斯人不遇之歎，孰知禍之至於此哉。不然，天下將被其禍，而吾獲知言之名，悲夫。」

王安石的怪習慣是不是僞裝，我們無法斷定；不過一個人的行爲如果太過分，大家難免懷疑他有自我宣傳的意味。我們若相信邵伯溫的記載，則仁宗皇帝也曾感到懷疑。有一天皇帝宴請大臣，客人得從水塘裏自己釣魚來吃。開飯前，一粒粒魚餌和金盤子擺在飯桌上。王安石對釣魚不感興趣，就由桌上拿魚餌來吃，把整盤都吃光了。第二天皇帝對宰相說，「王安石是僞君子，人也許會誤吞一粒魚餌，但是沒有人會心不在焉吞下一整盤。」根據這段記載，仁宗不喜歡王安石，就是這個原因。在王安石的私人日記中，他對仁宗也特別挑剔。

看看他後來的發展，蘇洵倒不幸而言中了。不知道爲什麼，世界各國的怪人、狂想家、精神分裂者都相信邋遢是天才的標誌，拒絕紳士的衣著便是不朽的最佳保證。有人還有一種怪想法，以爲污穢表示不重視物質環境，因此就代表更高的靈性，如此推論下去，天堂豈不充滿又髒又臭的天使。

這篇文章寫成後，蘇東坡說他們兄弟倆都覺得父親的指責太過分。只有張方平熱烈贊成。不過蘇東坡時代的人馬上就發現這份預言太真實了；這篇文章流傳至今，顯示出他老父奇特的見解。①

王安石一到三司任職，馬上想探測自己的政治基礎。當時仁宗在位，王安石獻上一篇長達萬言的政治報表。在這篇文章中，他明確表示自己的財政改革原則，「因天下之力以生天下之財，取天下之財以供天下之費。」他說宋朝以來，政治財源不足，全是缺乏良好的財政和經濟政策所致。只因爲沒有偉人來面對這個問題，才沒有人想出此一政策。他說，當時掌權的人都不足以當大任，他認爲國內也沒有別的才子有資格擔當。他明確指出，若要激烈改革，必須把政策和古聖君的作爲扯上關係，人民才不會覺得和過去相差太多。不過他又說，遵循過去的傳統並不是抄襲古代帝王的措施，而是遵循他們的用意，也就是一切爲人民著想，政策相差多少都無所謂。大體說來，這是一篇文筆絕佳、結構完美的政治改革論文，涵蓋了政府的每一面，財政、文職機關，甚至教育都包括在內。

如果王安石想探測自己的政治基礎，他會發覺自己毫無基礎可言。仁宗讀完這篇長報表，就撇在一邊。下一任皇帝英宗只在位四年，王安石曾奉召一次，但是他又辭官不就。史學家往往解釋說，仁宗無子，他曾反對立英宗爲繼承人，所以內心很不安。

這時候英宗的太子住在京師；後來繼位爲神宗，王安石就在他手下得到了權位。神宗還是太子時，韓維擔任他的秘書，對王安石非常崇拜。韓維常發表某一政治觀點，太子若欣賞，他就說，「這不是我自己的意見，是王安石的主張。」因此太子很看重王安石，希望有一天能重用他的政治長才。治平四年（一〇六七年），英宗去世，他年方二十就登上皇位，立刻任命王安石爲江寧知府，九月就擢升他爲翰林。王安石經常和好友連絡，相信自己的機會來了。他一反前例，馬上接受這個官職。但是他拖了七個月才進京。

「王安石在前朝始終拒絕官職，不願入京，」神宗說，「有人以爲他鹵莽，現在他又告病不來。他是真的生病，還是等更好的官位呢？」

這時候，兩位重臣曾公亮和韓琦彼此互相猜忌。後者曾在三位皇帝手下擔任宰相和樞密的官職，權力太大了。曾公亮想動搖韓琦的地位，希望拉王安石做自己得力的盟友。他告訴皇帝，王安石有王佐之才，陛下應該相信他。相反的，另一位高官吳珪曾和王安石密切交往，卻警告皇帝說，王安石一旦得勢，必定使整個國家陷入混亂中。

熙寧元年（一〇六八年）四月，王安石終於確定了皇帝的態度，就來到京師，破例獲准「越位」進言，不必遵循禮規的限制。

「政府最重要的工作是什麼？」皇帝問他。

「選擇適當的政策，」王安石答道。

「你認爲唐太宗如何？」皇帝提起唐朝最受愛戴的君主。

「陛下應該以堯舜爲表率，不該只學唐太宗。堯舜的主張其實很容易實現。因爲後代學者不瞭解他們，才以爲這種標準遙不可及。」（**堯舜是孔子筆下的理想聖君，統治西元前二十三到二十二世紀半傳奇的中國。**）

皇帝表示滿意，但卻謙虛地說，「你對我期望太高了。我只怕沒法達到你過高的期許。」後來皇帝屏退左右，讓王安石單獨進言。這是王安石的一大機會。

「坐下，」皇帝說，「我要和你長談一番。」於是皇帝開始問他，唐太宗和劉備爲什麼要讓兩位名士拜相治國。其中一位名相就是諸葛亮，他是歷史上最出名、最能幹的行政人才。王安石又把話題拉到三千年前傳說中的聖君身上。王安石說，他寧願談談堯舜的賢臣。「在上等人才眼中，諸葛亮根本不值得一提。」諸葛亮的政治天才在於一步步走向既定的目標，這位急功自信的財政鬼才覺得很不對胃口。

王安石繼續說，「陛下正治理一個人口眾多的大帝國。百年太平，國內又有那麼多學者，竟沒有一位賢臣出來輔佐陛下，豈不怪哉？一定是陛下沒有固定的政策，不信任賢才。雖然當代有人才高可比堯舜的賢臣，但他們會因政客小小的阻礙而罷官。」

「每一朝代都有奸佞小人，」皇帝說，「堯舜時代也有著名的四凶。」

「不錯，」王安石說，「正因爲堯舜知道四凶的真面目，處以極刑，所以他們才能達到那麼高的成就。如果四凶繼續在朝廷陰謀作亂，良臣賢佐早就離開了。」

神宗深受感動。他年方二十，充滿青少年的野心，想使國家強大繁榮。他爲人善良公正，面孔圓稱勻潤，和他的祖先十分相像。直到神宗以後，宋朝皇帝才開始顯出生理退化的特徵。他的熱誠被王安石對他的高度期許所煽動，從此以後，年輕的皇帝就準備赴湯蹈火來實現此人的政見，就算要犧牲其它的大臣，也在所不惜。不知怎樣，每當老賢臣進言反對王安石的新政，皇帝心中就出現「四凶」的影子。

熙寧二年（一〇六九年），蘇氏兄弟到達京城，王安石被任命爲參知政事。此後兩年內，老臣紛紛離京。皇帝的諫官遭到清算，由王安石的手下一一接替。王安石一登相位，馬上整肅所有政府官員。抗議連連發生，整個官界一片混亂。所有才高望重的大臣都公開反對他。年輕的皇帝大惑不解，不過，王安石設法讓他覺得，一切紛亂喧嘩都是皇帝和犯上的惡臣間猛烈的鬥爭。

「怎麼回事？」皇帝問他，「為什麼朝廷所有的大臣、御史、學者都聯合反對新政？」

「您應該明白，」王安石說，「陛下想遵循古聖君的偉大教訓，但是要達到目標，您必須先克服流俗。因此陛下與流俗之間的鬥爭，在所難免。他們若贏了，政府就落入他們手中，陛下若贏了，政治權力便掌握在陛下手中。這些自私小人想阻止陛下實現古聖君的偉大訓示，所以才議論紛紛。」

有了少年皇帝強國富國的野心，又有一個對自己政治、財政理論過度自信的參政，王安石的激烈改革馬上就要開始了。這些改革的動機不容置疑。事實上，宋朝在五十年的分裂和鬥爭之後，政府的力量始終不強。西夏、契丹（**後來改名遼國**）和金人不斷侵略中國北面的疆土。中國和他們打仗，事後往往簽訂辱國的休戰條約。條約的項目總是中國皇帝吃虧，這些國家承認皇帝，納貢的卻不是他們，而是我方皇帝獻上金銀財帛，每年花費十萬到二十五萬緡。國庫為之空虛。內政鬆弛，政府經常鬧赤字。王安石相信他可以玩弄稅制和兵制，替府庫籌錢。我相信神宗欣賞王安石主要就因為他想在西北征戰，拓展國力，增加帝國的聲威。王安石一上台，我方就向北部蠻族發動幾次戰爭，有幾次勝利，有一次敗得奇慘。為了打仗，皇帝需要財源；為了財源，國家的財政制度必須重新調整。我們對改革家的動機毫不懷疑，但是我們將會發現，這些財政和經濟的改革產生了性質完全不同的悲慘結果。

王安石剛到京師不久，司馬光和他就當著皇帝面前發生爭吵，這次的論點似乎總括了雙方基本的差異。當時府庫空虛，春祭之後，皇帝想免掉大臣的銀錢絲帛例費，替皇室省錢。司馬光和王安石為此熱烈爭論。王安石堅稱，國庫耗竭是大官不懂財政的結果。

「你所謂的財政，」司馬光反駁說，「只是增加人民的稅金和例費罷了。」

「不，」王安石說，「好官能增加政府的歲收，卻不加重稅款。」

「一派胡言！國家的財富有限，財富不是在人民手中，就是在政府手中。不管你執行什麼策略，運用什麼名義，只不過收集民財交給政府罷了。」

皇帝和司馬光意見相同，於是他的措施暫緩了一兩個月。

一般人不是經濟專家，只認定國家財富的兩大要素就是生產與分配。要增加國家的財富，就必須增加生產或善加分配。然而在王安石的年代，既沒有工業，根本不可能增加生產。於是財政鬼才只能在分配方面動腦筋。王安石志在充實國庫，所謂增加國家財富就等於增加政府的歲收。王安石明顯看出，自由企業制度下富商和地主非常賺錢，他認為政府可以收取自由企業的利潤，自己做生意賺錢。結論十分有力。他用的名詞也很新鮮。他要「錢平」；要平均財富，「抑兼併濟貧乏」；他要阻止農人向地主借高利貸。政府可以在春耕時期借錢給農民，等收成再叫他們還錢，這是便民的偉大措施。王安石告訴皇帝，這些措施都是「富其民」；但是史籍記載，他遲疑良久之後終於決定放債，卻是因為一個小官說，政府投資五十萬元，每年就可賺進二十五萬的利息，因為一年收成兩次，每年可兩度收到百分之二十或三十的利錢。

各項改革由熙寧二年（一〇六九年）開始，八年後，王安石和皇帝對新政都很厭煩，彼此也不太滿意，變法就慘兮兮結束了，我們不願多談改革的細節，只談談這些措施的概略。

最重大、最知名的有九項，為了方便起見，我把它們歸成三類。一共有三項國營企業措施，三項新稅，和三項管制人民的登記制度。三項國營企業設施是：均輸法、市易法和利息二成實收三成（加上申請和登記費）的青苗貸款。三項新稅是免役稅、商稅和所得稅。登記制度是把人民編成十家一組的軍訓單位（保甲法），重新登記土地和馬匹（方田均稅法和保馬法）。大體說來，這些措施接近現代的集體經濟政策。

國營企業由熙寧二年（一〇六九年）七月開始，先設立全國或省際的批發機構。皇帝相信政府可收到極大的利潤，就撥出五百萬緡現金和三百萬石的稻米做本錢，接收省際貨物和原料的貿易。這一制度馬上發生實際的困難。那一年二月，政府先成立制置三司條例司，負責研究計劃和條款加以公佈。東坡的弟弟子由也是條例司的人員之一。子由上表指出，政府接收全國貿易，自由企業馬上就會癱瘓，因為各地批發商無法和政府競爭。政府和商人難免互扯後腳。而且他否認府庫有利可圖。私人商業有既定的信用系統，政府卻沒有這些便利，勢必要先用高薪聘請人員，建立堂皇的官舍。這種生意將不是依照供求關係來經營，而是看佣金的多少來處理，照私人交情分配利益與合同。子由說，由於官僚制度的缺點，政府無法壓低買價，進貨成本一定比獨立商人更高。因此賠錢是必然的。

因此，所謂的均輸法擱置了一年，從長計議；政府後來又用新名詞提出修改的計劃。批發和零售的劃分並不嚴格，於是成都、廣州、杭州等大都市成立了市易務。為發展這些貿易機構，政府又由國庫中撥出一百萬緡，由京師當地的貨幣中撥出八十七萬貫。成立這些機構的理由是「富商大賈因時乘公私之急，以擅輕重斂散之權」「宜收輕重斂散之權，歸之公上。而制其有無，以便轉輸，省勞費，去重斂，寬農民。」他們任命了一位能幹的首長，他能向政府報出愈多的利潤，就被視爲愈能幹的人才。這位呂嘉問變成全國的市易務官，對小商人具有壟斷控制的權力。例如京師市易務規定，小貿易商要做該機構的會員；他們可以把貨物和該處的資財合併聯營，或者由政府出資購買他們店鋪所賣的存貨；萬一商人想結束業務，可以把貨品賣給政府；也可以用部分貨物做保險，向政府借錢，半年付息一成，或者一年付息兩成；和該處無關的商賈也可以把存貨賣給該處，價格由政府訂定；最後，不管哪一部門的皇家用貨都由該機構辦理。

政府吸收小企業是這個制度最差的一環，私人商業幾乎完全停頓。幾年間，貿易和商務實際上一天天減少，政府的歲收大受影響，與理論上的高利潤大相逕庭。皇帝發現自己在人民眼中淪爲賣水果、冰、炭、日曆、草蓆的小販，心裏很不高興。最後，京師市易務和商稅的醜聞鬧進皇室的耳朵裏，皇帝才下令終止改革中最不受歡迎的項目。

不過新政中最著名的卻是「青苗法」，直到今天大家談起王安石的新政，還免不了先想到農民貸款。這個措施影響到國內的每一村莊，也促成朝中大臣最劇烈的政治鬥爭。計畫本身完善合理，令人想起農民銀行。王安石以前擔任地方官，曾在春耕時期貸款給農民，收成時再連本帶利收回來。他發現這樣對農夫很有幫助，因爲他在地方做官，可以確定農民是真正需要才來借款，一切由他親自調查。陝西的地方當局也曾試行這個辦法，績效不錯，就因爲陝西試辦成功，農民貸款才叫做「青苗」貸款。

豐年政府確定會有好收成，就貸款給農夫買耕具、麥種；割麥時再連本帶利回來，給軍隊當糧餉。照制置三司條例司的說法，「諸路常平廣惠倉錢穀，略計貫石可及千五百萬貫石以上，斂散未得其宜，故為利未博。今欲以現在斛斗，遇貴量減市價糶，遇賤量增市價糴。可通融轉運司苗稅及錢斛，就便轉易者，亦許兌換，仍以現錢，依陝西青苗錢例，預借者給之。隨稅輸納斛斗，半為夏料，半為秋料。內有請本色或納時價貴願納錢者，皆從其便。如遇災傷，許展至次料豐熟日納。非惟足以待凶荒之患，民既受貸，則兼併之家不得乘新陳不接以邀倍息。又常平廣惠之物，收藏積滯，必待年儉物貴，然後出糶，所及者不過城市游手之人。今通一路有無，貴發賤斂，以廣蓄積，平物價，使農人有以赴時趨事，而兼併不得乘其急。凡此皆為民，而公家無利其入，是亦先王散惠興利以為耕斂補助之意也。」

這一個美麗天真的計畫卻摧毀了不少農夫的身家性命，我們以後就明白了。不過，我要解釋一下，這個新措施是常平倉古法的延續，後來漸漸取代了常平倉。宋朝初年，政府在各地設立糧倉，以平抑穀價。豐年「穀賤傷農」，政府儘量收購剩餘的稻麥。荒年糧價上漲，政府就把存糧拋入市場，壓低價格。很多官員不肯賤價收購一切餘糧，所以效率不能達到最高峰。不過由治平三年（一〇六六年）常平倉公佈的數字看來，他們一年內曾收購五百零一萬四千一百八十石穀物，賣出四百七十一萬一千五百七十石。現在倉稟的財貨都化為青苗貸款的本金，常平倉的正常作業就自然而然終止了。

問題的重點是貸款難免強迫。王安石不容人反對，非成功不可。他必須向皇帝證明，貸款是一大德政，為人民所歡迎。他不希望部下放款鬆懈。他不懂農民為什麼不要貸款。貸款若不達到配額，他就大發脾氣。他開始晉昇績效好的官員，處罰貸款不力的人，每一個官員都重視自己的前途，一心想留下好政績。人事競爭的誘導很像現在推銷政府公債。官吏知道自己賣不到配額會因「阻礙新政」而被撤職降官，王安石所謂的「積進」好官難免要靠勢力強攤貸款。每一戶人家都得向政府貸款，每隔三個月就要交三成的利息。好官知道這些貸款對人民不利，確定他們付不出本利會下獄坐牢。他們遵守政府的明文規定，宣佈貸款完全出於「自願」，心中打算有一天會因「阻礙新政」而丟官。

免役法也是如此，官廳本意和實際執行完全是兩回事。這也許是王安石最好的新政，日後蘇東坡的同黨得勢，決心去除王安石的一切新法，唯有蘇東坡據理力爭，支持這一道政策。

中國行徵兵制已經有很久的時間。新法要人民繳稅代替兵役。換句話說，就是用募兵代替徵兵。但是我們仔細研究免役法的規條，就發現政府主要興趣在於稅收，人民免役的福利完全被保甲法所抵消，保甲法強迫服役，比徵兵更糟糕。經過一年多的研究，免役法公佈了。不必徵兵的人家也要交免役稅；例如寡婦，沒有孩子或獨子的家庭，小孩未長大的家庭、尼姑、和尙都要交另一種稅，名叫「助役金」。各區除了免役配額，還要多交百分之二十，以防荒年老百姓交不出來。軍人和政府雇員都由這稅金來招募。子由曾經指出，農民還不出債會被抓入牢中鞭打。司馬光也曾預言，夏秋人民沒有現款交稅——其它稅金也同時來臨——只好賣糧食，殺牛砍樹來換錢。以前徵兵，人民輪流服幾年兵役，如今人民每年都要交免役稅，不必服役的年頭也照交不誤。

免役稅和新商稅、所得稅都可以說是收稅的新方法，不是真正解除人民的兵役，因爲他們在「保甲法」的新名目之下照常要受軍訓。消費稅是由商人的利潤中抽稅，以賬簿爲根據。所得稅的意義和現代不同。我叫它所得稅因爲當局強制登記人民的收入和財產，以作爲其它稅金的憑依。還有一點很像今天的所得稅，人民必須申報收入和財產，辛辛苦苦騙政府。在新法的爭議中，有人指出「於是民家尺椽寸土，檢括無遺，至雞豚亦徧抄之」，都由政府登記。最後這一道措施在熙寧七年（一〇七四年）訂定，壽命奇短，因爲王安石不久就失勢了；此法尚未廢除，蘇東坡即拒絕在自己的區域內執行，說它不合法制。

王安石徵免役稅，要解除人民的兵役負擔，保甲法卻揭穿了他的謊言。事實很明顯，新「保甲法」和免役稅都在熙寧三年（一〇七〇年）十二月頒佈，政府一手取消人民的兵役負擔，叫他們交「免役」稅，另一手又把兵役放回人民身上。「保甲」是鄰居連保制度。十戶爲一「保」，五十戶爲一「大保」。萬一有人窩藏罪犯盜賊，「保」內的人家要負連帶責任；萬一有殺人、強姦的重罪發生，他們必須向官府報告。每一「大保」的壯丁必須組隊受軍訓，兩丁抽一，超過兩個壯丁則按比例多抽。這些人每隔五天要棄田受訓一天，古代五日等於一週，剛好把一個月分成六段。徵兵制把男丁調到外地，新法卻把軍隊帶入村中。不過王安石是大宣傳家；他知道新立名目，就產生了新玩意兒。「兵役遂止」。

除了集中登記管理人民，還有方田均稅法和保馬法。王安石的新法正如一切集體制度，絕不肯饒過人民。政府一心要照顧百姓，必須確實知道他們在做些什麼，擁有哪些東西。正如一切集權制度，他們沒有秘警就無法統治，於是秘警在熙寧五年（一〇七二年）成立，幸虧蘇東坡當時已離開京師。政府不控制御史台（相當於今天的報章雜誌），換上同一路線的手下人，也無法治事。王安石認爲，控制文人的思想更屬必要。他和古代的王莽，近代的希特勒一樣，具有「一個國家、一個信仰、一個領袖」的信念。他像希特勒，遭到反對就大發雷霆；現代精神病學家可以把他列爲妄想狂。

顯出他的「妄想狂性格」，使一切史學家和批評家公認爲不可原諒的倒不是他的政治和社會改革作風，而是他把自己當做經書唯一的評註家。以前王莽曾竄改古書，現在王安石寫了《三經新義》，把它訂爲官方的思考指南，取代了過去的一切大經論家。王安石學問不錯，但是不足以取代鄭玄、馬融、陸德明等古代巨儒。這樣不僅是濫用權威，也是污衊學術。試卷通常都引用古文，考生的解釋必須統一。他立下這個新標準，國內的讀書人都必須研讀王安石每一方面的意見，由政治原則，佛家色彩極濃的儒家思想到「鶉」「梟」「雉」等字的語源，不一而足。蘇東坡出京之後，有一次監考鄉試，曾寫詩說，他對考生思想的統一和貧乏非常痛心。

王安石的《三經新義》充滿佛教色彩，和他的語言學一樣，創意高，學術基礎卻不穩固。然而他深信自己對古代思想和政治制度的分析完全正確。《三經新義》其差無比，他死後就被人拋到腦後，沒有一篇留存下來。但在他當權時期卻是應考學者的聖經；稍微不合宰相的解釋，就會名落孫山。他只花兩年完成《三經新義》，尤其是對學術的一大侮辱；這本書在熙寧六年（一〇七三年）三月開始動筆，由他的兒子和一位小政客幫忙，熙寧八年（一〇七五年）六月就出版了。倉促的作品被定爲儒經正統的注釋，王安石意見一改，新的版本馬上問世，考生都知道他們的一生要看自己能不能跟上修訂本而定。

這裏不談王安石的學問，蘇東坡對此十分痛心，因爲他學問比王安石強多了。不過我要提一下，王安石的《字說》非常滑稽，和所有半吊子的語源學差不多。除了《三經新義》，當時學者最氣的就是王安石所創的語源討論。他的《字說》研究國字的構造和起源，不用比較法，卻憑幻想的活用。王安石相信這是他對學術最創新、最持久的貢獻，晚年還繼續研究，完成了二十五卷。西方學者不難明白，學者若運用想像力，不受科學方法——漢代和清代學者所用的方法就是一例——的約束，要完成二十五卷語源學實在太容易了。「幻想語言學」一天可以織出十幾道奇譚來。由中國字的結構找出各種成分組成某一意義的原因，實在很容易也很好玩。王安石有五十多條字說留傳下來，大部分成為茶餘飯後的趣聞。蘇東坡和王安石的許多玩笑話都和這些《字說》有關。

蘇東坡喜歡用歸謬法。中文有一個「鳩」字，由「九」和「鳥」兩部分所構成，讀音如「糾」。王安石一心想由字意找出有趣的理論，竟推翻了字音的成分。有一天蘇東坡和王安石閒聊，忽然問他，「對了，『鳩』字為什麼由『九』和『鳥』所構成？」王安石答不出來。蘇東坡取笑他說，「我告訴你，詩經說：『鳲鳩在桑，其子七兮。』七隻小鳥加上父母兩個，不就是九個嗎？」

「波」字是由「水」字和象聲的「皮」字所構成。王安石想像力豐富，說「波為水之皮」。所以這樣寫法。有一天蘇東坡遇到他，就詼諧地說，「那麼『滑』字一定是『水之骨』囉。」王安石違反了中國字組成的基本原則。他殘害「字根」，把它分裂為二，再誤接另一個部首——「富」字就是一例——真會使任何語言學家大哭一場。

後來有些中國學者遵循西方集產主義的觀念，想洗刷王安石在歷史上的罪名，說他的思想「符合現代社會主義」②。近代大學者梁啓超就為王安石辯護。王安石的社會主義思想有人贊成，有人反對，但是王安石的社會主義政權卻要由結果來判斷。事實上，國家消除了私人壟斷，卻建立了自己的獨佔制度；小商人失業了，農民付不出強迫貸款的本金和利息，只好賣妻賣子或全家逃亡，不然就典當財物。監獄常滿，每一郡縣都有數千件查封的抵押品和沒收的財產，官廳訴訟不絕。就算沒有異族侵略，暴政也會把國家拖垮。

熙寧七年（一〇七四年）聖詔說，商業停頓；人民失業；熙寧九年（一〇七六年）聖詔下令廢除青苗法，聲言很多人無法還債而坐牢挨打。二十年後，哲宗元祐五年（一〇九〇年）六月，蘇東坡上了一道書表，想解救鄉村的經濟危機，要求政府歸還沒收的私產，取消窮人的債務，文中說：

「……藉納拘收產業，除已有人承買交業外，並特給還未足者，許貼納收贖，仍不限年。四方聞之，莫不鼓舞歌詠……以謂『某等自失業以來，父母妻子離散，轉在溝壑，久無所歸。』臣即詳看元初立法，本為興置市場以來，凡異時民間生財自養之道，一切收之公上。小民既無他業，不免與官，中首尾膠固，以至供通物產，召保立限，增價出息，賒貸轉變，以苟趨目前之急。及至限滿，不能填償，又理一重息罰。歲月益久，逋欠愈多。科決監錮，以逮妻孥。」

頭幾年王安石還瞞住皇上，不讓他知道恐怖的情景，自稱百姓支持他的土地政策，將極權政府說成「民主」國——名稱混淆，倒令人想起近代的情景。無論古今中外，人民愛不愛某一政權，唯有等這個專制政府失勢才能判斷。皇帝想知道民情，就派人出去查訪。但是宦官和御史知道皇帝喜歡新政，就告訴皇帝，人民都愛新法，稅吏一出，人民「歡呼感德」，由特意安排的接待儀式看來，這些話倒是真的。王安石變法幾年後的恐怖情景，終於由一位勇敢的皇宮門吏以圖畫方式呈現在皇帝眼前。

鄭俠終日站在宮門邊，看到成群難民由東北逃來，擠滿京師的街道。鄭俠知道圖畫比言辭更有力，就把這些可憐的農民畫下來，獻給皇上。有一張畫描寫難民饑寒交迫，在大風雨中流浪。另一張描寫半裸的男女正在吃草根樹皮，還有人拴著鐵鍊搬磚負柴來繳稅。皇帝看到這些圖畫，不禁掉下淚來。精采的獻圖——我們以後會談到——加上一顆彗星出現，聖山發生土崩，皇帝終於廢除了許多「新法」。

注釋

①附在張方平所寫的蘇洵墓誌銘上。有些學者為王安石辯護，極力證明這篇是後人的偽作，指出蘇洵全集並無此篇。但是由蘇東坡的證言看來，似乎是蘇洵的作品。

②維護王安石的言論，看書目（十一）的簡評。

第八章 拗相公

現在起了一場政治風暴，惹起一陣大火，最後北宋也為之覆亡。風暴起於國家資本論者「拗相公」王安石和反對派之間的鬥爭，反對派都是在仁宗學術自由氣氛下培養出來的政界領袖。我們必須瞭解此一政治鬥爭的本質，因為蘇東坡的一生都被黨爭所籠罩。

民間有一本短篇小說《拗相公》，是中國留存至今最早的白話文學，也是中國小說的先鋒。這是最近發現的宋人白話小說集，由內容看來，王安石一死就被冠上這個綽號，在民間傳奇中家喻戶曉。政爭的悲劇起於一個不肯聽勸、不願認錯的大人物。朋友愈反對，王安石愈是決心施行他的政策。我們都知道堅毅是優良的美德，但是要看一個人決定做什麼事而定。也許王安石牢記小時候聽來的家訓，認為決心是成功之道，就把頑固當做美德了。王安石一生「三不足」而聞名士林——「天命不足畏，眾言不足從，祖宗之法不足用。」這是蘇東坡給他加的標籤。

「拗相公」受不了任何一方的反對，朋友或仇敵皆然。他能言善道，皇帝深信他可以建立強國，他便決心實現社會主義政策。他必須平息一般的反對，尤其讓御史不再說話，而御史的任務便是批評朝政，代表「言路」。好政府「廣開言路」，壞政府相反，這是中國政治哲學的基本理論。因此一討論新政，問題馬上轉到更基本的論點，就是批評與不同意的自由。這次鬥爭，王安石贏了第一回合；從此國內官吏就分為兩派，黨爭熱烈進行，直到宋朝滅亡為止。幾年後新法修訂或廢除，變法所造成的黨爭卻給國家帶來更嚴重的後果。

這次朝廷的政治鬥爭重點便是「流俗」和「通變」之戰，這兩個名詞一再出現於當代文學中，王安石最愛用這幾個字。在他眼中，他不喜歡或者意見不合的人都是「流俗」，他和手下則是「通變」。宰相大人指責所有的御史惡意阻撓新政，相反的，反對派說他「援引親黨，盤據要津。排擠異己，以固權寵。」劉摯則註明「今天下有喜敢為之論，有樂於無事之論。彼以此為流俗，此以彼為亂常。」宰相開始整肅所有反對他的御史，反對派指控他較重的罪名是他「欲箝人口」，也就是壓抑政府的一切自由批評。

中國朝廷向來沒有完整的政黨政治，嚴格劃分當權派和反對派的權利與責任。沒有計票、舉手、是非或任何確定多數意見的辦法。中國人開會只是討論問題，然後同意某一決定。原則上和實際上政府也鼓勵人們批評朝政。反對黨可以推翻內閣，或者申請退休。劇烈的黨爭發生，照例把反對派遣出京師，派到外郡去任職。即使在仁宗和英宗時代，范仲淹和歐陽修等名臣也曾暫時丟官，後來再回來當權。就這樣一黨得勢，另一黨就離京。

由於宋代奇特的官制，朝廷的爭吵不和更加嚴重，宋朝沒有明顯的宰相一職。內閣很像國會，由皇帝來平衡權力。政府設有複雜、沉重的連鎖部門，功能重覆，最後的決定權總落在皇帝手中。社交上所謂的「宰相」全名是「同中書門下平章事」。副相可能有兩位。一般組織如下：

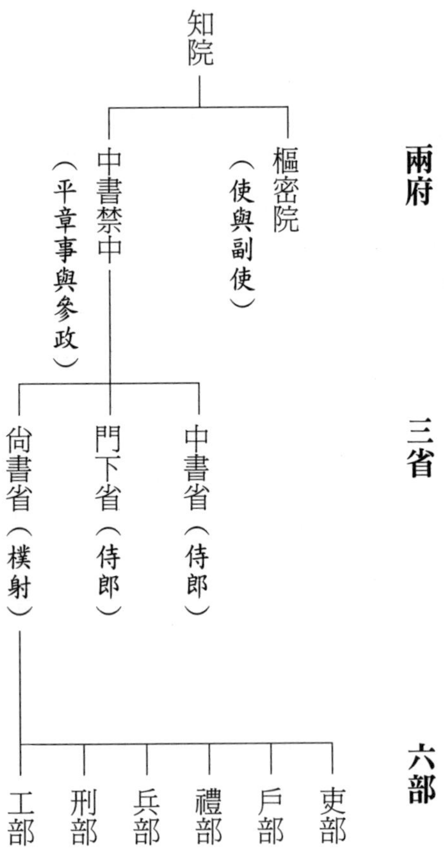

財政機構完全分開，直接對皇帝負責。除了三省的御史，還有獨立的御史台，另外有各種機構供朝廷頒贈虛銜。「宰相」往往身兼中書和門下省的領袖。三省和樞密院的領袖構成知院，名叫「知政」。後來神宗驟然改革，想簡化官制，明定功能：門下省研討命令，中書省頒佈，由尚書執行；但是混亂依舊，責任也無法集中。

王安石起先只是參知政事（副相）；但是他有神宗做後台，就越權實行他的計畫，擅自在家和呂惠卿、曾布等人決定一切。這是當著神宗和知政們爭吵的最好時機。重要問題有二，一是青苗貸款，一是御史的言論自由。一邊是元老重臣，人數多得足以代表全體，一邊是神宗所支持的王安石，和一群新進小人，野心勃勃卻心懷不軌。爲了便於參考，也爲了不牽涉太多人名，我排出下列黨爭重要人名表，讓大家看看力量的排列：

當權派

王安石（拗相公）
神宗（野心勃勃的皇帝）
曾布（活躍的政客）
呂惠卿（聲名狼藉，日後出賣王安石）
李定（母喪不奔，日後彈劾蘇東坡）
鄧綰（兩面人，先後服侍惠卿和王安石）
舒亶（與鄧綰一起彈劾蘇東坡）
王雱（王安石之子）
謝景溫（王安石的姻親）
蔡卞（王安石的女婿）
章惇（日後變成蘇東坡的仇人）
呂嘉問（王安石手下的貿易獨裁者）

反對派

司馬光（反對派之首，大史學家）
韓琦（元老重臣）
富弼（老臣）
呂晦（第一個發動攻擊的人）
曾公亮（脆弱人物）
趙抃
文彥伯（老好人）
張方平、范鎮、歐陽修（元老重臣，蘇家「叔伯」輩好友）
蘇東坡
蘇子由（東坡之弟）
范仲淹（偉人）
孫覺（高傲易怒，東坡的密友）
李常（矮壯，東坡的密友）
劉恕（急性子，東坡的密友）
呂公著（美髯公，曾和王安石為友）
韓維（出自大戶韓家，曾是王安石的好友）
王安禮、王安國（王安石之弟）

劉摯（獨立批評家，日後變成蘇東坡的敵人）
蘇頌、宋敏求、李大臨（熙寧三學士）

其他御史

鄭俠（擔大任的小臣，身為門吏，王安石因他而垮）

懸殊的陣容不僅可悲也很可笑。看看這個名單，我們難免要奇怪王安石怎麼會把朋友都得罪一空，神宗又怎麼肯花那麼大的代價讓王安石當權，把反對派都撤職、罷官、議罪。最後神宗不得不罷黜王安石、呂惠卿、鄧綰等人。強國的美夢破碎了，他自甘統治庸才政府。如果說知人是神聖的基礎，那麼「神宗」的謚號真是名不副實。

王安石從來不縱欲，也不貪污，他的作風是逼不得已，這才是真正的悲劇所在。爲了實現激進的國營計畫，他知道自己有必要壓服一切反對。他等了那麼久，也許就是這個原因。他有一個美夢，他的一切都指向那個遙遠的目標，不求國家快樂、安詳、繁榮，卻希望國家富強有力，疆界向南北擴張。上蒼要宋朝擴展版圖，像漢唐一樣，而王安石就是命定的英雄。但是在未來史學家的眼中，沒有一位「大英雄」不顯得可悲——他陷入自己野心的牢籠，成爲美夢的犧牲品，夢境增長擴大，然後就像泡影般破滅了。

他看不起一切的「流俗」，不僅疏遠好官良相，也失去了韓維和呂公著兩位好友。我們記得，神宗還是太子時，韓維曾經使神宗的意志和希望完全轉向王安石。王安石行新法，與這些朋友意見稍有不合，他立刻把他們逐出朝中。他孤獨絕望，就提拔不知名、不夠格的小人，他們懂得事事順從，利用他來達到自己的私欲。

爲了便於認識三位奸佞小人，我把李定、舒亶和鄧綰的名字譯成容易拼的英文。李定隱瞞母親的死訊，不願辭官，在儒家社會是大膽的冒犯。鄧綰曾說出一句名言「笑罵從汝，好官自我爲之」而留傳千古。不過王安石最大的支持者，是兩位多謀善辯的人物曾布和呂惠卿，後者尤其重要，他最後出賣了王安石，起而代之。

八年新政垮臺，可以用當代人的一句話來形容：「呂惠卿出賣王安石，王安石出賣皇帝，皇帝出賣人民。」惠卿卑鄙公佈王安石的私人信函，離間他和皇帝的情感，王安石就垮臺了，他晚年常一天寫「福建子」好幾次，以發洩心中的怒氣，呂惠卿就是福建人。新政廢除，蘇東坡在南京遇見王安石，責備他掀起戰禍，逼害學者，王安石說一切都是惠卿造成的。這個辯白不合理，因爲王安石本人堅持要嚴懲異端，而且京師監視御史的活動是熙寧四年（一〇七一年）四月到熙寧六年（一〇七三年）七月期間建立的，當時惠卿正辭官服母喪。

除此之外，兩黨領導人王安石和司馬光政見不和，信念卻都很誠摯，私生活也無懈可擊。兩個人在金錢方面都清白無瑕，也沒有敗德的惡名，而歐陽修至少曾和家人有過風流韻事（譯註：有人告他「盜甥女」）。

有一次，王安石的夫人吳氏替丈夫買了一個姨太太。那個女人出現在他面前，王安石詫異地問她，「怎麼回事？」

「夫人要我侍候你。」

「妳是誰？」王安石又問。

她說，「我丈夫替軍隊負責載運米糧。船沉了，船貨全毀。我們賣掉一切財產，還賠不出來。所以我丈夫把我賣了，好填補空缺。」

「妳身價多少？」王安石說。

「九百緡。」

王安石把她丈夫找來，叫女人跟他回去，身價銀子也不必還了。

司馬光也曾有類似的際遇，別人私自替他找了一個姨太太。他年輕時擔任通判，太太沒有生兒子。太守夫人賜給他一名侍妾，司馬光置之不理。他太太以爲自己礙事，就叫侍兒等她出門再盛粧夜入他的書齋。司馬光發現侍兒在他房裏，驚問道，「夫人不在，妳膽敢進來？」就把她打發走了。兩個人都志在實現政策，不關心私人的權力，王安石對金錢也不在乎。他擔任宰相，一拿到薪水就交給兄弟們去花。

司馬光學問和品德都冠絕當代，從頭到尾爲原則而爭。他和王安石代表相反的政策立場。套一句當代人的話，「王安石必行新政乃肯爲相，司馬光必廢新政乃肯爲樞密副使。」司馬光不僅和范仲淹同爲宋代德高望重的兩大名臣；也是《資治通鑑》的作者，《通鑑》是一部重要的中國史鑑，寫到五代，全書兩百九十四卷，有三十卷來源和比較資料的附表（考異），此書不僅學識基礎豐富，眼光和文筆更屬上乘，成爲日後中國史書寫作必須參照的北斗星。初稿（長編）有成書的數倍。他按時撰寫；每天要抄滿一丈紙的資料，手稿據說堆滿兩大房間。這本巨作花了他二十五年的光陰。

最先引起爭端的是農民貸款。經過制置三司條例司數月的斟酌，「青苗法」終於在熙寧二年（一〇六九年）九月公佈。朝廷派出四十一位使者到各郡推行新計畫。不久就證明貸款無法依約由農民自願申請。於是使者面臨兩大抉擇，一是回朝報告失敗，一是強迫貸款，向朝廷報功。政府寧願借錢給富人，比較有保障，但是富人並不缺錢。有些窮人需要錢用，但是政府必須擁有他們還債的保證。有些使者就設計出一套攤派貸款的制度，根據經濟能力由富人到最窮的農民爲止。但是窮人太窮借不起；只有富人借錢，這是現代金融和財政的本質。爲了確定債款能收回，政府就叫富鄰居替窮人擔保。有一位使者報告說，人民得到貸款，「歡呼感德」。另一位使者不願意逼迫人民，就帶回不同的報告。御史彈劾成功的使臣，說他「抑配」貸款，顯然違背聖詔。王安石到御史臺對眾官說，「你們什麼意思?你們彈劾篤行新政的使者，卻不責備怠忽職守的人。」

韓琦當時在大名府擔任河北安撫使，親眼看見青苗法施行的經過，曾上表給皇帝，描繪貸款發放的情景。他的表章和蘇軾激動的書表不同，深思熟慮、措詞恰當、實事求是，由一個曾位極人臣的故相寫來，分外有力。他說，連最下層的貧民也被攤派固定的數額，富人則攤得更多。所謂農民貸款也硬攤給都市人、地主和新政有意排擠、壓制的「壟斷剝削者」；因此青苗法已失去原有的用意。人民借一塊錢，過幾個月就要還一塊三。不管政府如何否認是爲利息而放債，人民絕不會相信。韓琦指出，禁止攤派、全憑自願根本是一句空話，因爲富人不想借錢，窮人要借，卻沒有財產擔保；最後只好叫保人還債。大使者一心要討好朝中的權貴，低層小官不敢說話，韓琦說，他身爲朝中老臣，有義務把事實說給皇帝聽，他要求廢新法，召回稅吏，恢復以往的常平倉。

「韓琦是忠臣，」皇帝和王安石討論他的表狀，「他身在外鄉，沒有忘記皇室。我以爲貸款有利於人民，沒有想到有這麼多害處。而且青苗法應限於農區，怎麼會在城中貸放呢？」

王安石立刻答道，「有何不可。城市居民如果需要貸款，何不讓他們借呢？」

於是韓琦和朝廷一來一回，互通了好幾封信，故相特別指出，漢代國營論者壓榨人民的血汗，充實皇帝的軍庫，不能算是「富國」之道。

王安石的地位動搖了，皇帝開始有廢「青苗」的念頭。王安石聽到消息，就托病告假。關於王安石的告假，司馬光曾說：「士夫沸騰，黎民騷動」。大臣們討論此一情景，趙抃當時還擁護王安石，主張大家等王安石銷假再說。那天晚上，閣員之一的曾公亮派兒子密告王安石，政局有變，勸他銷假回來。王安石得到密告，取消病假，再度上朝，終於讓皇帝相信反對派有心「阻撓新政聖恩」。

皇帝不明實情，就派兩名宦官下鄉調查真相。宦官知道哪一邊才是靠山，回來說貸款受人民歡迎，「並無抑配」。老臣文彥伯反對說，「陛下竟相信兩名宦官，不相信三朝良相韓琦？」但是皇帝信任自己的使臣，更決定行新法。少數不負責任、無知的報導家不明白自己說些什麼，卻往往影響事件的發展，左右國家的政策！如果閹宦有勇氣說實話，宋朝的路線也許就有不同的轉機。真相大白，那兩個閹宦的命運不得而知。他們說了皇帝愛聽的話。等時局更改，討論美妙的「土地改革家」不再時髦，他們就一句話也不敢說了。

司馬光、范鎮和蘇東坡並肩作戰。司馬光曾對王安石印象不錯，也佩服皇帝的信心。皇帝和他談起王安石，他說，「大家說他虛偽，也許太過份了些。不過他不切實際，固執己見。」不過，他在皇帝的史學課中曾和王安石的親信呂惠卿大吵一架，最後皇帝不得不開腔制止，要雙方安靜。因此王安石開始討厭司馬光，說他反對新政。王安石突然告假，皇帝想叫司馬光擔任樞密副使。司馬光拒絕，說他的官位不重要，重要的是陛下肯不肯廢除新法。司馬光九度上表，皇帝說：

「我要你管樞密院，負責軍務。你爲什麼一再推辭，專談這些與軍事無關的問題？」

「我沒有接受樞密一職，」司馬光回答說，「我在門下省一日，就要提醒陛下這些事情。」

王安石銷假回來，地位更形鞏固，他把司馬光降爲制誥。范鎮兩度拒發新派令，皇帝大怒，親手把詔令交給司馬光。范鎮堅辭「制誥」的工作，皇帝批准。王安石復位，韓琦也辭去河北安撫使的官職，留任大名知府。辭呈當然也照准了。

蘇軾義憤塡胸。他有許多話非說不可。他比別人更直率。當時他只有三十二歲，任職史館，位卑權小，又限於文學方面。熙寧三年（一〇七〇年）二月和熙寧四年（一〇七一年）二月，他分別上書給皇帝。這兩封信很長，內容完整有力，直說不諱。正如現代偶爾出現的好社論，立刻轟動全國。第一封信一開始就攻擊青苗法。他告訴皇帝，全國都起反感，勸他不要欺壓人民。他引孔子的話說：

「百姓足，君孰與不足？……臣不知陛下所謂富者富民歟，抑富國歟。是以不論尊卑，不計強弱，理之所在則成，理所不在則不成可必也。今陛下使農民舉息而與商賈爭利，豈理也哉，而怪其不成乎？……夫陛下苟誠心乎為民，則雖或謗之而人不信，苟誠心乎為利，則雖自解釋而人不服。吏受賄枉法，人必謂之贓。非其有而取之，人必謂之盜。苟有其實不敢辭其名。今青苗有二分之息，而不謂之放債取利可乎？……今天下以為利，陛下以為義。天下以為貪，陛下以為廉，不勝其紛紜也。」

他一步一步提醒皇帝。

「蓋世有好走馬者，一為墜傷則終身徒行……近者青苗之政，助役之法，均輸之策，併軍蒐卒之令，卒然輕發；今陛下春秋鼎盛，天錫勇智，此萬世一時也。而群君不能濟之以慎重，養之以敦朴。譬如乘輕車、馭駿馬，冒然夜行，而僕夫又從後鞭之，豈不殆哉。臣願陛下解轡秣馬，以須東方之明，而徐行於九軌之道，甚未晚也。」

蘇東坡警告說，皇帝若以爲專權足以成事，那就大錯特錯了。許多大臣已被免職，甚至有恢復肉刑的說法。他繼續寫道：

「今朝廷可謂不和矣。其咎安在，陛下不反求其本，而欲以力勝之。力之不能勝眾者久矣。古者刀鋸在前，鼎鑊在後，而士猶之。今陛下蹈堯舜，未當誅一無罪。欲弭眾言，不過斥逐異議之臣，而更用人爾。必未忍行亡秦偶語之禁，起東漢黨錮之獄。多士何畏而不言哉？臣恐逐者不已，而爭者益多……陛下將變今之刑，而用其極歟，天下幾何其不叛也。

今天下有心者怒，有口者謗。古之君臣相與憂勤，以營一代之業者，似不如此。古語曰『百人之衆，未有不公而説』況天下乎。今天下非之，而陛下不白，臣不知所説駕矣。詩曰：

譬彼舟流　不知所屆

心之憂矣　不遑假寐

區區之忠，惟陛下察之，臣謹昧死。

蘇軾　上對」

王安石清除台諫，這是震撼整個官場的大問題。從開始王安石就驚倒全朝，不是因爲他劇烈廣泛的經濟計劃和政策；而是因爲他擅自罷黜批評他們的御史。批評朝政的權力面臨一大挑戰。政府組織的基礎逐漸遭到破壞。他們觸動了團體政治最敏感的部位。群臣沮喪，朋友也開始離他而去。

單單整肅諫官的問題就足以讓群臣反感，辭職求去。台諫是中國政府一個古老的組織，功能是代表公議，不斷檢討批評當權者。大家公認好政府統治之下，自由批評應該能隨時傳到皇帝耳中，適當反映公議。台諫的特殊地位造成極大的權威與責任，群起攻之，足以推翻一個政府。這可以算是改變政府人事和策略的非明文辦法，有點像現代的報章雜誌。不同的是中國古代諫官和反對黨的權力並沒有法律的保障，只是公認「好」皇帝應該容忍批評；至於他在不在乎好名譽，就看皇帝自己了。如果他不守道德的限制，他可以下令貶降、懲處、折磨，甚至殺害諫官本人和全家。很多皇帝這麼做。

諫官有責任告誡政府和皇帝，個人自由卻沒有合法的保障，處境可以說十分艱難。不過現代有些主筆對大眾身懷責任感，勇敢冒犯集權政府，不惜坐牢或犧牲生命，古代也有不少諫官甘冒受罰、挨打，甚至死亡的危險來執行他們對百姓的責任。東漢和明朝尤其是如此，有些諫官寫了告發奸相的表狀，明知必死無疑，往往先上吊，抗議書才送達朝廷。這些御史有如戰場上的勇士；前仆後繼，死而後已，好皇帝珍惜名聲，不會輕易對付這些御史，以便替自己爭取美譽和愛戴，但是壞政府一心只想叫諫官閉嘴，正如現代獨裁者禁止新聞自由一般。

王安石當政，許多元老重臣對他期望頗高。如今御史中丞呂晦向王安石開了第一砲，說他「執邪見，不通物情。置之宰輔，天下必受其禍。」連司馬光都大吃一驚。兩個人一起去上皇帝的經課，途中，呂晦告訴司馬光他當天要做的事情，並把袖中的報表拿給他看。

「我們有什麼辦法呢？他頗受歡迎。」司馬光說。

「你也這樣說！」呂晦大驚，回答道。

呂晦被免職，整肅運動開始了。

現在一個小火花在朝中點起了熊熊烈火。有一個女犯意圖殺夫，結果傷人未死。她承認有心殺人，而眾官對刑罰意見紛紛。於是案子懸擱了一年多。司馬光想用一個方式定案，王安石又有另外的想法，堅持要執行。聖旨寫明如何處置，但是御史劉恕要求重審，諫官往往如此做。這是第二名違反王安石意旨的諫官，王安石就透過手下人彈劾他。於是戰局公開了。

御史台人心惶惶。問題是他們要自由執行任務，還是一個一個被免職。幾位御史聯名彈劾王安石，要他下台。王安石大怒，準備把他們打入牢中。司馬光和范純仁堅決反對，結果六名御史被貶到外郡去當酒監。范純仁大肆攻擊。他要求朝廷撤銷御史免職的命令——結果自己也被免職。下一個倒霉的是東坡的弟弟子由，他一直反對青苗法和市易法。過了兩個月，老相富弼辭職，臨行警告說，政治鬥爭總是好人輸，奸小一定會爬到高位。因爲好人爭原則，壞人爭權力，最後雙方都各得其所，好人去職，壞人留下來。他預言這樣下去，國家不久就會陷入紛亂。

如今朝廷一片騷動。制置三司條例司於熙寧二年（一〇六九年）二月成立，六月行市易法，九月行青苗法。幾個月之內，輿論對新政由期望轉成懷疑，懷疑造成迷惑，迷惑又帶來憤怒與恐懼。

事情迅速發生。熙寧三年（一〇七〇年）三月、四月全面整肅御史。接著倒楣的是王安石的兩個朋友，他們曾經幫他得到權勢，他一切全靠他們支持。高俊、暴躁、健談的孫覺也是東坡終身的好友，王安石列舉西元前十二世紀周代曾借錢給人民，利息百分之二十五，他反對此說。王安石還想要他支持，剛好京師附近有人傳聞貸款「抑配」給農民，皇帝下令調查，王安石就派他出去。孫覺回來，老實報告有強攤的現象，王安石說他出賣朋友——於是孫覺被免職了。

更重要的是「美髯公」呂公著的案件，他是宰相之子，學問淵博，卻不愛說話。早年王安石和呂公著同享科名，同被學人所推重。呂公著曾幫助王安石昇遷，於是王安石派他擔任御史中丞。現在呂公著上書給皇帝，使王安石很不舒服，信中說，「昔日之所謂賢者，今皆以此舉爲非，豈昔賢而今皆不肖乎？」王安石親擬解職令，用字措辭正好表現出他多變的性格。王安石和他要好的時候，曾經對皇帝說，「呂公的才華足以擔任良相。」如今卻把呂公著比爲堯舜時代的「四凶」之一。

那個月，王安石任命了兩個聲名狼藉的人物代替他所罷免的諫官，使以前崇拜他的人更加不齒，他派李定擔任全權御史，台諫嘩然。李定沒有中過科舉，沒有必要的服務資歷，曾隱瞞母親的死訊，不服母喪。在中國人眼中，他情同野獸。王安石提昇他，只因爲李定來自鄉野，曾說百姓「盡樂」青苗；王安石把他帶到皇帝面前，親自報告。御史們義憤塡胸。同時，王安石派姻親謝景溫擔任御史。爲了升遷，謝景溫曾把妹妹嫁給王安石的兄弟。三位監察御史裏行拒頒任命狀——三個人都被免職。其它御史提出異議。張戩要求朝廷召回去職的御史，罷免李定和支持王安石的惠卿。張戩到中書省遞表狀，發現王安石態度很奇怪。他聽了張戩的話，一言不發，用扇子遮臉大笑。

張戩說，「我知道你笑我愚蠢。不過你該明白，國內笑你的人更多。」

同時倒楣的重要人物是宋代理學名家，「二程」之長程顥。變法初期，程顥曾經和王安石密切合作。現在他也到中書省親自對王安石抗議此案。王安石剛讀完他的狀子，怒不可遏。理學家意味深長地說，「朋友，我們爭的不是私事或家務；是討論國家大事。我們能不能平心靜氣談一談？」以儒家的標準看來，王安石很丟臉也很慚愧。

幾週內，整肅御史的工作完成了。連同去年被免職的御史，去職的人達到十四個，十一位御史台的人，三位是宮中的諫官。司馬光用肯定的語氣警告皇上。只有王安石、曾布、呂惠卿擁護新法，整個朝廷都反對他們。「陛下要靠這三個人組織政府和國家？」韓琦與張方平二月去職；司馬光拒絕擔任樞密使，那個月就被貶官；范鎭已憤怒離京。九月裏原本猶疑不決、曾偏愛新政的趙抃決心辭職。他也指出「青苗使者於體爲小，而禁近耳目之臣用捨爲大」。幾個月之後，認命、沈著、曾把王安石得勢歸於「天意」的老臣曾公亮也提出辭呈，以老病爲藉口，其實是被批評者的砲火轟走的。

熙寧三年（一〇七〇年）十二月，王安石正式拜相（同中書門下平章事）位居群臣之首，地位不可動搖。次年七月，歐陽修辭去一切官職，閒居歸隱。

現在蘇東坡寫了他那封著名的九千字「上皇帝書」，打算接受免職的命運。他和司馬光、范鎮曾並肩作戰，司馬光和范鎮都一怒而去了。范鎮後來和蘇東坡有親戚關係，曾在前兩位皇帝手下任職中書省。他外貌肥胖溫和，內心卻如鋼鐵。他臨走在辭呈中說，「陛下有納諫之資，大臣進拒諫之計。陛下有愛民之性，大臣用殘民之術。」皇帝上朝的時候把信拿給王安石看，王安石面孔鐵青。站在附近的人說，大家都看到他手握狀紙，氣得發抖。

熙寧三年（一〇七〇年）九月，司馬光被派往陝西的偏郡去任職。他來不及推拒。他和王安石交換了三封誠摯而嚴苛的私函，終於完全翻臉。皇帝還希望他留在京師，他一再告訴百官，只要司馬光在身邊，他就不會犯大錯。皇帝一再要他回京師，司馬光都拒絕了。他忠言已盡。如果皇帝不聽勸，硬要騎一匹倔騾子去找死，他也無能為力。他決心辭官歸隱，簡直壓不住滿腔怒氣。他上書給皇帝說，「安石以為賢則賢，以為愚則愚。以為是則是，以為非則非。諂附安石者，謂之忠良。攻難安石者，謂之讒慝。臣之才識，固安石之所愚。臣之議論，固安石之所非。今日之所言，陛下之所謂讒慝也。伏望聖恩，裁處其罪。若臣罪與范鎮同，則乞依范鎮例致仕。或罪重於鎮，則或竄或誅，所不敢逃。」

從現在起到神宗的十六年間，司馬光一心閉門寫作，終於完成他九年前已經動手的史學名著。

後來神宗罷黜王安石，想叫司馬光回去任高官，他的回答仍是神宗肯不肯改變經濟政策？於是兩派政治思想屹立不屈，始終無法更改。但是哲宗初年，王安石去世，司馬光身爲宰相，臨死卻說：「王安石不是壞人。唯一的缺點就是固執。儘量謚給他一切高貴的榮銜吧。」

蘇東坡的九千字「上皇帝書」非常重要，可以代表他的政治哲學，也顯出他個人的脾氣和文風，充滿機智、學問和大無畏的勇氣。義憤的爭論夾著冷靜、簡明的推理。有時候沮喪、嚴苛、挑剔、直爽無比；有時候卻徐徐辯論，引經（孔孟）據典，引史例來支持他的理論。內容巧妙、誠摯、有力、對世事滿懷激動和悲哀。一月裏他面見皇上，皇上稱讚他的「議學校貢舉狀」，要他「拍陳得失，無有所隱。」蘇東坡就直接遵守他的旨意。當時高官都已去職，時機對他不利，他最後一次奮不顧身勸皇帝改變意思。他知道自己若不遭大禍，也會被免職。

在近代讀者眼中，最重要的兩大論點就是孟子所謂君權民授，容納異見和批評的問題。蘇東坡警告皇上，君主不是靠「神權」當道，而是靠人民的支持。要皇帝當心！

「書曰『予臨兆民，凜乎若朽索之馭六馬』言天下莫危於人主也。聚則為君民，散則為仇讎。聚散之間，不容毫釐。故天下歸往謂之王，人各有心謂之獨夫。由此觀之，人主之所恃者，人心而已。人心之於人主也，如木之有根，如燈之有膏，如魚之有水，如農夫之有田，如商賈之有財。木無根則槁，燈無膏則滅，魚無水則死，農無田則饑，商賈無財則貧，人主失人心則亡。此理之必然，不可逭之災也。其為可畏，從古已然。」

但是君主若不許人自由發表意見，他怎能得到民心呢？蘇東坡接著提出我認爲最重要的一點，就是政治上不同意的原則，台諫制度就是此一原則具體的表現。蘇東坡認爲，好政府要靠異議的健全作用來維持。民主就根據各黨異議的原則而存在。我相信蘇東坡若生在現代，一定反對聯合國安理會的否決權，認爲不民主。他知道盤古開天以來，沒有兩個人看法完全一樣，除了民主就是專制。我從來沒有發現一個反對民主的人在家、在國、在世界政局上不是暴君。蘇東坡又說：

「孫寶有言『周公大聖，召公大賢，猶不相悅。』著於經典。晉之王導，可謂元臣。每與客言，舉座稱善，而王述不悅，以為人非堯舜，安得每事盡善。導亦斂衽謝之。若使言無不同，意無不合，更唱迭和，何者非賢。萬一有小人居其間，則人主何緣知覺？」

我相信沒有人把台諫存在的理由和其中包含的原則說得比蘇東坡這封信更清楚。自由、無阻、無畏的台諫議論就代表自由的輿論。

「夾彈劾積威之後，雖庸人亦可奮揚風采。消萎之餘，雖豪傑有所不能振起。臣恐自兹以往，習慣成風，盡為執政私人，以致人主孤立。紀綱一廢，何事不生……是以知為國者，平居必有亡軀犯顏之士，則臨難庶幾有徇義守死之臣。若平居尚不能一言，則臨難何以責其死節。」

他比較今昔的輿論狀況：

「臣自幼小所記，及聞長老之談，皆謂台諫所言，常隨天下公議。公議所與，台諫亦與之。公議所擊，台諫亦擊之……今日物議沸騰，怨讟交至。公議所在，亦可知矣。」

蘇東坡研究比較各朝的政府制度，闡明台諫存在的理由。此處他大展策士的鴻才，內容淵博，說理有力，見解深刻。

「古者建國，使內外相制。如周如唐，則外重而內輕。如秦如魏，則外輕而內重。內重之末，必有姦臣指鹿之患。外重之弊，必有大國問鼎之憂。聖人方盛而慮衰，常先立法以救弊……以古揆今，（我朝）則似內重。恭惟祖宗所以深計而預慮，固非小臣所能臆度而周知。然觀其委任台諫之一端，則是聖人過防之至計……自建隆以來，未嘗罪一言者……風采所繫，不問尊卑，言及乘輿，則天子改容，事關廊廟，則宰相待罪。故仁宗之世，議者譏宰相但奉行台諫風旨而已。

聖人深意，流俗豈知。台諫固未必皆賢，所言亦未必皆是。然須養其銳氣，而惜之重權者，豈徒然哉。將以折姦臣之萌，而救內重之弊也。夫姦臣之始，以台諫折之而有餘。及其既成，以干戈取之而不足……陛下得不上念祖宗設此官之意，下為子孫立萬一之防。朝廷綱紀，孰大於此。」

蘇東坡勸皇帝不要用權勢逼人民屈服。他再度提到恢復肉刑的傳說。幾百年前，政府曾以各種肉刑來懲罰罪犯，包括墨、劓、荆、宮四刑。這些不合人道的刑罰在西元前二世紀就廢除了。宮刑則在西元六百年才廢止。多虧蘇東坡這兩封信，宋朝才沒有恢復酷刑。謠言一天天增加。

「陛下與二三大臣，亦聞其語矣。然而莫之顧者，徒曰我無其事，又無其意，何恤於人言。夫人言雖未必皆然，而疑似則有以致謗。人必貪財也，而後人疑其盜。人必好色也，而後人疑其淫……」

蘇東坡指出，商業癱瘓，價格高升；近自京師四周的省分，遠到川蜀，謠言紛紛，民心沸騰。連山區也行酒禁。僧尼被捕，財產沒收，軍人和官吏的薪俸都減少了。

「夫制置三司條例司，求利之名也。六七少年與使者四十餘輩，求利之器也。驅鷹犬而赴林藪，語人曰『我非獵也』不如放鷹犬而獸自馴。操罔罟而入江湖，語人曰『我非漁也』不如捐罔罟而人自信。」

他相信皇帝可以明顯看出國內的不和與鬥爭。他應該能由大臣的辭職看出公議的傾向。他一再提出反對新法的意見，然後回到本題，說皇帝行新政，已失去民心，公議都反對他和現在的政府。

這封信沒有回音。三月蘇東坡又寫了第三封信。此時皇帝曾下令禁止強攤貸款，但是不打算廢新政。蘇東坡引孟子的話說，這就像偷雞賊有心改過，卻打算每個月偷一隻雞。他自熙寧四年（一〇七一年）一月開始擔任告院權開封府推官，出了一道鄉試。題目是『論獨斷』（全文是「晉武平吳，以獨斷而亡。齊小白專任管仲而霸。燕噲專任子之而敗。事同而功異，何也」），王安石非常生氣，使情況更糟。

蘇東坡立刻被免職。不出所料，皇帝有心善意接受他的勸告，奸佞小人卻可以找些莫須有的罪名來整他。王安石的親戚兼隨從謝景溫把法律的巨輪轉向蘇東坡。有人謠傳他護送父親靈柩回四川，曾濫用政府的衛兵，買傢具、陶瓷，甚至販賣私鹽圖利。朝廷派官員到蘇家兄弟途經的省分，向船夫、軍人和儀官收集資料。蘇東坡也許真的買了不少傢具、陶瓷，但是沒有非法的行為。差人回來說，沒有發現什麼，如果找得到，他們一定會帶回來才對。

他寫信給當時住在四川的小舅子（王箴）說，「某與二十七娘甚安，小添寄叔並無恙……某為權倖所疾久矣。然捃摭無獲，徒勞掀攪，取笑四方耳，不煩遠憂。」

司馬光回洛陽老家之前，皇帝曾對他說：

「我覺得蘇軾人品不好。也許你高估了他。」

「陛下是指蘇軾的彈劾案？」司馬光答道。「我比較瞭解他。陛下知道謝景溫是安石的親戚，此案是王安石發動的。蘇軾並非十全十美，但是他比隱瞞母喪的禽獸李定可強多了。」

根據做官的考績，蘇東坡該任太守，皇帝也有此意。王安石和謝景溫不贊成，要他擔任偏郡的判官；不過皇帝把他改派到麗都杭州去作通判。對御史的控告，蘇東坡連答辯書都懶得寫。他讓調查員去查個痛快，自己則帶著家眷到杭州去了。

第九章　人為惡行

現在朝廷安靜了，一片死氣沉沉。等蘇東坡攜眷離開京師，仁宗治下的名臣都已罷官，散居各地。歐陽修在安徽阜陽隱居。蘇家好友張方平住在河南的淮陽（陳州）。

子由頭一年就被指派爲該地的州學教授。子由很奇怪；他不如哥哥固執，總是不放棄操守就能明哲保身，找一個安全而淡泊的職位，陪某一位大學者安居。日後張方平退休，搬到商邱（當時叫南京或南都），子由也派到那兒任職，後來幾年內蘇東坡來往京師，路上總是到張方平家小住，向他求教，情同叔姪。往後幾年，司馬光和呂公著一直在「西京」洛陽閒居，呂晦病重將死，臨死前獻上一道謎題給皇帝猜。

「臣本無宿疾，遇值醫者用術乖方，妄投湯劑，率情任意差之指下，禍延四肢，寖成風痺。非祇憚風痺之苦，又將虞心腹之變。雖一身之微，固不足卹。而九族之託，良以為憂。」

老元臣富弼還不能平安隱居哩。他曾被貶爲亳州太守，發放「青苗」不力。而且他大膽上書給皇帝說，「此法行，則財聚於上，人散於下。」正好王安石的手下鄧綰檢舉富弼阻撓新政，老元臣就被削去一切榮銜，調往另一個地區任太守。王安石還不滿意，他向皇帝說，富弼的罪狀有如「四凶」，如果只削去他的官銜，如何阻嚇其他叛徒呢？皇帝不聽王安石的話，容許富弼繼續擔任小官。富弼前往新任所，路過南都；順道拜訪張方平。

老臣懊惱地對張方平說，「知人難。」

「你是指王安石？」他的老友說：「我覺得認識他並不難。我曾和他一起負責鄉試，他推翻了一切規矩。我把他免職，從此沒和他說過一句話。」老臣慚愧不已。他繼續上路，晚年常盯著天花板，默默嘆息。

蘇東坡正要離京，京裏發生暴動。保甲法在頭一年冬天施行。兵勇留在村內受軍訓。京師附近的村民懷疑訓練的用心，以爲政府馬上要派他們到北方打仗，就示威抗議。當局叫農民提供自己的軍備——其實只有弓箭——也是暴動的原因。父子相擁而泣，有些村民割腕斷指，逃避徵召。這次暴動使王安石失去了最後一個朋友韓維，因爲他是該區的太守，把暴亂的情形往上報，要求軍訓延到農民收割後再說。於是韓維也被免職了。

一次明明白白的天譴，加上一位「安上門」小吏的告發，王安石終於垮台。熙寧六年（一〇七三年）「聖山」華山發生土崩。皇帝驚慌失措，照規矩搬到另一座宮殿，表示尊敬上蒼，同時改吃粗陋的餐食。

熙寧六年（一〇七三年）夏天到熙寧七年（一〇七四年）春天久旱不雨，皇帝很擔心，不知道如何是好。他問王安石，王安石說：

「水旱都是天災。堯舜時代也有水旱。我們只要繼續行善政就成了。」

「我怕的就是這一點，」皇帝說，「怕我們行的不是善政。我聽到不少人埋怨商稅。朝中每一個人都聽到了，連皇后和太后都知道。」

另一位大臣馮京也在場，他說，「我也聽到了。」

「我什麼都沒聽到，」王安石說，「馮君聽到怨言，因爲不滿的人都湧在他身邊。」

現在一個擔重任的小官出場了。他就是畫災民圖的「安上門」小吏鄭俠。他獻上新政災民拴著鐵鍊砍樹、賺錢還公債的畫軸，還附了一張短箋給皇上。

「竊聞南征北伐者，皆以其勝捷之勢，山川之形，為圖來獻。料無一人以天下之民質妻鬻子，斬桑壞舍，流離逃散，皇皇不給之狀，圖以上聞者。臣謹按安上門逐日所見，繪成一圖。百不及一，但經聖覽，亦可流涕。況乎千萬里之外，有甚於此哉！陛下觀臣之圖，行臣之言，十日不雨，即乞斬臣宣德門外，以正欺君之罪。

鄭俠上對」

皇帝把卷軸帶入寢宮。他拿給皇家的人看。太后（仁宗皇后，不是英宗皇后。①）先開口說：

「聽說助役金和青苗款害苦了人民。我想我們不該變更祖先的遺制。」

「新政造福百姓，不是壓迫他們。」皇帝說。

「我知道王安石才略不凡，」太后說，「但是他樹敵太多。爲了他好，我想你還是將他停職吧。」

皇帝說，「我發現大臣中只有王安石肯當大任。」

神宗的弟弟岐王正好站在旁邊。他說：「我認爲你該考慮祖母的訓示。」

皇帝發火了。「好，好，我不會治國。你來。」

「我不是這個意思。」岐王說。

大家沉默了好一會。太后說，「王安石惹了大麻煩。你有何打算？」

第二天，皇上免去王安石的職位，卻把惠卿和鄧綰留下來。皇帝決心廢除商稅、青苗、助役錢、保甲法和方田均稅等十八項措施。

雨來了，可見上蒼大悅！

但是王安石的一刻尚未終了。依法規，鄭俠遭到彈劾。他起初循正軌獻圖，宮中官吏不肯接，說他是小官，沒有資格和皇帝通訊。於是鄭俠到京師城外的官差站，告訴差人裏面有緊急軍報，叫他快馬送入宮。由於非法利用官差，御史們審問鄭俠。

史書沒有記載審訊的結果。但是次年一月，鄭俠又獻了一冊「正直君子邪曲小人事業圖」給皇上。圖中畫的是唐朝幾個有名的忠臣和奸臣，雖未直接提到現在的政府，前朝奸相的故事卻和如今當權的人十分相像。就算含意不明顯，圖中的傳奇故事也點明了一切。因爲王安石已經罷相，鄭俠除了圖冊，還上了一道奏摺，推薦一位忠臣當宰相。如今惠卿當權，鄧綰把他對王安石的滿腹忠心轉向惠卿。於是兩個人把鄭俠貶到遙遠的廣東（汀州）去。

臨行一位御史來看他，「所有御史都不敢說話，多虧你還奮戰不已。台諫批評政府的責任似乎落在一個宮廷門吏身上。」說著就給他一包（兩冊）名臣諫疏，「我託你保管這些資料。」但是惠卿由密探得到消息，派舒亶攔截鄭俠，搜他的行李。惠卿、鄧綰和舒亶得到那兩冊報告，查知所有批評朝政的人名，就一一加以檢舉，把他們下獄。惠卿想處死鄭俠，但是皇帝阻止說，「鄭俠顧國不顧身。我佩服他的勇氣和正義，不能重罰。」於是鄭俠獲准到貶居地去（貶為英州編管）。

蘇東坡死後，一位黃姓收藏家取得蘇東坡的一份珍稿，裏面包含他的名言：「處貧賤易，處富貴難。安勞苦易，安閒散難。忍痛易，忍癢難。人能安閒散，耐富貴，忍癢，真有道之士也。」每一個革命黨未得勢之前都能顯出最大的力量和團結，一旦得勢根除反對派之後，就開始因內鬨而分裂。毫無疑問，推翻權貴的心願帶來人性中最美的本能，而統治別人的權力卻帶來最醜的一面。事情順順利利，每個人都有官做，鄧綰、惠卿和曾布忙得沒有時間吵嘴。王安石垮台，局面惡化，黨人立刻一個接一個倒下去。

遠在事件發生前，他們已種下內部衰亡的種子。王安石的少爺討厭惠卿，惠卿又討厭曾布。鄧綰一面跟著兔子跑，一面跟著獵狗追，忙得不亦樂乎。王安石只留下這麼一個兒子，真是天大的不幸。他兒子精明、乖僻、殘忍，新政的許多惡行他都要負責任②。如今他長大了，家中財政都操在他手中，他叔叔再也不能自由運用王安石的錢財。他身爲全權宰相的兒子，妄自尊大。以爲惡劣的舉動足以表示不凡。據說新政初期，有一次理學家程顥到王家和王安石討論公事，王少爺披頭赤腳出來，手上拿著女人的圍巾，直接走到他父親面前，問他們談些什麼。

「我和程先生討論眾臣批評的新法。」王安石說。

他兒子一屁股落在他們所坐的椅墊上，大笑說，「我們只要砍下韓琦和富弼的腦袋，就沒有人敢反對啦。」（譯註：梁啟超的《王荊公傳》曾列舉證據，說明歷史上對王雱的說法純屬無稽。）

王安石爲兒子所受的痛苦，我們不久就明白了。這一家人並不愉快，兩位叔叔都不贊成王安石的作風，尤其警告王安石當心雙面人惠卿。孔子曾說，人應該「驅鄭聲，遠佞人」。有一天王安石和惠卿談話，他弟弟安國在外面吹笛子。宰相對弟弟大叫說，「你能不能驅鄭聲？」他弟弟回說，「你能不能遠佞人？」

如今這一幫人爲前途而擔憂。惠卿卻沒有放棄希望，他看出自己有機會取代王安石。世上有些人眼淚說流就流，惠卿和鄧綰「相與環泣於帝前」，哀慟感人。他們一想到國事，就非常傷心。他們的辯才終於挽回皇帝的心意，惠卿遂登上相位。

爭端正式開始。全國的市易務官呂嘉問遭到彈劾。市易務胡作非爲的報導當然傳到皇帝耳中，王安石還在京城，皇帝就問起這件事。

「嘉問一向固守國法，所以樹敵很多。如今才受到攻擊。」王安石回答說。

皇帝說，「不過每年繳入國庫的商稅確實很少。而且我不喜歡販水果、賣冰賣炭，有傷皇帝的威儀。」

王安石說，「陛下不該操煩這些小事，這些事自有小官去辦。陛下只要關心政府的大策就行了。」

皇帝回答說，「爲什麼朝中每一個人都把它當做壓迫性的措施呢？」

「請把那些人的名字告訴我。」王安石說道。

我們不必詳述這些下流的爭端。問題是呂嘉問權力漸大，開始違犯條例司，侮辱一位叫薛向的官員。曾布站在薛向的一邊，攻擊呂嘉問，呂氏遂被免職。皇帝派惠卿和曾布調查此案。兩個人一向不和，與王安石關係都很密切，類似列寧手下的史達林和特羅斯基。調查中，惠卿開始攻擊曾布，曾布開始攻擊惠卿，曾布就垮了。

問題才剛剛開始呢。惠卿變成政府唯一的領袖。他不但利用鄭俠案罷免王安石的弟弟王安國，同時在鄧綰協助下，企圖把王安石本人也牽入山東一位親王所發動的叛變中。王安石被控參與謀變，因爲他和叛黨的一位人物交情不錯。另一位大臣——名義也是宰相——與惠卿不和，想拉王安石回朝阻遏惠卿。他除了要求皇上罷黜惠卿，恢復王安石的相位，還送了一份密報給王安石。謀反的罪名非同小可，王安石七天之內就由南京（金陵）趕到京師。

其實王安石和叛變無關，熙寧八年（一〇七五年）二月他再度擔任宰相。鄧綰不知所措，決定爭取時效，背叛惠卿，投入王安石的陣容。爲了得到王安石的歡心，他決定出賣惠卿。他沒有告訴王安石，逕自和王安石的兒子控告惠卿在華亭向商人強索五百萬錢；朝廷罷免惠卿，調任爲太守。鄧綰和呂嘉問心有不甘，重新提出控告，把惠卿抓入御史台監獄待審。

當權派一個一個遭到貶黜。鄧綰也不例外。他仍然精神勃勃，看見惠卿垮台，皇帝漸漸對王安石感到不耐，認爲他下一任主人該是王安石的兒子和女婿。他上書給皇帝，要求擢升這兩個人。但是王安石和皇帝都壓倦鄧綰的叛徒伎倆，不但不感激，反而將他免職。現在鄧綰對人性失去了信心。

惠卿一面待審，一面對王安石發出最後的攻擊，這些年來，他保存了王安石好些私函，意圖敲詐，如今就把信件交給皇上，說王安石不忠，因爲好幾封信都有「無令上知此一帖」的字眼。皇帝對這幫人煩透了，如今看了這幾封信，才真正對王安石生出不滿。王安石大罵兒子背著他貿然攻擊呂惠卿。他兒子顯然不知道惠卿留著這些信秘密要挾他父親。他自悔莽撞，又被父親痛責，不久就病倒了，背上生出一個惡瘡。

王安石一向篤信佛教。他找和尚，找大夫，都無法挽回兒子的性命。王雱之死對老相國是一大打擊。他對政治和人生同感失望，心力交疲，就自請罷相。熙寧九年（一〇七六年）十月，皇帝准他退休，卻保留了幾個最高的頭銜。不算貶黜。幾年後，有人看見他在南京（金陵）鄉下騎著毛驢喃喃自語。

注釋

①根據規定，皇帝的祖母若健在，她就是太后，而不是由皇帝的母親擔任。和皇帝的母親比起來，她是婆婆。在皇室來說，她是長輩。這位太后是仁宗皇后，不是英宗皇后。

②他懷疑妻子不貞，兒子不是親骨肉。王雱虐待妻子，她很早就死了。

第十章　手足情深

熙寧四年（一〇七一年）七月，蘇東坡攜眷離開京師，到中國東南海岸的麗都杭州去任職。此後八、九年間，他分別在杭州、青島附近的密州和江蘇的徐州服務，政績很好。這是他寫詩最活躍的時期，他寫了不少優美的詩詞、哀歌、幽默詩和憤怒詩。他天真、自由，幾近孩子氣，把心中的感慨完全表達出來，最後，這些攻擊統治權威的哀歌和憤怒詩卻給他帶來了大禍。

他弟弟子由在陳州（當時也叫淮陽）任教，離京師東南七、八十哩，就在蘇東坡的行程範圍內。他照例趁機多陪弟弟，在那兒住了七十多天。他的大兒子十二歲了，還有一個一歲的幼兒，不過他弟弟卻有一大群子女。沈默的子由不斷生育，一共生了三個兒子和七個女兒，蘇東坡曾幫他把女兒一一嫁出去。他弟弟要留他小住，蘇東坡欣然答應，一直待到中秋過完才走。子由很窮，全家住在一棟低矮的小房子裏，蘇東坡常拿弟弟的身高開玩笑。「常時低頭誦經史，忽然欠伸屋打頭。」

他們的老友張方平告老還鄉，也住在陳州，大家常一塊兒飲酒。張方平酒量奇大，百杯不醉。蘇東坡自己說他酒量小多了，但是他覺得沒有必要戒酒。歐陽修也是海量——不過張方平常喝贏他。張方平開始喝酒，不對客人說他們要喝多少杯，總是說喝多少天。蘇東坡說，「我不羨慕酒量大的人。我一兩杯就醉了，但我不是和你們一樣痛快嗎？」

家人閒居團圓了兩個多月，兄弟倆常到柳湖去划船，或者到城郊散步，討論政治、家務和彼此的將來。有一天，兩個人在鄉村漫步，討論國家的政局，子由勸告了哥哥一番。蘇東坡最大的缺點，就是喜歡在賓客面前或者作品中坦白說出他的想法。時機不利，子由十分瞭解他的哥哥。子由把手放在他的嘴上，叫他從此沈默些，後來東坡出獄，子由也曾做過同樣的暗示。

兩兄弟脾氣和長相都不一樣。子由個子較高，面孔圓潤些，兩頰有不少肥肉，蘇東坡比較結實，骨肉均勻。我們由他的畫像判斷，他大約五呎七或五呎八，面孔很大，顴骨高聳，前額突出，眼睛又長又亮，下額勻稱，留著美麗、尖長的中式鬍鬚。最動人的是他敏感、活潑、有力的雙唇。這是一張充滿人性溫暖光輝的面孔，表情由熱烈的嬉笑迅速轉成心事重重的沉思。

「我知道，」蘇東坡對弟弟說，「我常常口沒遮攔。我覺得某一件事不對，就像飯菜裏找到一隻蒼蠅，非吐出來不可。」

「不過你得先認識談話的對象，」他弟弟說，「有些人值得信賴，有些人卻不行。」

「這就是我的弱點，」蘇東坡同意說，「也許我天生太相信別人。不管和誰說話，我都喜歡傾吐內心的秘密。」

他告訴弟弟說，他上表給皇帝，心裏倒真是爲自己的性命而擔憂。他說有一個朋友也很擔心。那就是晁端彥①，他曾來看他，彼此都在同一年考中進士，常常互稱爲「同年」，含義類似現在大學同一年畢業的同學。

「不過我告訴晁同年，我曾通過仁宗皇帝的特考，」蘇東坡又說，「我才立刻被大官們當做朋友，仁宗皇帝已接受我的諍言。現在我若不說話，誰來說呢？我告訴晁同年我真怕送命。他沒有說話，表情很嚴肅。然後我又說，『沒關係。如果皇帝要殺我，我死而無悔。不過有一點，壞了我，好了你，我才不幹。』兩個人都笑起來。」

「你知道嗎？」他弟弟說，「你有沒有注意到，一天賦閒似乎等於平常的兩天？因此，一個人若活了七十年而能夠整天悠悠閒閒，他實際上就活了一百四十歲。這是長壽的簡便方法。」

兩兄弟政治觀點始終相同，立場也一致，但是性格卻完全不一樣。子由性安穩，實事求是，保守，不愛多說話；東坡性豪放，開朗，多嘴多舌，天真而不計一切後果。朋友同伴都覺得子由很可靠，東坡開朗的天才、他的嘲弄和惡作劇卻常常使人害怕。在密友之間，東坡得意洋洋，亂開玩笑，而且大用雙關語。他害世上講現實的人緊張兮兮，怕他隨時會說出真相——彷彿只要是真話就能說出口似的！

他們的文風也不一樣——差別有如亨利詹姆斯和威廉詹姆斯，東坡像威廉，子由像亨利。由各自的天分看來，威廉詹姆斯似乎該寫小說，亨利詹姆斯該寫心理學和哲學的論文。然而威廉詹姆斯在枯燥的心理學和哲學教本中注入風采和幽默，亨利詹姆斯在小說領域中注入人性思想和觀察的結實內容，卻給世界帶來極大的貢獻。子由風采不及哥哥的一半，但是他的作品有內容、有深度，使他成爲獨具一格的大文豪。

東坡知道弟弟的勸導很正確，如果他天性像弟弟一樣沈默，他就會照辦了。但是這並非他怎麼想，而是他感覺如何的問題。談到蘇東坡的個性，很難避開「氣」這個名詞，每一位批評家概述蘇東坡的性格，都免不了要提到孟子的這一個字。「氣」的含意是瓦斯、空氣、氣氛、精神、力量、衝動、壓抑的怒火。孟子所謂的「氣」，類似柏格森筆下的哲學字眼「蓬勃生氣」，是人類品格中生動、逼人的力量。大人物和小人物的差別往往就在於精力、衝勁、衝擊力和活潑度的不同。在孟子學說中，該字代表偉大的道德衝力，簡單說就是一個人行善求正義的高貴精神，與生俱來，隨著生命的進展而加強壯大，或者慢慢削弱。以蘇東坡來說，它等於偉大的精神，一個人升上無限級數的靈性，又大又強，來勢洶湧，不吐不快。蘇東坡的批評家和崇拜者常常提起他這種偉大的靈氣，這種強大壯烈的力量。孟子自覺胸中充滿這種力量，就形容說，在正義和真理的支持下，人不怕宇宙的任何東西。

「何謂浩然之氣？」有一次孟子的門生問他。

「很難形容，」孟子說。「這種氣節至大至剛。妥善培養而不加戕害，就會充滿宇宙之間。不過必須力求正義和真理。沒有正義和真理，氣節就萎縮了。」（「**至大至剛，以直養而無害，則塞於天地之間，其為氣也，配道與義，無是餒也。是集義所生者，非義襲而取之也；行有不慊於心，則餒矣。**」）

蘇東坡有了這種典型的浩然氣節，便不斷遭遇到倫理上的矛盾，一方面想維持自己的本色，保持人類天生的大無畏精神，一方面又想明哲保身。在蘇東坡一生的某些時期，這種矛盾特別尖銳，通常他還是保持英雄本色。我想蘇東坡心中也沒有太多的衝突吧。他的偉大天分不斷要求自由無阻的發揮。

多生綺語磨不盡，尚有宛轉詩人情；猿吟鶴唳本無意，不知下有行人行。

於是東坡和弟弟一家人共度中秋。這是一個難忘的秋節，他日後常常懷念這個日子，因爲以後六年，他始終沒機會和弟弟共度佳節。

離別很難受，子由決定送哥哥到河流下游七十哩的潁州（**現在的阜陽**），他們又在那兒共度了兩星期，有歐陽修爲伴。不過，別離終於來了，東坡開航前夕，兩兄弟在潁水上划船，通宵討論政治，彼此賦詩相和。東坡到杭州之後，寫了一首詩寄給子由，裏面總括了他們政治討論的結果。

「眼看時事力難任，貪戀君恩退未能。」

兩兄弟都想起孟子的主張：「責難於君謂之恭，陳善閉邪謂之敬，吾君不能謂之賊。」事實上，他們都明白孟子下面這段話是百分之百的真理：

「徒善不足以為政，徒法不能以自行……為高必因丘陵，為下必因川澤。為政不因先王之道，可謂智乎？是以惟仁者宜在高位；不仁而在高位，是播其惡於眾也。上無道揆也，下無法守也；朝不信道，工不信度；君子犯義，小人犯刑。國之所存者，幸也。故曰城郭不完，兵甲不多，非國之災也；田野不辟，貨財不聚，非國之害也；上無禮，下無學，賊民興，喪無日矣。」

那天晚上，蘇東坡寫了兩首詩來表達他的心境：

「征帆掛西風，別淚滴清潁。留連知無益，惜此須臾景。我生三度別，此別尤酸冷。念子似元君，木訥剛且靜。寡詞真吉人，介石乃機警。至今天下士，去莫如子猛。嗟我久病狂，意行無坎并。有如醉且墜，幸未傷輒醒。」

第二首詩寫道：

「近別不改容，遠別涕沾胸。咫尺不相見，實與千里同。人生無離別，誰知恩愛重。始我來宛丘，牽衣舞兒童。便知有此恨，留我過秋風。秋風亦已過，別恨終無窮。問我何年歸，我言歲在東。離合既循環，憂喜迭相攻。悟此長太息，我生如飛蓬。多憂髮早白，不見六一翁。」

「六一翁」是歐陽修的文號。風中飛蓬正是蘇東坡一生最好的象徵，從此他就成爲政治風暴中的海燕，直到老死，從未在一個地方住過三年以上。

第二天一早，兩兄弟就告別了。蘇東坡對子由的親情實在非比尋常。後來他寫了一首詩給好友李常說，「嗟余寡兄弟，四海一子由。」杭州三年任滿，他請求調到密州，只因爲當時子由在濟南任職，兩地距離很近，都在山東省。

注釋

①晁端彥是蘇門學士晁補之的父親。

第十一章 詩人、名妓與和尚

當時的杭州也像今天一樣，是一個神奇的都市，有時候被稱爲「人間天堂」。這裏是蘇東坡的第二故鄉，他一來杭州就寫道：

「未成小隱聊中隱，可得長閑勝暫閑。我本無家更安往，故鄉無比好湖山。」

這裏是他的第二故鄉，不只因爲此地有美麗的山丘、森林、湖泊、大海、熱鬧的市街和壯觀的寺廟，也因爲當地人民都很喜歡他，他度過了一生中最幸福的日子。居民有南方人快樂的天性，有詩歌有美人，他們敬愛這位年輕的名詩人，欣賞他衝動、熱情和無憂無慮的個性。美景啓發了他的靈感，此處柔婉的魅力更撫慰了他的心靈。杭州贏得他的青睞，他也贏得杭州人民的愛戴。他擔任杭州通判（**助理官員**），沒有機會爲人民多盡力，但是詩人的身分已經足夠了；他被捕的時候，杭州人紛紛在街上設龕拜祭，替他解災。

他走了以後，南國的美景和溫情一直令他魂牽夢繫。他知道他會回來，十八年後，他再度回來當太守，對本城建樹極多，在杭州人心目中留下了不朽的回憶，大家都說他是杭州人。在他死後千年的今天，你走上西湖，登上孤山島或鳳山，或者在湖濱的一家飯店喝茶，你會聽到杭州本籍的店主一再提到「蘇東坡——蘇東坡」。你若點明東坡是四川人，他可不高興。咦，他認爲蘇東坡生在那兒，除了京師從來沒到過別的地方哩！

蘇東坡的心情，飄泊的魅力，愛情和歡樂都與西湖百分之百連結在一起。該地的詩情和他的作品互相找到了最好的發揮。一座城市要找到它的代表詩人並不容易，此人必須能發掘當地的生活、變遷、複雜的個性，用四行詩寫出地方上的本質、精神和美姿。在公認最好的詠西湖詩中，蘇東坡把西湖比做戰國時代的美人西施；無論一襲晨袍淡粧，全副濃粧，她都同樣美麗。西湖在晴天和雨天各有醉人的風韻：

「水光瀲灩晴偏好，山色空濛雨亦奇。欲把西湖比西子，淡粧濃抹總相宜。」

這當然只是比喻的說法。無論何時，「西子」畫妝總比不畫來得漂亮些。蘇東坡美化了湖畔，以完美的藝術手筆使一切顯得自然。今天蘇堤伸入湖心，迷人的小嶼倒影號稱「三潭印月」，垂柳夾道的岸邊更證明了他修建風景區的技巧。杭州西湖和揚州的「小西湖」是中國庭園設計天才充分發揮的兩大地方，人類的藝術和技巧改善了該地，卻沒有加以破壞。這位藝術家先把握地方的自然格局，建築力求自然，整體化，他只是零零落落拉緊、疏放或者加強一道輪廓，沒有多做什麼。

熙寧四年（一〇七一年）十一月二十八日，蘇東坡帶著妻兒抵達杭州。官舍位在鳳山頂，南面可望見錢塘江一群群向海的船隻，北面是西湖，群山環繞，雲霧飄渺，寺廟和富家的別莊點綴其間，東面是驚濤拍岸的海灣。杭州除了太守還有兩個副官，因爲那是一個大都會。蘇家住在宅區的北邊，也就是靠湖的一面。城市的高牆、橋樑和溝渠就在鳳山下，由西湖南北延伸到錢塘灣畔。蘇太太晨間打開窗戶，看到下方美麗的平湖映出流雲、高山和別墅，不覺心曠神怡。天剛一亮，遊人的小船就佈滿湖心，晚上由山頂住宅可以聽見琴聲和歌聲。

城中有些地區燈火通明，每夜都有市集開到凌晨兩三點。這兒有太太們喜歡的各色精美小食、絲綢、刺繡、香扇，有小孩喜愛的各色糖果、玩具和走馬燈。宋朝的糖果販想出各種奇怪的花招來吸引顧客，有些人用賭博的方式來銷貨，有些人打扮成白鬍子老頭，也有人戴面具表演歌舞。有人賣糖絲，有人把糖果吹成各種動物的形狀，有些人做「沙糖」，和今日的楓糖差不多。

宋朝末年——蘇東坡死後一百年左右，馬可孛羅東來的一百年前——有人寫了一本書描寫杭州的生活，生動描繪出街道、運河、湖泊、食品和通行娛樂的細節，比馬可孛羅的描寫更詳細。馬可孛羅提到王爺在湖邊遊獵，王妃在湖邊洗浴，大隊商船來往於杭州和泉州之間，但是他對甜食、糕點和通行的娛樂並不熟悉。吳自牧這本書《夢粱錄》一遍又一遍列出許多精美的小食，簡直讓讀者陶醉萬分。

蘇東坡幾乎相信他前生曾住在這兒。他自己的詩詞和同代人的雜記都有記載。有一天他拜訪壽星院，一進大門就覺得景物很熟悉。他告訴同伴，他知道有九十二級石階通向懺堂，結果完全正確。他還向同伴描述後殿的建築、庭院和木石。我們不必相信這些轉生的故事，不過社會若相信神鬼和輪迴，總有很多這一類的說法，就像鬼故事，沒有人能證明是真是假，蘇東坡時代，大家都相信前生，這種故事不足爲奇。

有一個故事提到張方平的前生。一天他參觀一座廟宇，告訴大家他記得前生曾在這裏當禪師。

他指指樓上說，他記得曾在閣樓裏抄一部佛經，還有一半沒抄完。他和朋友們上樓，真的發現有一部未抄完的手稿，字跡很像張方平。他拿起毛筆，開始由他前生中斷的地方抄起。蘇東坡的一位好友也曾發生類似的故事。詩人黃庭堅告訴別人，他前生是女孩子，他的腋窩有狐臭。他在四川省重慶下游的涪州任職期間，有一天一位少女來托夢說，「我是你的前身，我葬在某地。棺材壞了，左邊有一個大蟻窩。請替我遷葬。」黃庭堅照辦，左腋窩的狐臭從此就消失了。

蘇東坡擔任通判，除了會審訟案外，並沒有太多責任。他衷心討厭這件事情，知道被捕的人大都是違犯新政法律的小民，而他根本就不贊成新法。不過法律已定，他也不能更改。讀讀蘇東坡在除夕夜不得不審問走私鹽犯而寫的那首詩，也許最容易瞭解他此時的想法和心境。政府專賣制度接收了販鹽業，但是杭州灣附近產鹽區的商人不肯放棄生意。蘇東坡曾寫信給一位閣員，說明私賣食鹽的一切原委。我們現在不關心客觀的情況，只關心他對同胞的態度，因爲他覺得自己和那些囚犯沒有什麼差別。

「除日當早歸，官事乃見留。執筆對之泣，念此繫中囚。小人營餱糧，墮網不知羞。我之戀薄祿，因循失歸休。不須論賢愚，均是為食謀。誰能暫縱遣，閔默愧前脩。」①

對子由他更寫出了真心話：「平生所慙今不恥，坐對疲氓更鞭箠。道逢陽虎呼與言，心知其非口諾唯。居高忘下真何益，氣節消縮今無幾。」

他在另外一首詩中談到甲家制度帶給人民的痛苦，描寫人民挨打時的呼號，連妻子兒女也被抓入牢獄。日後他被捕，就是這些詩句給他惹上破壞政府威信的罪名。

這時候，他一有機會就遊山玩水。他想逃入大自然的懷抱，腳下便是大自然最美的面目。他的詩靈盡情享受附近的美景。除了市區和西湖，杭州十哩或十五哩外的高山也變成他最喜歡的去處。由西湖出發，遊客可以向四方行進，沿北岸到著名的靈隱寺，爬上天竺頂，由南岸可到葛嶺，在虎跑寺逗留一會兒，觀賞名泉，喝喝茶，然後沿一條蜿蜒美麗的山溪走回來。城內和城郊共有三百六十座廟宇，通常都在山上，他可以陪和尚聊一下午。遊這些山往往要一整天，他常在傍晚回來，街燈都亮了。穿過燈火通明、人潮洶湧的小河塘夜市，他往往半醉才回家，想起一些詩句然後又忘掉一些。

「睡眼忽驚矍，繁燈鬧河塘，市人拍手笑，狀如失林鶯，始悟山野姿，異趣難自強，人生安為笑，吾策殊未良。」

杭州愉快，西湖迷人。南國的氣候使人一年四季都喜歡到戶外活動。春秋兩季，所有杭州人都在湖上玩耍。就連下雪的冬日也有遊人坐船去欣賞雪景。尤其是三月三日、五月五日、中秋、重九、地方神明的壽誕、二月十一日等大節日，湖上充滿度假的人，船隻要在頭一天就先訂好。遊人不必帶食物，因爲一切食品和茶杯、茶盤、湯匙、筷子都由船家供應。有些船夫還抓魚賣給遊客去放生，這是佛家所謂的「積德」，說不定同一條魚被抓過三次，放過三次，已三次逃出閻王的掌握哩。

蘇東坡完全參與湖上的生活。遊人有兩類，一種是攜家帶眷，一種是與歌姬同行，湖上的太太們以恐懼的眼光打量歌姬，歌姬卻以羨慕的眼光看著太太們。歌姬們衷心希望自己能「贖身」嫁人，像太太們一樣生兒育女。蘇東坡有時候帶著妻子兒女出去，有時候陪做官的朋友宴飲。他多才多藝。他有一枝生花妙筆，能寫出精鍊、華美、傑出的詩句，同輩的文人不得不佩服他，他也能寫出令人難忘、不加雕琢的簡單句子。陪家人他可以唱：

「船頭斫鮮細縷縷，船尾炊玉香浮浮。」

陪做官的朋友，他就寫出賞心悅目的詩句：

「遊舫已粧吳榜穩，舞衫初試越羅新。」

他們一到湖畔，船夫就圍攏來拉生意。他們常選一艘小船，可容四、五個人。有時候人多了就乘大船，船上放一張餐桌，由手藝高明的船孃準備酒菜。這些家船都精雕細琢，船頭有筧嘴。湖上還有其它船隻專賣食品給遊客。有人賣栗子、瓜子、蓮藕、甜食、炸雞和海鮮。有人專供茶水。有些船上載著藝人，照例貼近遊客的小船，爲大家表演歌唱、雜耍，並供應吊索和其他射獵的遊戲。他們身邊就是澄藍的湖水，周長十哩左右。遠處白雲棲在山頂上，山峰若隱若現。雲霞使山峰千變萬化，多采多姿，山峰給雲霞一個棲息的所在。有時候天冷欲雪，霧氣蓋滿山腳。隔著霧氣，遊人可以看見零零落落的亭台樓閣，瞥見遠山模糊的稜線。晴天湖水清爽極了，水中魚兒歷歷可數，蘇東坡曾以兩行愉快的詩句描寫船夫的黃頭巾與青山的背景相映照，畫面十分動人。

「映山黃帽螭頭舫，夾道青煙鵲尾爐。」

向山丘駛去，他們可以聽見荒林中小鳥互相呼喚的聲音。蘇東坡性好旅遊，常常一個人在山間閒逛，到人跡稀少的高山頂或水源地賦詩。他常常遊廟，變成和尚的好朋友。蘇東坡死後，有一位老和尚說，他小時候在壽星院當和尚，夏天常看到蘇東坡一個人走路上山。他常常借一張和尚的躺椅，搬到附近竹林中；完全卸下官吏的尊嚴，脫下衣裳，赤身露體睡午覺。小和尚用敬畏的眼光偷看這位大學者，看到了別人無權一窺的場面。他看見——也許是自以爲看見——蘇東坡背上有七粒黑痣，排列的方位很像北斗七星。老和尚說，可見他是天庭派下來的神靈，暫時在人間作客而已。

蘇東坡離開杭州之後，曾經寫一首詩給晁端彥，略述自己旅遊的習慣。那時晁端彥正要出使杭州，蘇東坡給了他一番忠告。

「西湖天下泉，遊者無愚賢。深淺隨所得，誰能識其全。嗟我本狂直，早為世所捐。獨專山水樂，付與寧非天。三百六十寺，幽尋遂窮年。所至得其妙，心知口難傳。至今清夜夢，耳目餘芳鮮。君持使者節，風采爍雲煙。清流與碧巘，安背為君妍。胡不屏騎從，暫借僧榻眠。讀我壁間詩，清涼洗煩煎。策杖無道路，直造意所便。應逢古漁父，葦間自寅緣。問道若有得，買魚勿論錢。」

根據文學記載，蘇東坡在杭州常與宗教、女人——或者說和尚、名妓——扯上關係，這兩者之間的關連也比我們想像中密切。蘇東坡眼中感官的生活和靈性的生活是同一回事，以詩意哲學化的人生觀看來，並沒有什麼衝突。有了詩，他熱愛今生，不可能變成禁欲的和尚。有了哲學，他十分明智，也不會沉淪在「魔鬼」手中。他不會棄絕青山綠水，也不會棄絕美人、詩歌和酒肉，但是他有深度，不可能披上紈袴子弟膚淺、憤世嫉俗的外衣。

有人傳說他曾把嚴肅的僧人和歌妓拉在一塊兒，這個故事最能表現他嬉笑成性的作風。大通禪師是聖潔的老頭兒，據說要單獨見他必須先行沐浴。女人當然不准進入他的房間。蘇東坡有一天帶著朋友上山逛廟，其中有歌女同行。大家知道禪師的習慣，就停在廟外。蘇東坡和他很熟，突然想帶女人進廟，破壞他的清規。他帶歌女入寺，向老禪師行禮，大通對他的失禮十分不悅。蘇東坡說，禪師若肯把誦經用的木魚借給歌女妙姬，他願意寫一首道歉詩，叫她唱出來。於是東坡叫歌女唱下列的小詞。

「師唱誰家曲，宗風嗣阿誰，借君拍板與門槌，我也逢場作戲莫相疑。溪女方偷眼，山僧莫皺眉，卻愁彌勒下生遲，不見阿婆三五少年時。」

這完全是單口相聲，連大通也笑出來，蘇東坡帶歌女出廟，對別人說他們學了「奧秘的佛課」。

中國文學中，和尚和女人是分不開的。和尚的故事往往扯上女人，女人的故事往往扯進和尚。無論東方西方，某些獨身主義者宣佈摒棄性生活，不同於一般人類，使俗家人偷懷惡感，這份惡感便是薄伽丘作品風行的原因。此外，和尚和女人的韻事也比商人有趣些。

蘇東坡身爲通判，有一次曾裁決一件與和尚有關的案子。靈隱寺有一位和尚名叫了然，常到紅燈區走動，愛上一個名叫秀奴的少女。後來他床頭金盡，衣衫襤褸，秀奴就不肯見他了。有一天晚上，他喝醉酒又去找那個女孩，吃了閉門羹，就強闖進去，將她打死。於是他被控殺人。官吏審問他，發現他臂上刺了兩行詩，「但願生同極樂國，免教今世苦相思。」調查完畢，證物送到蘇東坡手中。蘇東坡忍不住寫下這首詞：

> 「這個禿奴，修行忒煞，雲山頂上空持戒。只因迷戀玉樓人，鶉衣百結渾無奈。毒手傷心，花容粉碎，色空空色今安在，臂間刺道苦相思，這回還了相思債。」

和尚被送到刑場處決。上面兩首滑稽詩用俚語寫成，由民間十口傳誦，平添這位怪詩人的許多佳話。

有一本小集子談到蘇東坡與他的花和尚朋友佛印的逸事。這時候蘇東坡對佛教並不認真，直到四十歲以後居住廣州期間，他才開始勤讀佛教哲學。但是杭州有幾個和尚變成他最好的朋友，不久，他在靖江、南京和台山結交的和尚愈來愈多。其中至少惠勤和參寥（道潛）兩個人是值得重視的詩人兼學者。根據文學記載，佛印倒不重要。但是他被刻劃為浪漫人物。在通俗作品中比參寥更常被人提起，被視為蘇東坡的好朋友。

佛印從來不打算出家，而且是富家子弟。根據一本奇書的記載，他和李定是同母的手足。這個女人生性放蕩，曾經嫁了三次，生了三個異父的兒子——當時算是很不平凡的記錄了。皇帝對佛教表示好感，願聽佛教徒進言，蘇東坡就把他帶到朝中。佛印儘量在皇帝面前表現他對佛教的信仰。皇帝看看他，發現他高大俊俏，容貌不凡，就慷慨答應給他一張度牒，讓他入寺當和尚。他進退兩難，只好接受皇帝的建議，於是被迫出家。他住在杭州期間，傳說他一出門就帶了不少佣人和馱騾，根本不合乎禁欲的生活原則。

佛印頗有機智。有一個故事敘述兩個人下列的言行，深含哲學意味。有一天，蘇東坡和佛印去參觀一座廟宇。他們進入前殿，看到兩座兇猛的大神像，是鎮邪的守門神。

「這兩個菩薩，哪一個重要？」蘇東坡問他。

「當然是拳頭大的人重要。」佛印說。

他們走入內殿，看到觀音菩薩手持念珠。

「觀音也是菩薩，她數念珠幹什麼？」蘇東坡問道。

「喔，」佛印說，「她也學別人拜佛呀。」

「拜哪一個菩薩呢？」蘇東坡說。

「咦，拜觀音菩薩呀。」

「這是怎麼回事？她是觀音菩薩，爲什麼要拜自己呢？」

「咦，」佛印說，「你知道求人不如求己嘛。」

他們又看到一本佛教祈禱書攤在聖龕上。蘇東坡發現一則禱詞：

「咒詛諸毒藥，所欲害身者。念彼觀音力，還著於本人。」

「這不合情理，」蘇東坡說。「我佛慈悲，她怎麼能替某人消災，卻轉嫁給另一個人呢？如果這樣，我佛就不慈悲了。」

他請求廟祝讓他更改禱詞，便拿起毫筆改了一兩句：

「咒詛諸毒藥，所欲害身者。念彼觀音力，兩家總沒事。」

很多描寫蘇東坡與佛印針鋒對答的故事都語含雙關，無法譯成英文。不過下面有一段記載。中文「鳥」字在俚語中含有淫猥的意思，蘇東坡想用來笑他的朋友。蘇東坡說，「古詩人常用『僧』來對『鳥』，譬如『時聞啄木鳥，疑是扣門僧』，還有一句『鳥宿池中樹，僧敲月下門』。我佩服古詩人以僧對鳥的智慧。」

佛印說，「難怪我這個僧人要坐在你的對面。」

故事中這個和尚常壓倒詩人，我懷疑這些故事是佛印自己杜撰的。

根據記載，中國的娼妓制度可追溯到西元前七世紀的管仲時代，他設娼妓來鼓舞軍人。蘇東坡時代也有官妓，繼續充任「兵營娛樂者」，還有一些獨立的私娼，不過中國有一項特殊的傳統，高級娼妓和一般妓女不同，在文學史上佔有重要的地位，有些名妓本身就是詩人，有些則和文人的生活有密切的關係。她們獨樹一幟，與詩歌、音樂史息息相關，因此也影響了詩詞的風格。詩風經過文人一段時間的模仿，逐漸變爲陳腔濫調，總是歌妓引入新的形式，給詩詞一條新生路。她們擅長音樂歌曲。閨中女兒很少彈琴唱歌，歌曲的題材幾乎全是戀愛和激情，結果被公認不利於閨女的品格。於是幾百年來歌舞的傳統幾乎全操在歌妓手中。

蘇東坡時代，官員習慣在酒宴和祝典中與歌妓廝混。這和蘇格拉底時代雅絲帕西亞參加男人的宴席一樣，並沒有什麼不名譽的地方。歌妓替客人倒酒，爲大家唱歌。很多人天賦極高，會讀、會寫，音樂造詣高的藝人常常被文人爭相尋訪。因爲良家婦女不能參加男人的社交活動，男人想和女性爲伍，只好去找職業藝人。有時候眉來眼去並不是販賣色情。類似現在夜總會迷人、暗示的氣氛，由名妓唱些輕鬆、世故、真真假假的抒情小曲，暗中進行兩性的韻事。

高級妓女還有一方面很像現代夜總會的藝人，她們可以自由選擇異性朋友，有些還自成驚人的局面哩。徽宗便曾出宮到一位名妓家去追她。不過當時對名妓的態度比現在寬多了。曼哈頓的詩人不會寫情詩給歌女，至少不會公諸於世，杭州的詩人卻不同了。就是名重一時的文人也常寫詩讚美某些名妓。這段時期，不但韓琦和歐陽修曾留下詠妓的詩詞，連嚴肅的名宰相范仲淹和司馬光都寫過這種情詩。民族英雄岳飛也曾在宴會中寫一首詩提到歌女。

只有嚴苛冷峻的理學家守身崇「敬」，不贊成這一套作風。他們的道德規範比較嚴，對神鬼也比較敬畏。哲宗十二歲那年，蘇東坡的政敵程頤曾經勸他當心女色的魔力。小皇帝對他的警告十分厭煩，一到十八歲碰到女人，就相信女人好，程頤不好。有一次，程頤的門生用兩行詩描寫他「靈魂出竅」，夢中去找女人，程頤驚叫說，「魔鬼之論！魔鬼之論！」十二世紀的理學家朱熹也同樣畏懼女人的魔力。有一次老好人胡銓寫了兩句詩，慶祝他十年放逐之後獲得諒解，「君恩許歸此一醉，傍有黎頰生微渦。」朱熹感嘆之餘就寫出下面的感想：

「十年江海一身輕，歸對梨渦卻有情。世路無如人欲險，幾人到此誤平生。」

相反地，蘇東坡對兩性關係採取比較幽默的看法。後來他在廣州曾寫了下面一段筆記：

「昨日太守唐君采，通判張公規邀余出遊安國寺。座中論調氣養生之事，余云『皆不足道，難在去欲。』張云『蘇子卿吃雪啖氈，蹈背出血，無一語稍屈，可謂了生死之際矣。然不免為胡婦生子。而況洞房綺疏之下乎。乃知此事不易消除。』眾客皆大笑。余愛其語有理，故記之。」

蘇東坡一生參加無數名妓的宴席，十有九次都得應藝人之請在披肩或香扇上題詩。

「停杯且聽琵琶語，細撚輕攏，醉臉春融，斜照江天一抹紅。」

蘇東坡寫過很多描寫女人的抒情詩，但是從來不寫黃庭堅那種豔詩。

宋朝的歌妓推展出一種新詩體——「小詞」。蘇東坡更把小詞由戀愛詩化為描寫任何思想或情懷的工具。最好的蘇詞是描寫「赤壁賦」，以古英雄的逝去為主題。三百年前，李白和杜甫才氣煥發，一度使唐朝的絕句和律詩成為詩人爭相模仿的固定詩格。但是五言或七言律詩中間一定有兩個對句，不免漸漸失之呆板。每個詩人都想推陳出新。但是瀑布、鷺鷥或柳影的最後一絲風情已發掘殆盡，唐代詩家的充實感和情緒張力也就隨著消失了。

更嚴重的是，連詩中字彙也一再重複陳舊的比喻。有些很難起筆。蘇東坡在一篇詠雪詩的敘言中聲明不用「鹽」字，「雪」字畢竟美多了。唐詩的主題已經用濫，語法常常重蹈別人的詩句，博學的讀者知道這段曲折的思想情感由哪兒學來，不免有一種秘密的喜悅。追溯某語法的曖昧來源，使「評註家」有機會賣弄自己的學問。通常所謂「集註」的作者並不認真說明一首詩的意義，判斷它的特色，而以指出某一措辭的出處為滿足。

往往要等新詩體誕生，由歌妓推廣出來，詩詞才解脫呆滯的沉悶感。語法煥然一新，宋詞比唐詩更近白話，元曲又比宋詞更白話。「詞」不過是照某一曲調填的詩歌。大家不是「寫」詞，而是「填」詞。詞不像唐代音節統一的「律詩」，長短句可以自由變化，完全配合歌曲的要求。

蘇東坡時代，這種新詩體正好大受歡迎。透過蘇東坡、秦觀、黃庭堅、晏幾道和周邦彥等人的才氣，詞變成宋朝的代表文學。蘇東坡在杭州發現了小詞，深深喜愛，到杭州第二年就開始寫了不少樂府詞。但是詞本是抒情文體，吟詠的不外是「香汗」、「繡簾」、「亂髮」、「春夜」、「暖玉」、「斜肩」、「柳腰」、「纖指」等等。這種情詩怎麼樣才不失於放蕩，完全看詩人處理題材的技巧而定。

詩詞中的情欲和真愛很難劃分，真實的人生又何嘗不是如此呢。而且詩人就像現在的酒店藝人一樣，寧可描寫單戀的痛苦、相思與渴望。他們描寫幽居的佳人苦思遠別的人兒。默默撫弄腰帶或者長伴孤燈。事實上，女人的一切魔力都在於她的無依、她的憔悴、她沉默的淚珠、她的倦怠、「斷腸」、茶飯不思、厭煩以及各種身心的慘境，這些和貧窮一樣，聽起來蠻詩意的。「蘇慵」一詞簡直含有色情的意味。蘇東坡不但是宋朝幾位大詞家之一；小詞也多虧了他——至少他自己的作品如此——才能脫離無病呻吟的調調。

蘇東坡倒沒有和任何一位名妓有過風流韻事。他在宴席中盡情玩樂，與女人廝混，十分隨和，卻沒有納妾。有兩個女人和他特別親近。才女琴操被他說服，終於除妓籍出家。日後嫁給他為妾的朝雲，當時只有十二歲，我們以後再談她。

今天有一份蘇東坡親筆寫的宋詞拓本，內容便有一首名妓的傑作。根據頭幾個字，命名為「烏雲帖」。詞中描述官妓周韶赴宴的情形。她和品茶家兼書法家蔡襄比茶，常常得勝。蘇東坡經過該城，太守陳襄請他吃飯。周韶也在座。席間周姑娘要求除籍，客人叫她寫一首絕句。她寫了下面一首詩，自比為籠中的鸚鵡（「雪衣女」）。

「隴上巢空歲月驚，忍看回首自梳翎，開籠若放雪衣女，長念觀音般若經。」

其它學者也寫詩描述此一情景。蘇東坡還聲明她穿著白孝服。大家都很感動，她終於得到自由。

這種官場生涯需要官太太極度的信任和瞭解，不過，好太太的問題主要在於找一個好丈夫，相同地，好丈夫的問題就是找一個好太太。家有賢妻，男兒不遭橫禍。蘇太太知道她嫁了一個人人歡迎的詩人才子，她當然不想和他競爭文學的榮譽。她決定做賢妻良母。現在她自己生了兩個兒子，身爲通判夫人，她有一個舒適的家，享受著某些社交的尊榮。她還年輕，大約二十三歲到二十五歲。她丈夫才氣煥發，心胸開朗，喜歡開玩笑，而且是一個大學者！但是崇拜他的人太多了——男女都有！難道她沒看見社區南畔的那些女子，以及望湖樓和有美堂的宴會？新任太守陳襄也是學者，比他們晚一年到，很注意太守的社交關係，官妓隨時聽候差遣。還有周邠、魯少卿等人，都不是她丈夫的什麼好伴侶。歌妓才藝頗高，會彈會唱，有些還會寫詩。她自己不會作詩，不過她瞭解那些詩詞。她丈夫常常吟誦，她漸漸聽熟了。要她唱真會羞死人，良家婦女從來不唱的。她丈夫去找惠勤、辯才等赤足和尚，她覺得舒服多了，這些老頭都留著可敬的長鬍子。

婚後好幾年她才認清他的個性，他多面的個性，有時候很隨和，有時候卻又強烈而固執。現在她知道自己沒法影響他，當然也不能跟他爭辯。由另一方面來說，他若寫詩給妓女，又算什麼呢？大家都要他寫嘛。他沒有愛上任何職業藝妓，聽說他還勸一位名妓琴操出家爲尼哩。琴操才智過人，由詩詞到宗教只是一步之差。他實在不該對琴操吟誦白居易描寫妓女末路的詩句。蘇太太聰明賢慧，不想用錯方法，把丈夫逼到妓女懷中。此外，她知道她丈夫是一個妻子或皇帝都無法阻擋的人，她採取明智的作風——充分信任他。

她身爲進士的女兒，會讀會寫，卻不是「知識分子」。她只是替他煮眉州名菜和薑湯。他生病的時候可真需要人照顧哩！詩人丈夫有時候不同流俗，那是他們的權利。丈夫知道世上有千萬本書要讀，太太知道她要建立一個家，養育小孩，過一輩子，因此她甘願忍受他著名的鼾聲——尤其喝醉的時候。

除此之外，他實在是一個古怪的床頭人。她眼睜睜聽著他的鼾聲，卻不能打擾他。他入睡前就忙著把自己裹好。他翻來覆去，安排身體和四肢，拍打被褥，一定要把自己弄得愜意又舒服。身上若僵硬或發癢，他就緩緩按摩。然後一切就妥當了。他要睡啦，他閉目「聽」息，看呼吸是否緩慢平均。「便瞑目聽息。」他的秘訣如下：「既勻直宜用嚴整，其天君四體，雖後有苛癢，不可少有蠕動。務在定心勝之。如此食頃則四肢百骸無不和，安然入睡。」

蘇東坡說，這和宗教有關。靈魂的自由大抵要靠身體的自由。這是蘇東坡日後研究的項目之一。他向兩位門生描寫他睡覺的方式，又接著說，「二君試用吾法，必識其趣，慎無以語人也。天下之理戒然後能慧，蓋慧性圓通，必從戒謹中入。未有天君不嚴而能圓通覺悟也。」

後來蘇太太又發現她丈夫早晚的許多習慣。梳頭和洗澡是他一生重大的事情之一。那個時期若有人專門注意身體、內在功能及藥草的研究，那便是蘇東坡了。

她正常而穩定，詩人倒不見得。她丈夫常常不耐煩、沮喪、鬱悶。相反的，蘇太太曾在春月夜說，「我喜歡春天的月亮，秋月太悲哀了，春月使大家快樂又滿足。」幾年後他們遷居密州，生活困苦，蘇東坡對新所得稅大表不滿，有一天小孩拉他的衣服，他不禁光火了。

「孩子們真傻。」蘇東坡說。

「你才傻哩，」他太太回答說。「整天悶坐呆想有什麼用呢？來，我弄酒給你喝。」

他寫了一首詩記下此一情景，說他真覺得慚愧。太太洗盞爲他溫酒，他當然大感快慰，說她比不肯讓丈夫喝酒的劉伶太太強得多了。（「大勝劉伶婦，區區為酒錢」）

不過，蘇東坡心靈的一角很少人發覺，蘇太太一定知道。那就是他對堂妹的初戀，此人的名字不幸我們無法察知。蘇東坡一向沒有心機，一定曾對太太說起這件事。他對堂妹的情感埋在兩首詩中，研究他作品的人都沒有注意到。

蘇東坡並不是一年到頭住在杭州，他常常到西邊和北邊走走。熙寧六年（一〇七三年）十一月到熙寧七年（一〇七四年）三月，他曾到附近的上海、嘉興、常州和靖江旅行，這些地方宋朝時都屬浙江省。他堂妹嫁給柳仲遠，住在靖江附近。他在堂妹家住了三個月，雖然他寫了不少旅遊詩，並且經常和堂妹的翁公柳瑾一起寫作和旅行，他從來沒提過堂妹的丈夫，也沒有寫過詩給他。他曾寫一首詩描寫堂妹家的宴席，堂妹的兩個兒子要他親筆題字，他也寫了兩首詩給他們。蘇東坡很敬重柳瑾的詩篇和書法，也常顧念堂妹的小孩。但是這段時間完全不提堂妹的夫婿就很難解釋了。

此行所寫的兩首詩暗示他和堂妹不尋常的交情。一首是寫給刁景純的，主題是回憶他在宮中所見的一朵花。其中兩句如下：

「厭從年少追新賞，閑對宮花識舊香。」

他當時並非面對宮花，因爲他根本不在宮裏。「厭從年少」一定是形容他自己，而「花」本來代表女性，「舊香」也許是一段舊情。

另一則寫給杭州太守陳襄的詩含意更明顯。主題是他春歸太遲，錯過了牡丹的花季（這篇詩的前敘很長）。他回到杭州，牡丹花季確實已經過了。不過，他暗喻一個已經爲人妻的女孩子則是不容置疑的，而且詠牡丹的詩也沒有理由提到兩個傷春的典故。爲了瞭解他的暗喻，我必須引述九世紀一位少女（杜秋娘）十五歲時所寫的詩：

「勸君莫惜金縷衣，勸君惜取少年時，花開堪折直須折，莫待無花空折枝。」

因此，「空折枝」就變成錯過青春戀情的比喻。和她同代的杜牧也寫過下列一首詩：

「自是尋春去較遲，不須惆悵怨芳時；狂風落盡深紅色，綠葉成蔭子滿枝。」

自從杜牧寫這首詩之後，「綠葉成蔭子滿枝」就常用來形容子女眾多的母親，因爲中文「子」字代表「果實」和「兒子」。

蘇東坡這首詩思緒不太連貫，特別用了「金縷」、「成蔭結子」、「空折枝」等字眼：

「羞歸應為負花期，已是成蔭結子時，與物寡情憐我老，遣春無恨賴君詩。玉台不見朝酣酒，金縷猶歌空折枝，從此年年定相見，欲師老圃問樊遲。」

這首詩既不適合陳襄，也不適合牡丹，仔細研究根本文不對題。成蔭結子不該用來形容牡丹。他也沒有理由叫陳襄「憐」他老。「從此」年年相見是送別的誓語，回來見老同事的人不宜亂用；而且蘇東坡也不想設一個農莊，住在陳襄隔壁。若指陳襄，惋嘆一個女人成蔭結子尤其顯得奇怪。不錯，唐詩中間的兩聯必須名詞、形容詞對仗，有時候中間的兩組對句完全是修飾用語，前兩句和末兩句才代表真正的詩題；不過結構完美的唐詩應該渾成一體。蘇東坡的詩很少結構這麼差，中間幾行完全塡空用的。反過來說，若把這首詩當做爲堂妹而作，全詩的思緒和主題就統一了。第一行說他錯過花期——少女的青春——而羞於回家。第二句說她已有子女了。第三句要她憐惜，並表示自己的寂寞。第四句說他今年春天有她相伴，過得很幸福。五、六句明白惋嘆自己沒有把握青春。七、八句比較容易瞭解。這時候蘇東坡曾寫一首詩說他想住在常州，離柳家不遠。後來他確實在常州買了一座房子和農莊，日後他就死在那兒。

我知道蘇東坡的崇拜者一定會和我爭辯，說我暗指他偷戀堂妹。這會不會構成他人格的污點是見仁見智的問題。如果真有其事，理學家一定看不起蘇東坡。但是堂兄妹表兄妹相戀，自古皆然。蘇東坡不能違背禮俗，娶同姓的堂妹爲妻。

西方讀者對他靖江之行中，刻在焦山廟牆上的一首詩特別感興趣。蘇東坡一定聽過灰姑娘被繼母和繼姐虐待，失落舞鞋的故事，九世紀一位中國作家的作品中就曾提到這些②。不過據我所知，一個老人弄鬍鬚上床的故事卻由他最先寫在作品中。

他以簡單的韻腳描寫一個長鬍子老頭。他從來沒想過如何處理他的鬍鬚。有一天別人問他睡覺時鬍鬚放在哪兒。那天晚上他睡覺時，開始感覺鬍鬚的存在。他先放在棉被外，又放進被子裏，然後又拿出來，一夜都沒有睡。第二天他坐立不安，覺得最好把鬍子剪掉。由詩中的內容看來，這似乎是一個通俗的故事，不是他自己想出來的。

我該提一下，「眇者不識日」的寓言倒出自蘇東坡的創造，這篇作品是在密州寫成的。愛因斯坦曾引這篇寓言來說明一般人對相對論的概念。

「生而眇者不識日，問之有目者。或告之曰，『日之狀如銅槃』。扣槃而得其聲，他日聞鐘以為日也。或告之曰『日之光如燭』。捫燭而得其形，他日揣籥以為日也。而眇者不知其異，以其未嘗見而求之人也。道之難見也甚於日，而人之未達也，無以異於眇。達者告之，雖有巧譬善導，亦無以過於槃與燭也。自槃而之鐘，自燭而之籥。轉而相之，豈有既乎。故世之言道者，或即其所見而名之，或莫之見而意之，皆求道之過也。」

說也奇怪，這篇寓言竟被仇敵當做審判他的證物。罪名是他嘲笑當代文人盲目追隨王安石的「三經新義」。

蘇東坡個性複雜多變，很難瞭解。他是大哲學家，不可能變成清教徒，但他又是儒家子弟，不可能變成酒鬼。他瞭解生命，珍惜生命，不會把時光完全浪費在醇酒美人身上。他是自然詩人，懷有特殊健全的神秘人生觀，往往和自然的瞭解密切融合。我相信任何一個人和自然、四季、雨、雪、山、谷那麼接近，接受它的治療，一定不會心思閉塞，具有封閉的人生觀。

熙寧六年（一〇七三年）重九，他拒絕參加例行的酒宴。他避開友伴，獨自乘船出遊。他依照重九的習俗，天亮前就起身，到湖上拜訪孤山的兩位僧侶。那天晚上他獨自坐在小船上，望著山頂有美堂的燈光，同事們正在享受喧嘩的酒會呢。他寫詩給周邠說：

「藹藹君詩似嶺雲，從來不許醉紅裙，不知野屐穿山翠，惟見輕橈破浪紋。頗憶呼盧袁彥道，難邀罵座灌將軍③，晚風落日元無主，不惜清涼與子分。」

注釋

①蘇東坡親筆寫的本詩真跡，英文版「蘇東坡傳」曾複印於書前。

②看「中國與印度的智慧」一書。

③此典不是指當代的人，而是歷史人物。

第十二章 抗議詩

杭州也並非遍地荷花與牡丹。蘇東坡不能一天到晚談笑、唱歌、演單口喜劇，月夜到湖上泛舟，因為獄中有一萬七千個欠債和私鹽犯人等著宣判，有蝗災要治，有鹽道要疏通，有饑荒要調查。他這段時間所寫的幾百首詩很難找到固定的主調。他寫喜劇詩和諷刺詩，充滿才情的風景詩、抒情詩、喧笑詩，還有不少含淚的作品。在他酒席上喧嘩、愉快、嬉笑的外表中，隱藏著不安、沮喪、悲哀、甚至恐懼的精神。沒有人比蘇東坡更充分表達民間的疾苦，他的才華使他將別的作家想要表達的一切更充實、更完整地化為詩歌和優美的文字。但是蘇東坡離開京師來這兒，心裏掛著創痛。他對政事的發展傾向暗感恐懼和悲哀，他的傷痛比別人更深。他曾描寫如下：

「天靜傷鴻猶戢翼，月明驚鵲未安枝。」

他在密州寫給喬太傅的一首詩，總括了熙寧四年（一〇七一年）到熙寧九年（一〇七六年）間多產時期他在杭州和密州的一般看法。

「百年三萬日，老病常居半，其間互憂樂，歌笑雜悲嘆；顛倒不自知，直為神所玩，須臾便堪笑，萬事風雨散，自從識此理，久謝少年伴。」

另一首寫給孔文仲的詩，表達了他對官廳盛事的輕蔑感。

「我本麋鹿性，諒非伏轅姿，金鞍冒翠錦，玉勒垂金絲。旁觀信美矣，自揣良厭之，人生各有志，此論我久持，他人聞定笑，聊與吾子期。」

隨著他歡笑的詩篇，我們也聽到呼喊與嘆息。我們聽到鳥雀的鳴聲夾著獄囚的呻吟，水車的咕聲夾著老農婦的哀訴。湖上的喜宴也夾著他稀髮漸白的怨嘆。

蘇東坡是無法預測的。他習慣用最自然、最簡單、毫不雕琢的方式來開始他的詩篇，他會引用一兩個古代的典故，然後就沒有人知道下文，他自己更不知道。有時候他會寫出毫不連貫卻十分傑出的奇文，寫出毫無計畫的詩，先記下一時的怪印象，然後就筆帶尖酸、諷刺或者憤世嫉俗的思想。他詩文兩絕，「如行雲流水，常行於所當行，常止於不可不止。」也可以說他的文風屬於不能自已的一行。當時朝中最恨自由的批評，這種文風難怪要害他惹禍上身。

蘇東坡不知道下一句要寫什麼，他也不在乎。他天才橫溢，常常一連寫四、五首同題同韻的詩篇。有一首詩開頭描述行將下雪的氣氛。頭幾句如下：「天欲雪，雲滿樓，樓台明滅山有無。」

接信的朋友以詩相和，他就寫了第二首詩，開頭如下：「獸在藪，魚在湖，一入池檻歸期無。」朋友再和，他又寫第三首，頭幾句是：「東望海，西望湖，山平水遠細欲無。」第四首開頭如下：「君不見，錢塘湖，錢王壯觀今已無。」

第二首給他惹上了麻煩，因爲他寫到失去自由的魚獸，不免繼續發揮下去。接著就是描寫獄中遭鞭打的犯人，和連累入獄的犯人妻子兒子，這些都是長詩，他必須首尾同韻，繞著此一韻律來思考。其中兩個韻腳是「逋」和「摹」。他在一首詩中寫道「作詩火急追亡逋」。另一首詩自然而然說「歲荒無術歸亡逋」。至於「摹」字，他在一首詩中寫道「孤煙落日不可摹」，但是描寫犯人的詩中不免說「鵠則易畫虎難摹」——顯然指苛政而言。

蘇東坡不是一個高興時故作悲哀，悲哀時故作歡笑的人。很多朋友和他通信，彼此寫詩相應和。現在劉恕和李常都在九江。孫覺在湖洲，離杭州北面不遠。這些都是共同反對王安石新政的人，如今都在東南任職。他們都討厭政壇的現狀，此時王安石仍然當政，不過他們沒有那麼倔強了，就把意見擱在心裏。韓琦和歐陽修已逝。富弼和范鎮辭官歸隱。司馬光潛心著作，張方平沉迷酒杯，東坡的弟弟明哲保身，一句話也不說。東坡不夠圓滑。一個人親眼看到百姓受苦，這只是該不該忘掉一切後果表達心中感慨的問題。也許他從來沒有考慮過。隨著田園美詩，他還不斷寫鄉村不美的一面。他不是瘋狂，就是太熱心了。他知道自己的詩篇遠達京城，但是他不在乎。

這些詩一天天堆成他罔顧政府威信的罪名，我們不妨仔細研究其中部分詩句。分開來看只是應景，湊在一起卻成爲一冊抗議詩。舉幾個例子就夠了。他用最簡單的語法描述人民奉召挖鹽河的慘狀。他身爲監工的官吏，看到工人黎明即起，他用很多字句來描寫「人如鴨與豬，投泥相濺驚。」的情形。

他到杭州西南的富陽，曾寫了一首清新、愉快的律詩來描寫青天，開頭如下：

「東風知我欲山行，吹斷簷間積雨聲；嶺上晴雲披絮帽，樹頭初日掛銅鉦。」

但是他難免看到許多事情，描寫「春入深山處處花」，也順便提到農民的伙食。他們正在吃竹筍，筍味雖甜，卻沒有鹽味，「爾來三月食無鹽」，只因為政府專賣戕害了食鹽的生意。他放手寫去，不知不覺提到農夫的小兒子利用農民貸款，拿到錢就留在城內花個精光，回家只帶回來滿口城腔，因為政府聰明，貸款處隔壁就設了酒舖和娛樂場所。

他南行到太湖區，見到高大美髯的好朋友孫覺，彼此都是書畫行家，他在好友的名帖集上親筆題了一首詩，不過他詩中也說，「嗟余與子久離群，耳冷心灰百不聞。」他寫詩描述水車上湧奔的流水，也寫了一首「吳中田婦嘆」。

「今年粳稻熟苦遲，庶見霜風來幾時，霜風來時雨如瀉，耙頭出菌鎌生衣；眼枯淚盡雨不盡，忍見黃穗臥青泥，茆苫一月壟上宿，天晴穫稻隨車歸。汗流肩赬載入市，價賤乞與如糠粞，賣牛納稅拆屋炊，慮淺不及明年饑；官今要錢不要米，西北萬里招羌兒，龔黃滿朝人更苦，不如卻作河伯婦。」

杭州潮汜時節他寫了幾首觀潮歌。每年中秋，杭州人都老遠到錢塘江畔觀潮，潮水由海上進入狹灣，不斷高漲。潮水未來前，通常都有海上表演。不知道他們怎樣弄潮。游泳健將名叫「打浪兒」，好像是乘小船出海，船上有紅綠旗幟迎接來潮。蘇東坡寫了不少通俗的歌曲給弄潮兒唱，道出了白浪吞紅旗，浪峰掩越山的奇景。但是他也寫出凌晨酒醒後內心的感慨。

「眾人事紛擾，志士獨悄悄，何異琵琶絃，常遭腰鼓鬧，三杯忘萬慮，醒後還皎皎……憂來不自寐，起視天漢渺，闌干玉繩低，耿耿太白曉。」

有一首詩把當權者比爲夜梟，日後也害他惹上麻煩。他和周邠同遊嶺南。根據日後他們審判蘇東坡的說詞，一位嶺南官吏曾起草議狀，要求簡化免役稅，這位官吏帶議狀北上杭州，如今歸來，就把經過告訴蘇東坡。

「我被夜梟趕出來了。」官吏說。

「你是指什麼？」蘇東坡問道，官吏說他曾帶計畫入城，獻給稅吏，後者派兵送他出城。蘇東坡一看他的奏議，發現他提出的稅制簡單而完美。

「你所謂的夜梟是什麼？」東坡問道。

官吏就回答說：「那是通俗的寓言。有一天燕子和蝙蝠吵架。燕子說日出是一天的開始，蝙蝠說日落才是開始。相持不下，就去徵求鳳凰的意見。路上有一隻鳥對他們說，『最近沒看到鳳凰，他有時候告假，有時候長睡不起，現在夜梟暫時代替他的職位。你們不必請教他了。』」

他當時寫了一首詩給周邠，語中充滿去意和沮喪：

「年來戰紛華，漸覺夫子勝，欲求五畝宅，灑掃樂清淨……獨遊吾未果，覓伴誰復聽。吾宗古遺直，窮達付前定……奈何效燕蝠，屬欲爭前暝。」

後來這些詩都被當權者詳細收集與調查，其中並沒有叛變的意思，沒有公開批評，沒有明白反對當局。但是這些詩具有蚊子叮的效果。叮幾下叫人著惱；叮太多就叫人整夜睡不著。蘇東坡的密友王詵駙馬出版這些詩尤其教人生氣，他是皇帝的姊夫哩。當時流行用詩來溝通思想，兩行好詩比聲勢凌厲的表狀更能奏效。蘇東坡很受歡迎：他的詩句被文人爭相傳誦。蘇東坡的呼聲終於到了不能忽視的地步。

熙寧七年（一〇七四年），他杭州任滿。當時他弟弟在山東省濟州（現在的濟南）任職，東坡自請調到該省。願望實現，這次被派往青島附近的密州擔任太守。他在密州只幹了兩年就被調任徐州太守。由熙寧十年（一〇七七年）四月做到元豐二年（一〇七九年）三月。

蘇東坡對杭州南北寺廟的僧友告別，就攜家北上。他太太買了一個十二歲的丫環，生性聰穎，名叫朝雲，後來在蘇東坡生命中佔了很重要的地位。

密州是非常貧瘠的地區，主產大麻、棗子和桑樹，此地的生活與杭州真有天淵之別。這時候官員的薪俸銳減，蘇東坡在「杞菊賦」的序言中說，「余仕官十有九年；家日益貧，衣食之奉殆不如昔者。及移守膠西，意且一飽，而齋廚索然，不堪其憂。日與通守劉君延式循古城廢圃，求杞菊食之。捫腹而笑。」

王安石罷官，現在惠卿得勢，又設了一種新稅。該區人民根本負擔不起免役稅。兒童在路邊奄奄一息。蘇東坡的一首詩曾說他「洒淚循城拾棄孩」。幾年後，他在一封信裏提到他曾救了三、四十個即將餓死的孤兒，把他們安頓在各個家庭裏。

這是蘇東坡最沮喪的時期，說也奇怪，詩人最悲哀的時候卻寫出了最好的作品。照中國的標準，他在這段期間達到詩詞的成熟期。憤怒與尖酸都過去了，只留下滿心安詳與去意。就連他在自然中的歡樂，以及當日的趣味也更醇美，與杭州時期年輕的情致截然不同。他愈來愈仰慕陶潛——中國田園大詩人。他的「西齋」詩簡直和陶潛一模一樣。這首詩中不但可以看出真正的安詳與滿足，而且完全和自然融為一體，對自然的聲音色彩也含有平靜的喜悅。

「西齋深且明，中有六尺床。病夫朝睡足，危坐覺日長。昏昏既非醉，蝺蝺亦非狂。寒衣竹風下，穆然中微涼。起行西園中，草木含幽香。榴花開一枝，桑棗沃也光。鳴鳩得美蔭，困立忘飛翔。黃鳥亦自善，新音變圓吭。杖藜觀物化，亦以觀我生。萬物各得時，我生日皇皇。」

他與自然達到了完美的和諧，所以才能寫出「吏隱亭」詩。

「縱橫憂患滿人間，頗怪先生日日閑；昨日清風眠北牖，朝來爽氣在西山。」

由於這種神秘的觀點，他獲得靈性的自由，有如白雲，漫無目標浮在山頂上。「望雲樓」詩如下：

「陰晴朝暮幾回新，已向虛空付此身；出本無心歸亦好，白雲還似望雲人。」

說來有趣，子由常常讓蘇東坡寫出最好的作品。東坡由杭州到密州途中，想起了弟弟，就寫了一首詞，詞牌是「沁園春」：

「孤館燈青，野店雞號，旅枕夢殘，漸月華收斂。星霜耿耿，雲山摛錦，朝露團團。世路無窮，勞生有限，似此區區長鮮歡。微吟罷，凭征鞍無語，往事千端。當時共客長安，似二陸初來俱少年。有筆頭千字，胸中萬卷。致君堯舜，此事何難。用捨由時，行藏在我，袖手何妨閒處看。身長健，但悠遊卒歲，且鬥樽前。」

他在密州想起未能相見的弟弟，就寫出了史上最好的中秋詞。批評家說，這首詞一出，其它描寫滿月的作品都不值一顧了。

「明月幾時有，把酒問青天？不知天上宮闕，今夕是何年？我欲乘風歸去，又恐瓊樓玉宇，高處不勝寒。起舞弄清影，何似在人間？轉朱閣，低綺戶，照無眠。不應有恨，何事長向別時圓？人有悲歡離合，月有陰晴圓缺，此事古難全。但願人長久，千里共嬋娟。」

「中秋月」是熙寧九年（一〇七六年）在密州寫的，我已經說過，是樂曲的小詞。我不妨分析這首詞的格局和結構。中國詞和詩一樣，都以四聲爲韻，而不是用輕重音。字音可分兩種，一是平聲，相當於英文的張口音節或脆音。一是仄聲，相當於英文中以氣音收尾的音節。差別類似「song」與「sock」，「seen」與「sick」或者問句結尾與句點結尾之間的差異。（西方人）必須瞭解中文詩音樂性形成的腔調基礎。中文是單音節；而且英文詩中非重音節常用的助動詞，中文也經常省略。單字使重音明顯，便於發揮音系的感情。因此中文詩的韻律——無論古詩、唐詩、詞——都全賴字音微妙多變的對比。例如有一種基本的規定，韻腳若是平聲，不押韻的句子就要用仄聲收尾，反之亦然。

以「中秋月」爲例。我們敲杯爲「平」，拍桌子爲「仄」，讓每個字代表圖中的音符，就很容易看出下表的格局了：

第一節

1・平仄／平平仄／仄仄／仄平平

2・平平／仄仄／平仄／仄仄／仄平平

3・仄仄／平平／仄仄／仄仄／平平／平仄／仄仄／仄平平

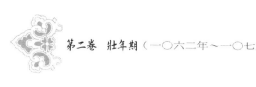

4・仄仄／平平仄／平仄／仄平平

第二節

1・仄平仄／平仄仄／仄平平

2・平平／仄仄／平仄／仄仄／仄平平

3・仄仄／平平／仄仄／仄仄／平平／平仄／仄仄／仄平平

4・仄仄／平平仄／平仄／仄平平

押韻的句子都用同一聲調（仄仄仄平平），因此便成爲主要的律韻字。每一句開頭不同，導向主韻句，就成了互相對比。重音和樂譜相反，總落在最後一個音符上；因此每行最後一個音符的變化是必然的，某幾行第一個音符倒可以稍微放寬。如此看來，第四長句其實是第一句的重覆。除了第一句之外，第二節的音格和第一節完全相合。第二節的第一句步子加快，縮成三字、三字的小句，但是仔細研究，卻現出同樣的結尾句來。

第十三章　黃樓

就連蘇東坡這樣的天才，生命也從四十開始。如今蘇東坡進入徐州時期，也就是「黃樓」時期。蘇東坡突然找到了自己。他第一次變成行動的人物，忙著做事、建築、公眾活動，從此一生建樹頗多。他擔任杭州通判無法辦大事，在密州雖任太守，但是密州偏遠窮困，沒有機會一展長才。後來他被迫短期退休，進入政治晦暗期，接著就出現了完美、圓整、成熟、活躍而忠貞的蘇東坡，幽默練達，是百姓的朋友和鬥士，也是一個偉大的靈魂，不過東坡被捕謫居之前，徐州太守的政績已經證明他是行動的人物，也是能幹的辦事人才。

熙寧九年（一〇七六年）年底，東坡奉詔離開密州，派往山西西南端的河中府任職，次年一月，他由濟南進京，他弟弟一家就住在濟南。子由不在，風傳政事將有大變遷。此時，王安石、惠卿、曾布、鄧綰已先後垮台，王安石復出又垮，誰也不知道下一步將有什麼變化。

子由是一個沈靜而果斷的人。蘇東坡曾一再上表提到稅制和徵兵的改革，勸皇帝不要徵所得稅；子由始終沈默，如今卻覺得時機已到，可以力倡全面的政治改革。王安石十月已在出京途中，子由不等哥哥，直接帶著一份全面革新的重要奏摺入京。家人留在濟南，蘇東坡的三個姪兒在門外雪地上迎接伯父。晚上兩家團圓，吃了一頓美餐。濟南是大城，與密州不同，蘇東坡在那兒住了一個月左右。熙寧十年（一〇七七年）二月十日，兩兄弟的眷屬到達京城附近的黃河岸邊。子由出京，在河岸以北三十哩的地方接他們，兩兄弟在雪中暢遊了幾日。子由帶來了一則消息，說蘇東坡在河中府的新職已被取消，改派爲徐州太守。

他們抵達京師，遇到一件十分費解的事情。蘇東坡到了陳橋門，門吏告訴他，他不許入京。他弟弟記載說，這件事始終沒有合理的說明。我想這不是皇帝的旨意，而是政局不穩，有些官員不希望他見到皇帝；也許皇帝自己都不知道有這麼一條詔命呢。兩兄弟只好回頭，折往東外城好友范鎮家中。

這時候，蘇東坡的長子蘇邁已經十八歲，該娶親了。研究蘇學的人始終探不出女方的身分。我猜他娶的是范鎮的孫女。蘇東坡與范鎮父子的通信中，一再提到彼此是姻親。蘇家和范家的婚姻關係有待說明。范鎮也是四川人，當時蘇東坡又住范家。此後兩年，蘇東坡還替子由的兩個女兒擇了佳婿。一個是王適——「仙妻」傳說主角王迴（子高）①的弟弟，另一個是畫竹名家文同的兒子。

兒子娶親後，蘇東坡攜眷往東走，到現在江蘇省境的徐州任職。子由也攜眷到商邱（南都）任通判；他把家人交給張方平，就陪哥哥到徐州，住了三個月才回到眷屬身邊。

徐州不但是大城，也是戰略要地，控制了山東南部的山區。過去幾個朝代，徐州附近常有戰役發生，現在津浦鐵路和隴海鐵路就在這兒交會。二十年後，「水滸」著名的強盜窩便在這附近。城市臨河，南面有兩大高山環繞，深邃的急流繞過山下的市區。此地出產花岡細石、鐵、煤，蘇東坡時代就曾充分開採。結果此地的刀劍也很著名。他喜歡這裏天然的風光，各種精美的魚蟹，說是「暫留」的好所在。

八月二十一日，他剛上任三個月，徐州發生大水。王安石曾想疏通黃河；但是花了五十萬緡毫無效果，主工程師畏罪自殺。黃河在徐州以北五十哩處向東氾濫，水患蔓延幾百方哩。大水到達徐州，被南面的高山擋住，水位不斷高漲，九月達到二十八點九尺。蘇東坡捨身救城。好幾週沒有回家，每天住在城牆頂的小棚內，監督修固外牆的工作。有錢人家紛紛出城，蘇東坡在城門擋駕，求他們別走，怕引起驚慌和暴亂。「有我在，你們最好留下來。」說完就強迫他們回去。

這裏不談蘇東坡的建築和工程才華，只是表明他親自參加一切工程計劃，洪水眼看就要超過東南外牆了，他把牆基加厚，城牆加高，擋水的防禦工事長九八四丈，高十丈，寬兩丈。他需要幾千名工人，他涉泥前進，直奔軍營找卒長。這是禁軍，直接歸皇帝統率，他要求他們合作。卒長馬上答應，「太守親自監督工作，我們也當盡一份力量。」這時候北方工事已做好，準備把洪水引入黃河故道，歷史上黃河改道好多回了。洪水圍城四十五天，十月十五日黃河回歸故道，向東在海州附近入海，洪水開始退去。

城市獲得保全，人民都欣喜欲狂，萬分感激。蘇東坡對暫築的隄不滿意。就上表給朝廷，明列數字，要上面撥款興建石牆，抵擋未來的天災。苦等沒有回音，他只好修改奏議，要求不建石牆，改建木塊工事。皇帝下了一道公文，誇讚他的偉大功勞，次年二月，東坡獲得三萬多貫的撥款，一千八百石米糧，和七千二百個員工，在城市東南建了一道木霸。蘇東坡性好建築，就在這道外城牆上建了一座十丈高的樓台，名叫「黃樓」。後來他在徐州寫的詩集就叫做「黃樓」集，而他在密州建的超然台也變成他密州作品集的代稱。

「黃樓」命名和古老的中國宇宙論有關。根據此一理論，世上一切都是由金、木、水、火、土構成。每一元素都代表一種原則，例如堅毅、成長、流動、熱、重力等等，這些原則世界通行，不但可用在物質界，也可以用於生命機能、人類性格和行爲上，例如婚配就用得著。一切生命都由五個元素交織而成，互剋互補，每一要素都有代表的顏色。說也奇怪，黃色代表土，黑色代表水，黃土有吸收力，據說可以剋水。因此「黃樓」就變成抗水力量的象徵。

元豐元年（一〇七八年）重九，黃樓舉辦盛大的開幕儀式。蘇東坡非常高興。百姓沒有被洪水吞噬，大家花了半年多來興建水霸和樓台；黃樓屬於全城百姓，是未來對抗水患的明顯象徵。全城的人都來參觀開幕典禮。東門上黃樓聳立，高達十丈，下面是五丈高的旗桿。樓台建成寬塔的形式，大夥兒上樓觀賞四野的風光。那天早上濃霧茫茫，他們由窗口眺望，聽見下面船隻的槳聲，恍如置身大海船中。

不久天空放晴，遠處的漁村和巉峰下的五、六所廟宇歷歷可見。年老的人叫冷，蘇東坡要他們先喝一杯暖酒驅寒。南面前端可以看見隆起的台地，以前是戲馬台，如今建了一座佛寺。長長的新堤由廟宇開始，沿東城牆向北延伸，他們聽見遠處陸洪和百步洪的怒潮，與下面的鴨聲、鵝聲打成一片，最後大宴賓朋，還有樂隊伴奏。

蘇東坡寫了一篇文章紀念這個場面，叫人刻在石頭上。這塊石碑經歷頗不平凡。後來他遭放逐，他的一切碑銘都奉命拆毀，當時的徐州太守只把它丟入附近壕溝中。十年後，大家都忘記這條禁令，皇家也開始收集他的手稿，另一位太守叫人把石碑由溝渠裏挖出來，星夜趕製了幾千份拓本。事成之後，突然對同僚說，「咦，我忘啦！蘇碑的禁令還沒有解除，碑還在這兒。叫人來毀掉吧。」石碑拆毀之後，拓本的價值自然不斷高升，太守苗仲先就賺了一大筆錢。

現在蘇東坡很受歡迎，不僅因爲他對抗洪水成功，也因爲他親身關切獄囚的健康和利益，當時很少太守這麼做。他親自去看犯人，第一次派獄醫照顧病患。蘇東坡指出，法律雖禁止地方官鞭死囚犯，對囚犯病死或失於照顧而死，卻沒有明文規定。囚犯也是百姓，他遂贏得囚犯親友的感激。

有些小事只要有人肯做，就可以輕易辦到，可惜只有蘇東坡關心。譬如他看見很多士兵離營逃走，變成強盜，只因爲軍士出遠差沒有旅費，逼得他們債務滿身。他糾正此一規定，每年只花幾百緡而已。他嚴禁軍中賭博飲酒，在一封呈給皇帝的書表中，他指出當地軍隊「練熟技藝等地，爲諸郡之冠，陛下遣使按閱所具見也。」

蘇東坡的詩名不斷增高，如今已是全國公認的第一大學者。歐陽修死後，這個頭銜就落在他身上。學者都認他爲「師」。蘇門四學士中，有兩位他已經見過，他在淮陽結識張耒，在杭州附近結識晁補之。另外兩位——秦觀和黃庭堅——日後變成宋代的大詩人，如今也想投拜在他門下。短小精幹的李常春天來看蘇東坡，一直提起秦觀，還把秦觀的詩拿給他看。透過李常的介紹，那年夏天秦觀就來拜望他。這就是傳說中娶了蘇家小妹的浪漫詩人。他還沒有科名，但是年輕浪漫又無憂無慮，自然有不少女友。他死後還有名妓爲他殉情哩。這是詩壇的新音，有如春天的雲雀。秦觀寫詩給東坡說，「我獨不願萬戶侯，惟願一識蘇徐州。」他把東坡比爲「天上麒麟」，又說，「不將俗物礙天真，北斗以南能幾人？」

黃庭堅日後變成江西詩派人的始祖；他和秦觀不同，博學而文靜。他沒有來見東坡，只寫了兩首謙虛的小詩毛遂自薦，把東坡比爲崖頂的孤松，他自己比爲谷底的幽草，渴望長到同一高度。蘇東坡以前看過黃庭堅的詩，說他有內容，有深度，詩境高超，「以爲非今世之人」。他回信給黃庭堅說，「今者辱書，執禮甚恭，如見所畏者，何哉？軾方以此求交於足下，而懼其不可得。」蘇門四學士中，黃庭堅居長，時人常把蘇黃相提並論。但是黃庭堅始終以蘇東坡的門下自居。黃庭堅也是蘇東坡的密友介紹的，因為他是李常的外甥，孫覺的女婿。

九月裏，另一位在蘇東坡案件中被提起的好友來拜訪他。王鞏又是另一型。身為宰相之孫，他出門常帶一車自釀的上好名酒，店裏買的酒他是不屑一碰的。他還帶了三個侍妾——英英、盼盼、卿卿——到徐州。蘇東坡拿他的侍妾開玩笑，在「百步洪詩」的前敘中，還描寫王鞏帶梨渦美女下灘，自己則穿羽衣站在樓頂看他們，有如天仙或李白再世。

這時候，一個重要人物來到蘇東坡生命中，他就是大詩僧參寥，可能是秦觀介紹的。說也奇怪，蘇東坡在杭州住了三年，參寥當時住在附近，卻不認識他。參寥自己也是大詩人，個性高超，不願意沽名釣譽。他只遠遠望著蘇東坡，默默敬仰他。此後參寥就變成他終生的密友。

那年中秋我們可以就近看看東坡。八月十二日他有了一個孫子，中秋夜他覺得很寂寞，很不舒服。六天後他收到弟弟的一首詩，描寫他那夜的情景。

「明月未出群山高，瑞光千丈生白毫。一杯未盡銀闕湧，亂雲脫壞如崩濤。
誰為天公洗眸子，應費明河千斛水。遂令冷看世間人，照我湛然心不起。
西南火星如彈丸，角尾奕奕蒼龍蟠。今宵注眼看不見，更許螢火爭清寒。
何人艤舟臨古汴，千燈夜竹魚龍變。曲折無心逐浪花，低昂赴節隨歌板。
青熒滅沒轉前山，浪點風迴豈復堅。明月易低人易散，歸來呼酒更重看。
堂前月色愈清好，咽咽寒蛩鳴露草。卷簾推户寂無人，窗下咿啞惟楚老。

南都從事莫羞貧，對月題詩有幾人。明朝人事隨日出，恍然一夢瑤臺客。」

這時候整個學術界都敬愛東坡，推重東坡。那年九月底黃樓的一次大聚會中，蘇東坡開朗風趣，毫無心機，贏得士林一致的熱愛。正因爲他受歡迎，威望高，他被捕受審才引起全國的注意。

注釋

①王迴親自向蘇東坡證實這個說法。他後來覺得很窘，乾脆改名。王迴在超自然的情境中和一位來歷不明的陌生女子邂逅結合，但是他太太日後否認她是仙女，至少對自己的前生毫不知情。

第十四章　逮捕與審訊

套一句蘇東坡自己的話，他始終「如蠅在食，吐之乃已」，到目前爲止還平安無事。但是他「吐」一百次，終於被捉了。元豐二年（一〇七九年）三月，他奉調湖州，也就是江蘇湖泊區。在他到任謝表中，有些話教朝中政客受不了。他一直作詩描寫百姓的困苦、稅收和徵兵制，政客小人還能忍受。現在他直接提到他們——包括王安石門下竄升的李定和舒亶。政權落在見風轉舵、毫無原則的三流小人手中。蘇東坡一直上表給皇帝，皇帝每次讀完，都對朝臣公開讚美他。這些人曾阻止東坡入京。新政的首領都已罷黜或隱退，萬一他再得勢，情況就危險了。

這篇謝表依照例行的格式，略提他自己平凡的政績，感謝皇帝慷慨給他此一新職重任。但是蘇東坡說，「伏念臣性資頑鄙……知其愚不適時，難以追陪新進。察其老不生事，或能牧養小民」。「新進」在王安石口中是代表那些「突然升遷的無能後輩」。在王安石時代的黨爭中，這兩個字的含意就此固定下來。李定和舒亶豈肯放過他。而且他自稱奉調出外是因爲年齡大了，不想生事。難道說朝中的人都愛惹是生非？古代學者因爲民權沒有保障，便發展出一套微妙的讚美辭，語意曖昧，讀者也習慣找絃外之音。朝中告示公開發行，是中國最早的印刷報紙。蘇東坡一下筆就引起廣泛的注意，這篇謝表不免使「新進」成爲知識分子眼中的笑柄。

元豐二年（一〇七九年）六月，有一個御史摘取蘇東坡謝表中的四句話，告他諷刺政府。幾天後，舒亶——仍在御史台任職——也提出他描寫農民貸款的詩句，譬如三月食無鹽，燕蝠相爭……等等。蘇東坡寫這種詩，不但莽撞無禮，更對皇帝不忠。舒亶把蘇東坡的四本詩集連奏狀一起送上去。李定如今升任御史中丞，也送了另一份表狀，列舉蘇東坡無禮該殺的四點理由。狀子一共有四份。案件發交御史台查辦。母喪不奔，被司馬光比爲野獸的李定擔任法庭檢察官。他派了一位能人到湖州，革去蘇東坡的官職，押回京師審問。御史們希望蘇東坡一路在牢中過夜，但是皇帝不准。神宗不想殺蘇東坡，不過案情既然正式提出，他願意讓御史們詳細調查。

東坡的好友王詵駙馬曾親自出版蘇詩，他一聽到消息，連忙派信差到南京找東坡的弟弟子由，子由又派信差通知東坡。這是信差之間的賽跑。官差帶著兒子和兩個御史台的兵丁快馬前進，但是兒子在靖江病倒，耽擱了半天，據說子由的差人先到。

我們來看看東坡聞訊時的心情。他剛到湖洲。對新職很滿意。他曾帶長子，子由的女婿王氏兄弟一起在山間漫遊。他有一首詩描寫飛英寺之行，說他自己「莫作使君看，外似中已非。」他的好友畫竹名家文同二月去世，他哀悼了三天。官差正要來抓他，七月七日，他卻悠哉遊哉拿出畫冊來欣賞，放在院中晒太陽。一眼看見文同送他的一張偃竹圖，忍不住又流下淚來。那天他在雜記中寫下一段妙文，描述他和文與可（文同）的友誼。

「與可畫竹，初不自貴重，四方之人。持縑素而請者，足相攝於其門。與可厭之，投諸地而罵曰『吾將以為襪。』及與可自洋州（今陝西洋縣）還而余為徐州，與可以書遺余曰『近語士大夫，吾墨竹一派近在彭城，可往求之。襪材當萃於子矣。』書尾復寫一詩，其略曰『擬將一段鵝谿絹，掃取寒梢萬尺長。』予謂『與可竹長萬尺，當用絹二百五十匹，知公倦與筆硯，願得此絹而已。』與可無以答，則曰吾言妄矣，世豈有萬尺竹哉。余答其詩曰『世間亦有千尋月，竹落庭空影許長。』與可笑曰『蘇子辯則辯矣，然二百五十匹吾將買田而歸老焉。』因以所畫篔簹谷偃竹遺予曰『此竹數尺耳，而有萬尺之勢……』」

根據孔平仲由逮捕時當地官吏口中得知而記錄下來的資料，蘇東坡事先曾得到子由差人的警告。不過他不知道罪名有多大，罪責有多重。差人一到他就正式告假，由祖通判（祖無擇）代理。

官差來了，身穿正式的官袍官靴，拿著手笏站在庭院中。御史台的兩個士兵分列兩旁，白衣黑巾，怒目而視。衙門的人一片騷亂，不知道會出什麼事。蘇東坡不敢出來，和祖通判商量，通判勸他不要逃避官差，還是出迎的好。他們商量出迎的方式，蘇東坡相信他是被告，不能穿官袍出面。不過祖通判認爲，他還沒有正式被控，應該仍以太守身分出迎。於是東坡也穿上官袍官靴，拿著手笏站在庭院中，面對差吏，祖先生和手下人員列隊站在他後面，頭戴較小的官帽。兩個士兵手拿御史召命，緊握小包，彷彿裏面藏有利劍似的。官差一言不發，氣氛緊張到極點。蘇東坡先開口。

「我知道我冒犯了朝廷。相信難逃一死。我不怕死，不過請容我回家和家人道別。」

官差皇甫遵簡短地說，「沒有那麼嚴重。」

通判向前跨了一步。「我相信一定有詔命吧。」

「他是誰？」皇甫遵問道，於是通判表明了身分。士兵正式把詔命交給通判。他一打開，發現只是蘇東坡革職進京的普通命令。官差要他立刻動身。

蘇東坡獲准回家見親人，然後動身。照他自己的雜記中說，全家人都哭了。蘇東坡笑著對他們說了一個故事：

真宗時代，皇帝四處探訪隱居的大學者，有人推薦楊朴。楊朴不願入京，卻被押到朝中見皇帝。

「聽說你會寫詩？」皇帝說。

「不，我不會。」楊朴想掩飾自己的才華，不願從政。

「朋友們送你出來，有沒有人寫詩給你？」皇帝又問。

「沒有，」楊朴說。「只有臣妻寫了一首。」

「請問詩中寫什麼？」陛下問他。

於是楊朴把妻子送行的詩念給皇帝聽。全詩如下：

「更休落魄貪酒杯，且莫猖狂愛詠詩。今日捉將官裏去，這回斷送老頭皮。」

蘇太太聽到這個故事，熱淚盈眶，卻忍不住笑出來。這個故事出現在東坡的筆記中，不知道是不是他臨時杜撰的。

家人決定由長子蘇邁陪他進京。王適一直擔任東坡子女的教席，他們兄弟將留下來，以後再帶全家到京城去。官吏都嚇得躲起來，老百姓卻出來送太守，根據該地府誌的記載，人民都「淚如雨下」。官差與士兵態度專橫，後來蘇東坡寫給繼任皇帝的信中曾說，他們逮捕太守卻如捕盜賊。只有王氏兄弟和陳師錫設酒宴送他。

傳說蘇東坡一路曾想辦法自殺。他自己給皇帝的表狀中說，到揚州他想跳入江裏去，不過照孔平仲的記載，那是剛起航不久，船隻靠在太湖修槳的時候。那夜月明星稀，湖上有風。蘇東坡不知道罪名多重，又怕連累朋友。他想閉眼跳入湖中，一了百了，不過轉念一想，這樣一定會給子由惹來大禍。他給文彥伯的信中提到家人銷毀他的信件和文稿的經過。家人抵達安徽宿縣，御史台又派差官去搜拿詩篇、信函和其它的文件。很多士兵包圍小船，翻箱倒櫃，把東西隨處亂丟，女人和孩子都嚇壞了。他們走後，女人怒罵道，「都是寫書惹來的！他得到什麼好處呢？把我們嚇得半死。」於是大燒文稿，後來東坡發現只剩三分之一沒有燒掉。

蘇東坡七月二十八日被捕，八月十八日關入御史台監獄。審訊很久，一共經歷六、七週。獄卒知道他的身分，對他十分禮遇。每天弄熱水給他洗腳，到今天四川人還有這種習慣。

東坡在獄中碰到一件有趣的插曲，結果竟對他有利。兒子每天到牢中探望他，天天爲他送飯。蘇東坡和他暗中約定平常只送菜和肉，萬一聽到壞消息就送魚來。有幾天蘇邁被迫出京借款，就叫一個朋友代他送飯，卻忘了告訴他這一項秘密的約定。他送了幾條燻魚，蘇東坡嚇壞了。他以爲事態轉惡，難逃一死。便和獄卒商量，他寫了兩首告別詩給弟弟，語氣含悲，說他一家十口要靠弟弟撫養，他自己的靈魂則躺在荒郊外聽風受雨。他願意生生世世和子由做兄弟。詩中他感謝皇帝以往的恩情，一切怪自己。子由讀詩大慟，伏案痛哭，獄卒就把詩拿走了。除非東坡獲釋，獄卒不把詩交還子由，就說他不肯收。我相信子由知道一切計畫，所以故意把詩交還獄卒。這時候獄卒手中的兩首詩卻派上了用場。他有責任將犯人的作品交給當局檢查。據說東坡深信這兩首詩會到皇帝手中。果然不錯。皇帝大受感動，後來御史雖施高壓，東坡仍然獲釋，這也是原因之一。

多虧陸游編寫蘇東坡一份文稿的歷史，並列明審判的所有文件，我們今天才有「烏台詩案」可查，烏台是御史監獄的代稱。書中包括四份狀子，審判的記錄，東坡的口供、證物，以及最後的宣判。陸游勤於寫日記，對東坡留下的文稿和碑銘特別感興趣，他在東坡死後六、七十年才看到他的作品，曾提起這本書的經歷。

欽宗靖康元年（一一二六年）北宋覆亡，政府南遷杭州，儘量帶珍稿同行。到了揚州，一個名叫張全真的官吏取得手稿，把它從政府檔案中抽出來。後來張全真去世，另一位姓張的宰相受遺族之託替他寫墓誌銘。宰相要這份文稿爲酬，最後決定遺族留一半，宰相拿一半。陸游說，他看到蘇東坡親筆寫的文稿，改正的地方都由東坡簽名，裏面還蓋了御史台的戳印。不知道今天留存的版本是不是根據陸游所看到的手稿印成的，不過書中確實列明官報的細節，包括蘇東坡對自己詩篇的詮析。

我認爲此案的判案完全看我們對蘇東坡批評朝政如何解釋。張方平和范鎮曾力救東坡，張氏劃分誠實批評和惡意中傷之間的分野，成爲此案最好的總結。今天我們認爲這些詩純粹是正直的批評，御史們卻說他惡意中傷政府與皇帝。張方平指出，「詩經」由孔子所刪校，內容便充滿朝政的諷刺，好政府應該容許坦白的批評。另一方面，御史們卻義正嚴詞爲親愛的聖君受辱而憤慨。

舒亶在表狀中說，「臣伏見知湖州蘇軾近謝上表，有譏切時事之言。流俗翕然，爭相傳誦，忠義之士無不憤惋。陛下自新美法度以來，異論之人固不爲少……然包藏禍心，怨望其上，訕瀆謾罵而無人臣之節者，未有如軾也。應口所言無一不以譏謗爲主。……陛下躬履道德，立政造士，以幸天下後世，可謂堯舜之用心矣。軾在此時以苟得之虛名，無用之曲學，官爲省郎，職在文館。臣獨不知陛下何負於天下與軾輩，而軾敢爲悖慢無所畏忌以至如是。且人道所立者，以有義而無逃於天地之間者，莫如君臣。軾之所爲忍出於此，其能知有君臣之義乎。爲人臣者苟能充無義之心往之以爲利，則其惡無所不至矣……軾萬死不足以謝聖時，豈特在不赦不宥而已。伏望陛下付軾有司論如大不恭，以戒天下之爲人臣子者。不勝忠憤懇切之至。」

另一位御史的指摘簡直強辭奪理。蘇東坡到湖州上任途中，曾爲張氏園寫了一篇碑記。文中說，「古之君子不必仕，不必不仕。必仕則忘其身，必不仕則忘其君。」這是孟子對孔子參政態度的結論。但是這位御史忠於國君，竟想誣賴蘇軾傳播危險的教條。他說，「天下之人仕與不仕不敢忘其君。而獨蘇軾有不必仕則忘其君之意，是廢爲臣之道爾。」

李定列出蘇東坡該殺的四點理由。他報表的敘言說，「蘇軾初無學術，濫得時名，偶中異科，遂叨儒館。」李定又說，蘇東坡渴望高位，所以才酸溜溜表達他對當權者的不滿。皇帝容忍他，願他改進，蘇東坡卻不聽警告，這是該殺的理由之一。蘇氏作品雖然無聊，對國家倒有極大的影響，這是該殺的理由之二。「臣叨預執法，職在糾姦，罪有不容，豈敢苟止。伏望陛下斷自天衷，特行典憲，非特沮乖慝之氣，抑亦奮忠良之心，好惡既明，風俗自革。」

審訊由八月二十日開始。被告說，他今年四十四歲（西方算法四十二歲），同時詳述他的祖先，他的籍貫，他考中進士的年份，他曾擔任的官職。然後是一大串他推薦做官的人名，因爲一個官吏提拔好人或壞人當政也是衡量他政績的要素之一。他說他政治生涯中曾有兩次過失。他在鳳翔擔任判官，與上司不和，曾拒絕參加官廳的秋季儀式，被罰了八斤銅。杭州任內有一個小官盜用公款，他失察未報，也被罰銅八斤，此外，「別無紀疑」。

起先蘇東坡只承認他寫了杭州山村那幾首詩——說農夫無鹽可吃啦，攻擊農民貸款啦——以及控告中的另外幾首。他想不起自己寫過其它批評朝政的著作。一連幾天他否認寫諷刺詩給朋友，一直自稱無罪。這是「中傷政府」和「惡意攻擊」的定義問題。八月三十日他決定認罪；他承認寫諷刺詩批評政府，寄給朋友。不過他說他無意隱瞞，一切全是解說的問題。審訊中他奉命簽一道口供，「入館多年，未甚擢進，兼朝廷用人多是少年，所見與軾不同，以此撰作詩賦文字譏諷。意圖眾人傳看，以軾所言爲當。」

蘇東坡的朋友牽入案情的一共有三十九人，審查的詩篇共達一百多首，每一首都要作者親自解說。蘇東坡所有的詩都用千挑百選的措辭，還引了一大堆文學和歷史的掌故，幸虧有這本審判紀錄，我們才能讀到作者對詩中許多段落的闡析。很多詩含意曖昧，言外之意只有瞭解那段史例的人才能看出來。我一直避免典故太深的詩篇，因爲每一比喻或史例都要個別說明，讀起來很不容易，會加重讀者的負擔。這些學問倒不難賣弄，幾百年來註解蘇詩的人，一直忙著挖掘他詩中提到的史書或唐詩原文。

有些控告十分牽強。最有趣的就是一則描寫兩棵老檜樹的律詩。詩中說，檜樹「根到九泉無曲處，世間惟有蟄龍知。」他們認爲這是侮辱皇帝，因爲「龍」象徵在位的皇帝，應該只能說龍在天上，不能說龍藏在地泉裏。還有一首牡丹詩，詩中佩服上蒼的技巧，竟創造出各種各類的牡丹。判官們說他有意暗示當權派花花巧巧設計出各種新稅。「杞菊賦」的前敘說他吃杞菊種子，直接諷刺該地貧困，官員薪金微薄。盲人看日的寓言是指考生無知，對儒家思想一竅不通，只認識王安石的「三經新義」。

不過，被告大抵承認寫詩批評新政，語含憤怒與失望，自己中傷政府是罪有應得。

他寄給王詵駙馬的詩中，有一句說他坐聽「鞭箠環呻呼」，又說「歲荒無術歸亡逋」，還提到「虎難摹」，老虎是苛政的象徵。他寫給李常的詩中說，他在密州「洒涕循城拾棄孩」，男屍、女屍、童屍都是餓死在路邊的，當時「為郡鮮歡」。至於他寫給好友孫覺的詩，有一行說彼此不談政治，他承認兩人一起吃飯，約好誰提政事就罰一杯酒。他曾寫詩給官位小、文名大的曾鞏，說他對「聒耳如蜩蟬」的政客小人十分厭煩。給張方平的一首詩把朝廷比為「荒林蜩蚻亂」、「廢沼蛙蟈淫」，說自己「遂欲掩兩耳」。給范鎮的詩直接提到「小人」，我們已經知道他寫給周邠的詩中把當權派比為夜梟。杭州觀潮詩中則說，東海若知君主的意願，「應教斥鹵變桑田」。

好友劉恕罷出京師，東坡曾寫兩首詩給他，我們仔細研究一下，就不難瞭解官吏的憤慨，也能看出蘇東坡大部分詩句中的絃外之音。我們還可以順便看出，某些詩篇若不加註腳，對英文讀者就毫無意義可言，有一首如下：

「敢向清時怨不容，直嗟吾道與君東，坐談足使淮南懼，歸去方知冀北空，獨鶴不須驚夜旦，群鳥未可辨雌雄。」

蘇東坡承認他很佩服這個朋友，所以把他比為孔子，說他不敢怨不容。第二句提到東漢的大經史家迸門徒東行的典故。第三句是說一位勇敢的大官在朝廷上壓服淮南王的叛變。第四句引用古籍中的一段文章，說冀（今河北）北產的馬匹最著名，接著引唐朝韓愈的一首送別詩，說好友走後，冀北就無良駒了。因此也暗示現在朝中沒有好人。第五句的「獨鶴」牽涉到一段古文，說大人物在升斗小民中有如鶴立雞群。含意是朝中人物都是平凡的家禽而已；夜啼則是孤鶴的任務。最後一句更氣人，因為詩經說，「俱曰予聖，誰識鳥之雌雄？」因此等於說朝廷中只有一群烏鴉，連好人壞人都分不清楚。

他給劉恕的第二首諷刺詩如下：

「仁義大捷徑，詩書一旅亭，相誇綬若若，猶誦麥青青。腐鼠何勞嚇，高鴻本自冥，顛狂不用喚，酒盡漸須醒。」

前三句是指虛偽學者大談仁義，藉此晉升，同時笑他們為官位而沾沾自喜。蘇東坡說「麥青青」是引「莊子」的一首詩，說大官生前追覓榮華，死後口含珍珠而葬，不久墓地還是化為麥田。第五句也出自莊子。國君給莊子一個高位，莊子不受，還對官差說了下面的故事：幾隻專吃腐肉的烏鴉叨到一些腐鼠，正在樹上飽餐一頓。一隻白鶴（象徵純正隱居的學者）恰好經過，烏鴉大叫，想把牠嚇走，高貴的白鶴逕自飛到雲端。含意是蘇東坡不屑在政客小人間爭權奪利。

我想蘇東坡為寫詩而被捕受審，一定覺得很奇妙。他當庭教授文學，應該頗有樂趣吧。

於是蘇東坡不尊敬政府的罪名就此成立。他把當權派比爲蛙蟈，比爲蜩蟬，比爲夜梟，比爲吃腐鼠的烏鴉，比爲雞場的家禽。最氣人的是他用「沐猴而冠」的掌故。結論是：蘇東坡看不起舒亶和李定等人，舒亶和李定又何必對他有好感呢？

審訊大約在十月初終結，證言交到皇帝手中。牽連的人不少，尤其王詵駙馬牽涉最重，審訊中發現他和東坡曾交換許多禮物。皇帝下令，與蘇東坡有詩信來往的人都要把手邊的詩文交給法庭調查。

這時候，一向支持蘇東坡的仁宗太后病死了。臨死曾對皇帝說，「我記得蘇氏兄弟中進士，仁宗先皇曾對家人說，他那天爲子孫得到兩個相才。現在聽說蘇軾因寫詩而獲罪。這全是小人陷害他，他們在他的政績上挑不出毛病，就想用他的詩來定罪。這些控告不是太瑣碎了嗎？我是無法復原了，你可不能冤枉無辜。天神會動怒的。」這等於她臨終的遺囑。

十月三十日，判官們做了一份案情摘要，呈給皇帝。由於太后殯葬，案件懸擱了很久。蘇東坡在牢中等待審判的結果，看自己命運如何，一件神秘的事情發生了。

「審問結束後有一天夜裏，」幾年後蘇東坡對朋友說，「更鼓已敲，我正要睡覺，突然看到一個人進入牢房。」

「他一言不發，丟了一個小盒子在地板上，倒頭就睡。我以爲是別的囚犯，沒有理他，就逕自睡著了。四更天（**凌晨三點**）左右我覺得有人推我，那人對我說『恭喜！』我問他怎麼回事。他說『好好睡，別擔心。』說完就帶著小盒子離開牢房。原來舒亶等人一直想辦法勸皇帝殺我。陛下不忍殺，就暗地派宮中小黃門到獄中來看我。這位小宮僕剛到來，我便呼呼入睡，鼾聲如雷。他立刻奔回去向陛下報告，說我睡得很安詳，陛下對朝臣說『我知道蘇軾心中沒有虧心事！』於是我獲赦，配往黃州。」

通常皇家出殯總要大赦天下，依照法律和習俗，蘇東坡應該減罪。御史們滿心想把反對派一網打盡，這樣一來，他們的心血全白費了。李定和舒亶十分擔心。這回李定強烈反對特赦。舒亶更要求把司馬光、范鎮、張方平、李常、孫覺和另外五位蘇東坡的朋友都判死刑。

當時的一位副相王珪受到御史威逼，有一天突然對皇帝說：

「蘇軾有心反叛陛下。」

「他也許小有冒犯，」皇帝吃驚地說，「但是他無意謀反。你怎麼這樣說呢？」

王珪提起那首雙檜樹的詩，說文中提到地底的「蟄龍」，也許是指有人以後會搖身變成皇帝。但是皇帝說：

「詩不能這樣讀法。他是描寫檜樹。和我有什麼關係？」

王珪這才閉口不響。章惇當時還是蘇東坡的朋友，他為東坡辯護說，龍不但是君主的象徵，也可以指大臣，還引了幾個文學典故來印證他的說法。

等蘇東坡友伴交出的證物都調查完畢，皇帝就派自己的人重審。根據這位判官的摘錄，毀謗政府應該貶居或處兩年的苦役，但是蘇東坡情況較嚴重，該連帶取消他的兩個官銜。這是法律的觀點。不過這麼重大的案件該由皇帝親自決定。

十二月二十九日，宮中官員送出一道命令，把蘇東坡貶居到漢口附近的黃州，使李定和舒亶大失所望。他獲得團練副使的小官位，條件是「限」住該區；也就是不能隨便離開，也無權簽署公文。

受牽連的人有三位處罰頗重。王詵駙馬對東坡洩漏公務機密，一直與他互換禮物，而且身爲皇親國戚，竟不將手頭的毀謗詩向上報告，因此被削除一切官銜爵位。另一位是王鞏，他倒沒有收到什麼毀謗詩，顯然是無辜受累，也許御史們爲了私怨想修理他吧。往後幾年，蘇東坡一直說王鞏爲他受過。我們知道王鞏性好奢華，他謫居西南邊區，一定很難受。

第三位是子由，他上書皇帝，願以一切官爵來替哥哥贖罪。供狀中倒沒有告子由接受哥哥哪一首特別嚴重的毀謗詩，不過因爲同胞關係，他被降調高安——離哥哥謫居地一百六十哩——擔任筠州監酒。

此外，張方平和另一位大官各罰三十斤銅，司馬光、范鎮和十八位東坡的朋友各罰二十斤銅。

蘇東坡除夕出獄，一共在牢中關了四個月零十二天。他走出東城街北面的牢門，站了一會兒，吸吸空氣，覺得微風拂面，非常舒服，四周有人吱吱喳喳說話，街上行人騎馬走來走去。

他真是不可救藥，那天晚上又寫了兩首詩，說他「卻對酒杯渾似夢」「試拈詩筆已如神」。

「平生文字為吾累，此去聲名不厭低；塞上縱歸他日馬，城東不鬥少年雞。」

他又開始大做詩文，這兩首詩至少有兩句御史們還可以告他不尊敬皇上。塞翁失馬的比喻還無傷大雅，因爲它指的是「塞翁失馬，焉知非福。塞翁得馬，焉知非禍」的寓言；換句話說，誰也不知道什麼是好運，什麼是壞運。但是「少年雞」提到賈昌。賈昌晚年曾對人說，他年輕時以鬥雞贏得皇帝的寵愛，皇帝把他當做弄臣和演員。言外之意是把朝中人比爲「倡優」——這是侮辱的名詞。另一句自稱「竊祿」，也就是說他不夠資格卻得到官位；但是這兩個字是從一位大學者寫給曹操的信中摘取出來的，而曹操被人通稱爲奸臣和暴君。蘇東坡寫完這首詩，丟下筆桿說，「我真是無可救藥。」

且夫天地之間物各
有主苟非吾之所
有雖一毫而莫取
惟江上之清風与
山間之明月耳得
之而為聲目遇之
而成色取之無禁
用之不竭是造物
者之無盡藏也

第三卷 成熟

（一〇八〇～一〇九三年）

第十五章　東坡居士

現在蘇東坡因需要而務農，又因脾氣和天性而變成隱士。社會、文化、經史的研究，外在的工作與責任隱藏了一個人的本性。去掉這些時勢和傳統的陷阱，真我就出現了。蘇東坡回到百姓群中，有如水裏的海豹；在陸地上搖鰭擺尾的海豹只是半隻海豹而已。蘇東坡最可愛的莫過於自食其力的農夫面目。中國人往往歌頌戴斗笠耕田、站在田野山邊的詩人，如果他還能寫出好詩，敲牛角來打拍子，如果他偶爾或常常喝醉，爬到城牆頂偷看月亮，那就更妙了。於是他變成自然的大頑童——也許大自然就要人如此吧。

元豐三年（一〇八〇年）一月一日，蘇東坡帶著二十一歲的長子蘇邁離開京師，前往謫居地黃州。他直走陸地，把家人交給子由照管，以後再去。可憐的子由要帶自己一大家（七個女兒，三個兒子和兩個女婿）到九江以南數百哩的高安任職，又加上蘇東坡的眷屬。監酒的官職遠不如我們想像中迷人，只是公家酒店的掌櫃而已。幾個月之後，子由到達九江，要家人在那兒等他，就上溯長江，把東坡的太太、朝雲和兩個小兒子送到哥哥身邊。東坡二月一日到黃州，家人三月二十九日才到。

黃州是漢口下游的河邊小鎮。東坡等家人，先住在定惠院，該寺離江甚遠，位在一座林木茂密的小山邊。他和僧侶一起吃飯，午餐晚餐後常在一棵山楂樹下散步，寫出了最好的名詩。不久，身邊就有了不少朋友。徐太守誠意相待，常約他去喝酒。長江對岸的武昌（不是現在的武昌）太守姓朱，常送酒菜給他。雨天蘇東坡很晚才起床，傍晚一個人到東山腳漫遊，尋訪廟宇、花園和清溪。有時候朋友來看他，大家一起到長江兩岸的山區旅行。這是多山的林區，鄉村風景很好。南岸有巒山，高聳在湖泊水道交織的平原裏。

蘇東坡死裏逃生，心魂震撼，儘量少說話。他開始思考生命的真諦。六月的一首送別詩中，他說他的生命有如磨石下的小螞蟻，也像漩風中的羽毛。他開始深思自己的個性，研究如何得到心靈的平安。他信教愈來愈虔誠。「安國寺記」中說，「余二月至黃舍。館粗定，衣食稍給，閉門卻掃，收召魂魄。退伏思念，求所以自新之方。又觀從來舉意動作，皆不中道。非獨今之所以得罪也。欲新其一，恐失其二。觸類而求之，有不可勝悔者。於是喟然嘆曰『道不足以御氣，性不足以勝習，不鋤其本而耘其末，今雖改之，後必復作。盍歸誠佛僧，求一洗之』得城南精舍，曰安國寺，有茂林脩竹，陂池亭榭。間一二日輒往焚香默坐。深自省察，則物我相忘，身心皆空。求罪始所生而不可得。一念清淨，染汙自落。表裏翛然，無所附麗。私竊樂之……」

蘇東坡心中一股與宗教衝動相反的儒家趨勢卻將他拖往另一個方向。不錯，人應該在宗教中追求平安，但是佛家若說得不錯，人生若只是幻影，人若該完全脫離社會，人類就會絕種，煩惱也不存在了。因此佛家虛空無我，去除一切私念的目標和儒家對同胞踏實的責任觀時常發生衝突。解脫的問題畢竟只是達到精神的和諧，讓卑下的本能受到高貴情操的控制。人若能自我訓練而達到此一境地，就不必脫離社會來求解脫了。

例如人類社會中對抗邪惡的問題。理學家朱熹批評蘇東坡出獄的兩首詩毫無自我檢討、重新做人的意思。我們覺得這兩首詩可看出蘇東坡文風依舊。問題是，他真想改過嗎？他打算閉嘴不談國家的錯事嗎？他對普通朋友是一種說法，對知交密友又是一種說法。

他有兩封給朋友的信洩露了內心深處的信念。一封是給李常的。李常寫詩安慰他，語氣太多情，蘇東坡回信說：「何乃耶？僕本以鐵石心腸待公。吾儕雖老且窮，而道理貫心肝，忠義塡骨髓，直需談笑死生之際。若見僕困窮便相憐，則與不學道者，大不相遠矣……雖懷忱壈於時，遇事有可尊主澤民者，便忘軀爲之，付與造物。非兄僕豈發此。看訖便火之。不知者以爲詬病也。」

蘇東坡寫了好幾封信給牽連最重，謫居西南邊區的王鞏。他先表示連累他很難過，然後又說，收到王鞏的信，知道他能從哲學中尋找慰藉。「知公眞可人。而不肯他日猶得以衰顏白髮，廁賓客之末也……」接著說起道家長生的藝術，他自己正在施行。「某近頗知養生，亦自覺薄有所得，見者皆言道貌與往日殊別。更相闊數年，索我閬風之上矣。兼畫得寒林墨竹已入神矣。行草尤工，只是詩筆殊退也，不知何故。昨所寄臨江軍書，久已收得。二書反覆議論及處憂患者甚詳，既以解憂，又以洗我昏蒙，所得不少也。然所得非苟知之亦允蹈之著，願公常誦此語也。杜子美困厄中，一飲一食，未嘗忘君。詩人以來，一人而已。」

不過他對老友章惇又是一套說法。章惇如今已拜官參政諫議執事，曾寫信勸他自新。他寫了一封完全正確的回信，充滿懺悔。信寫得對極了，簡直可以呈給皇上看。「平時惟子厚與子由極口見戒，反覆甚苦，而某強狠自用，不以爲然。及在囹圄中，追悔無路，謂必死矣。不意聖主寬大，復遺視息人間。若不改者，某眞非人也……某昔年粗亦受知於聖主，使稍循理安份，豈有今日。追思所犯，眞無義理。與病狂之人，蹈河入海者無異。方其病作，不自覺知，亦窮命所迫，似有物使。

及至狂定之日，但有慚耳。而公乃疑其再犯，豈有此理哉？……」接著描寫他的生活。「黃州僻陋多雨，氣象昏昏也。魚稻薪炭頗賤，甚與窮者相宜。然某平生未嘗作活計，子厚所知之，俸入所得，隨手輒盡。而子由有七女，債負山積。賤累皆在渠處，未知何日到此。見寓僧舍，布衣蔬食，隨僧一餐，差爲簡便。以此畏其到也。窮達得喪粗了其理，但廩祿相絕，恐年載間，遂有饑寒之憂。然俗所謂水到渠成，至時亦必自有處置，安能預爲之愁煎乎？初到一見太守。自餘杜門不出，閑居未免看書，惟佛經以遣日，不復近筆硯矣。」

家人平安到達，一切似乎固定下來，只是東坡還不知道錢花完後他們要如何過日子。次子蘇迨十二歲，幼子蘇過十歲。太守禮遇有加，讓他們住在臨皋亭，此地就因他而家喻戶曉。這是政府人員走長江水路休憩的驛站。蘇東坡寫信給朋友說，「寓居去江無十步，風濤煙雨，曉夕百變。江南諸山在几席，此幸未始有也。」這個地方很美，不過其中的風華卻大抵出自東坡的想像。他在這棟面對夏陽的小屋中看出許多韻味，別的觀光客實地一看，卻大失所望。後來有人爲他建了一座書齋，他曾吹噓他午覺醒來，忘記自己身在何處，拉起窗簾，由躺椅上看見千艘船隻沿江下行，遠處水天連成一色。

臨皋亭不算什麼，但是風景美一半靠地利，一半靠欣賞人的眼光。蘇東坡身爲詩人，不免看到、感覺到別人在天國樂園也無法感受的韻味。東坡在雜文中說，「東坡居士酒醉飯飽，倚于几上，白雲左繞，清江右迴，重門洞開，林巒岔入。當是時若有思而無所思，以受萬物之備。慚愧慚愧。」另一篇給范鎭兒子的信則語含幽默，「臨皋亭下十數步便是大江，其半是峨眉雪水。吾飲食沐浴皆取焉，何必歸鄉哉。江水風月本無常主。閑者便是主人。聞范子豐新第園池，與此孰勝。所以不如君者上無兩稅及助役錢爾。」

不過東坡確實很辛苦。他自立一套特殊的開支預算法。他給秦觀的信中有這麼一段記載。「公擇近過此相聚數日，說太虛不離口。莘老未嘗得書，知未暇通問……初到黃，廩入既絕，人口不少，私甚憂之。但痛自節省，日用不得過百五十（等於美金一角五分）。每月朔便取四千五百錢，斷爲三十塊，掛屋梁上。平旦，用畫叉挑取一塊，即藏去。錢仍以大竹筒別貯，用不盡以待賓客。此賈耘老（賈收）法也。度囊中尙可支一歲有餘。至時別作經畫，水到渠成，不須預慮。以此胸中都無一事。」

由臨皋亭可以看到對岸武昌美麗的山峰。有時候他穿草鞋出門，雇一條小舟，陪漁夫和樵夫過一天。常被醉漢推擠謾罵，「自喜漸不爲人識」。偶爾去看看對岸的川籍好友王齊愈。遇到暴風雨，就在這兒留幾天。有時候他乘小船直到樊口潘丙的酒店。他發現村酒還挺不錯的。該地產橘子、柿子和尺來長的山芋。江上運費便宜，一斗米只要二十錢。此地羊肉可比美北方的豬肉和牛肉。兔肉很便宜，魚蟹更幾近免費。岐亭酒監有一個大圖書室，喜歡借給人家。太守家有良廚，常邀他作客。

元豐四年（一〇八一年）蘇東坡變成道道地地的農夫。他開始在東坡耕田，自號「東坡居士」。他早想歸隱田間，卻沒想到被迫如此當上了農夫。「東坡八首」的前敘中說，「余至黃二年，日以困匱。故人馬正卿哀予乏食，爲郡中請故營地數十畝，使得躬耕其中。地既久荒，爲茨棘瓦礫之場，而歲又大旱，墾闢之勞，筋力殆盡。釋耒而嘆，乃作是詩。自愍其勤，庶幾來歲之入，以忘其勞焉。」

東坡農舍實際上大約佔地十英畝，離城東只有三分之一哩，就在小山邊。頂上是一間三房的小屋，俯視下面的亭台，亭台下便是著名的雪堂。這座五房的堂舍是次年二月在雪中蓋成的。牆上有東坡親筆畫的森林、河流、漁夫的雪景。後來這裏變成他待客的地方，宋朝大畫家米芾當時只有二十二歲，曾來拜訪他，與他論畫，陸游在孝宗乾道六年（一一七〇年，**東坡死後七十年左右**）十月參觀東坡，曾記載堂中掛著蘇東坡的畫像。畫中他一身紫袍黑帽，手拿竹桿，倚石而臥。

雪堂的石階下有一座小橋跨溝而過，除了雨天，平常都乾乾的。雪堂東面是他親自種的一棵大柳樹，再過去是一個小井，泉水冷冽，倒沒有什麼特別的優點。東面下方是稻田、麥田、一大排桑樹、菜蔬和一個大果園。他還把附近一個朋友送他的茶樹也種在農場上。

遠景亭在農舍後方，立在一堆土崗頂，四處風光一覽無遺。他的西鄰姓古，有一大片巨竹，竹莖周長七吋，長得十分茂密，連天空都遮住了。蘇東坡夏天就在這兒乘涼，還摘取乾燥平滑的竹籜給太太做鞋襯裏。

蘇東坡現在是道道地地的農夫，不是地主。有一首答孔平仲的詩如下：

「去年東坡拾瓦礫，自種黃桑三百尺。今年刈草蓋雪堂，日炙風吹面如墨。」

此地久不下雨，甘雨一來，親自種田的他真是又快活又感激：

「沛然例煬三尺雨，造化無心怳難測，老夫作罷得甘寢，臥聽牆東人響屐，腐儒奮糲支百年，力耕不受眾目憐，會當作塘徑千步，橫斷西北遮山泉，四鄰相率助舉杵，人人知我囊無錢。」

建築是蘇東坡的本能。他決心為自己造一個舒舒服服的家。他築水壩、造魚塘，種了鄰居送的樹苗，朋友送的花木、故鄉來的菜蔬，精力全耗在上面。一個男孩跑來告訴他，他們挖的井出水了，或者針狀的綠芽伸出地面了，他高興的跳起來。他看見稻莖隨風搖擺，晚上沾了露珠的稻莖有如月夜的珍珠，晶瑩可愛，心裏充滿自豪與滿足。他一直靠俸祿過日子，如今才「知此味」。他在高地上種小麥。一位農夫跑來告訴他，不能讓苗葉長起來，若要豐收，得讓牛羊吃吃草，作物才能長得好些。後來收成不錯，他非常感激農夫的忠告。

鄰居好友包括潘酒監、郭藥師、龐郎中、農夫古先生；還有一個嗓門大、性情跋扈、常和先生吵嘴、晚上「如豬嘶狗嗥」的農婦；黃州太守徐大受、武昌太守朱壽昌，另外還有始終陪他、相信他、與他同甘共苦的馬夢得（正卿）。東坡說，朋友們若想靠他發財，簡直像在龜背上刮羊毛，不知哪天才能織成毛氈。

「可憐馬生痴，至今誇我賢。」一位眉山來的窮學者巢谷特地來教他的小孩讀書。他到黃州第一年，太太的弟弟曾經來陪他們住一陣子，後來幾年，子由的女婿經常輪流來看他。蘇東坡又為弟弟找了一個女婿。照子由的詩看來，對方根本沒見他就一口答應了。他還引來一堆怪人，其中有兩個是道士，過著道家飄泊的日子。一位經子由介紹來找東坡，聽說已一百二十七歲，東坡對長生秘訣頗感興趣，老道士遂成爲家中的一員。第三年，詩僧參寥來陪他住了一年左右。但是他最好的朋友是陳慥，東坡年輕時曾和他父親水火不容。陳慥住在岐亭；蘇東坡曾去看過他幾次，四年內，陳慥也來找過他七回。

由於文學上的偶然，陳慥懼內的聲名竟留傳千古。陳慥字季常，至今「季常癖」仍是「懼內」的代稱。陳慥是東坡隨時可以開玩笑的朋友。在一篇戲謔詩中，蘇東坡寫道：「龍丘居士亦可憐，談空說有夜不眠，忽聞河東獅子吼，拄杖落地心茫然。」於是他懼內的典故從此確立。這首詩的含意其實頗成問題。據我們所知，陳慥在家的生活無憂無慮，浪漫又幸福。「獅子吼」一辭在佛教中代表「如來正聲」。我猜他太太嗓門很大，蘇東坡只是開開朋友的玩笑。但是「河東獅吼」至今仍是悍婦的標準形容辭。如果蘇東坡指明「母獅吼」，含意就確定多了。

蘇東坡有一個美滿的家庭，他在詩中曾自稱有一位好太太。意思是說他太太不像許多朋友和歷史上名士的太太那麼專橫。他的兒子不算出色，不過蘇邁當時也會作詩。大詩人陶潛曾寫詩悲嘆兒子不成材，說一切都是天意，他只求寄情杯中。蘇東坡說，「子還可責同元亮，妻卻差賢勝敬通。」敬通是東漢的一位學者。蘇東坡在註腳中說，「僕文章雖不逮馮衍，而慷慨大節乃不愧此翁。衍逢世祖英容好士而獨不遇，流離擯逐與僕相似。而其妻妒悍甚，僕少此一事，故有勝敬通之句。」

大約在這段期間，他收朝雲作妾。我們記得，蘇太太在杭州買朝雲當丫環的時候，她只有十二歲，照宋朝的說法，她可以算是「蘇夫人之妾」，不過這一名詞在英文中毫無意義。中國古人常把太太的丫環升爲「妾」。這種小妾是太太各方面的幫手，太太理應照顧丈夫的生活，例如備水洗澡啦，小妾就比丫環方便，不忌諱丈夫在場。現在朝雲長大了。她非常聰明，東坡的崇拜者不免把她描寫得有聲有色。有人甚至說，蘇東坡帶她回家時，她已是杭州出色的名妓。仔細研究，便知道與事實不符。照東坡的記載，朝雲到他家才學讀學寫，她受到東坡讀者的厚愛也是應該的。因為他晚年流放異地，只有她追隨在身邊。

元豐六年（一〇八三年），朝雲生了一個男孩子，名叫遯兒，小孩出生三日舉行洗禮，蘇東坡寫了一首自嘲詩。

「人皆養子望聰明，我被聰明誤一生，惟願孩兒愚且魯，無災無難到公卿。」

丈夫是好廚師，喜歡自己煮飯菜，他太太一定很高興。他曾遺憾地說，當地豬肉很便宜，可惜「貴者不肯吃，貧者不解煮。」他寫了一道燉豬肉的方子，非常簡單——加少量水煮開後，用文火燉幾小時，醬油當然是不可少的。他煮魚的方法如今在中國已十分普遍。先選一條鯉魚，用冷水洗淨，抹上鹽，裏面塞入甘藍嫩心。然後加菊花煎熟。半熟的時候放幾片薑，再灑些酒和醃蘿蔔醬，最後加幾片薄橘皮，趁熱上桌。

他還發明了一種菜羹，命名為東坡羹。這是窮人的菜餚，他曾介紹給和尚。用雙層鍋蒸飯煮菜湯，兩樣同時煮好，十分簡便。下層煮湯，先把甘藍、蘿蔔、油菜根和薺菜仔細擰乾，加點薑放入鍋內。照例加一些生米。等一鍋菜煮開，沒有辛味了，再將飯甑擱在上面。小心別讓滾湯和米接觸，蒸氣才能均勻透入四方。

在那種鄉村環境裏，他覺得自己的生活愈來愈像陶潛，他很佩服他。陶潛也因爲無法穿官袍、整官帶，對稅政司派來的小官磕頭，而辭官歸農。蘇東坡寫了一首詩，說他的前生一定是陶潛。這話若由小詩人說來未免太自負，蘇東坡說來就很自然了。他愈讀陶潛的詩，愈覺得詩中反映了他自己的情感和目前的生活。

有些樂趣只有詩人居士才能享受。陶潛辭官歸隱，曾寫了一首「歸去來兮」古賦，可惜現在唱不出來。蘇東坡每天在田裏工作，不禁重組其中的字句，配上民歌。他教農人唱，自己放下犁耙，也跟著一起唱，還用竹枝敲牛角打拍子。

蘇東坡很容易接受哲學的安慰。他在雪堂的牆壁和門板上寫了三十二個字，日夜觀賞。內容是四道警告：

「出輿入輦　蹶痿之機　洞房清宮　寒熱之媒
皓齒蛾眉　伐性之斧　甘脆肥濃　腐腸之藥」

失去塵間美好享受的人有福了！就是這種幽默感使蘇東坡能到處得到快樂與滿足。後來他被逐海外，沒有藥品也沒有醫生，他對朋友說：「我想到京師每年有多少人死在大夫手中，覺得自己真幸運。」

蘇東坡自覺辛勞沒有白費，心裏很快活。他寫道，「某現在東坡種稻，勞苦之中亦自有樂事。有屋五間，果丈十數畦，桑百餘本。身耕妻蠶，聊以卒歲也。」

現在蘇東坡自食其力，心滿意足。我們今天覺得和他很親切，就因爲他有慈悲的信仰。該地溺嬰的惡俗使他深受震撼。他寫了一封信給武昌太守，一信値千金，不是因爲文筆動人，而是因爲內容可貴。我不懂史維夫特怎麼會說嬰兒肉是貴族的佳餚，也是大舉殺嬰的有利計畫，雖然他語含譏諷，我仍覺得意外，史維夫特純粹是開玩笑，不過這種惡劣的玩笑蘇東坡一定不懂。蘇東坡聽當地文人提到本區殺嬰的習慣，立刻寫信給朱太守，並派一位朋友去見他。

「上鄂州太守朱康叔（壽昌）

軾啓：

昨日武昌寄居王殿直天麟見過。偶說一事，聞之辛酸，為食不下。念非吾康叔之賢，莫足告語，故專遣此人。俗人區區，了眼前事，救過不暇，豈有餘力及此度外事乎。

天麟言岳鄂間田野小人，例只養二男一女，過此輒殺之。尤諱養女，以故民間少女多鰥夫。初生輒以冷水浸殺，其父母亦不忍，率常閉目背向，以手按之水盆中，咿嚶良久乃死。有神山鄉百姓名石揆者，連殺兩子。去歲夏中，其妻一產四子。楚毒不可堪忍，母子皆斃。報應如此，而愚人不知創艾。天麟每聞其側近者有此，輒往救之，量與衣服飲食，全活者非一。既旬日，有無子息人欲乞其子者，輒亦不肯。以此知其父子之愛，天性故在，特牽於習俗耳。

聞鄂人有秦光亨者，今已及第，為安州司法。方其在母也，其舅陳遵夢一小兒挽其衣，若有所訴。比兩夕輒見之，其狀甚急。遵獨念其姊有娠將產，而意不樂多子，豈其應是乎。馳往省之，則兒已在水盆中矣，救之輒免。鄂人户知之。

準律故殺子孫，徒二年，此長吏所得按舉。願公明以告諸邑令佐，使召諸保正，告以法律，諭以禍福，約以必行，使歸轉以相語。仍錄條粉壁曉示，且立賞召人告官賞錢，以犯人及鄰保家財充。若客户則及其地主。婦人懷孕，經涉歲月，鄰保地主無不知者。其後殺之，其勢足相舉覺，容而不告，使出賞固宜。若依法律行遣數人，此風便革。

公更使令佐各以至意，誘諭地主豪户。若實貧甚不能舉子者，薄有以賙之。人非木石，亦必樂從。但得初生數日不殺，後雖勸之使殺，亦不肯矣。自今以往，緣公而得活者，豈可勝計哉。佛言殺生之罪，以殺胎卵為重。六畜猶爾，而況於人。俗謂小兒病為無辜，此真可謂無辜矣。悼耄殺人猶不死，況無罪而殺之乎。公能生之於萬死中，其陰德十倍於雪活壯夫也……

軾向在密州遇饑年，民多棄子。因盤量勸誘米，得出剩數百石別儲之，專以收養棄兒。月給六斗。比朞年，養者與兒，皆有父母之愛，遂不失守。所活者亦數十人。此等事在公如反手耳。恃深契故不自外，不罪不罪，此外惟為民自重。不宣。軾再拜。」

他自己還成立救兒組織，請附近誠實博愛的古先生擔任會長。該會向富人捐得不少錢財，請他們一年各出十緡以上，用來買米、買布、買棉被。古先生管錢，安國寺的一位和尚管帳。他們到鄉村調查即將生產的婦女，只要她們肯養小孩，就送錢送米送布給他們。蘇東坡說，一年若能救下一百個嬰兒，也就功德無量了，他自己每年捐十緡錢。他正在推行佛家最好的傳統。

我總覺得，只要人道精神長在，宗教就復活了。人道精神一死，宗教也隨之衰微。

第十六章　赤壁賦

現在蘇東坡過著快活的日子。黃州雖是貧瘠的小鎮，但是萬縷閒情、風光、詩人敏感的想像力、月光美酒卻混合成強大的魅力，使東坡活得很詩意。農田墾好，他衣食無憂，他開始享受每天的趣味。他有一群朋友，大家都和他一樣自由，一樣口袋空空卻悠閒無比。有一位怪人李嵓，若非蘇東坡記下他能睡的本事，後代沒有人會知道他。

午飯後朋友們都在下棋，李嵓躺在椅子上呼呼大睡。每隔幾盤，他就醒來說，「我睡了一回合。你們下了幾盤啦？」蘇東坡在文章裏說，李嵓一個人玩四腳棋盤（床）一黑子（睡仙）的遊戲。「著時自有輸贏，著了並無一物。」

這是幻夢的生活，蘇東坡說歐陽修這一首詩形容得最好：

「夜涼吹笛千山月，路暗迷人百種花。棋罷不知人換世，酒闌無奈客思家。」

蘇東坡兼住農莊雪堂和城內的臨皋亭，每天來回跑。不到三分之一哩的路程變成歷史上最受歌頌的髒泥路。走過城內的小店，就來到黃泥坂，通向綿延的山麓。除了綠樹綠竹，一切似乎都是黃的。他在徐州建了黃樓。如今住在黃州，每天穿過黃泥坂到黃崗的東坡去。他脫下文人的衣帽，換上普通農夫的衣裳，一般人都不認識他。他每天走這段路。種田的空檔中，他常回城內小醉一回，躺在草地上睡覺，傍晚等好心的農友叫醒他。有一天他喝醉了，就寫下一首浪民狂想曲，名叫「黃泥坂詞」，後半部如下：

「朝嬉黃泥之白雲兮，暮宿雪堂之青煙。喜魚鳥之莫余驚兮，幸樵叟之我嫚。初被酒以行歌兮，忽放杖而醉偃。草為茵而塊為枕兮，穆華堂之清晏。紛墜露以濕衣兮，升素月之團團。感父老之呼覺兮，恐牛羊之予踐。於是蹶然而起，起而歌曰，月明兮星稀，迎余往兮餞余。歸歲既晏兮草木腓。歸來歸來，黃泥不可以久嬉。」

但是他和酒友夜遊卻產生了幾則有趣的謠言，傳遍當地與京師。多虧他愛月愛酒，這種生活使蘇東坡寫出了最好的散文和詩篇，他在「牛肉與酒」中，寫下一次頗不平凡的夜遊。

「今日與數客飲酒而純臣適至。秋熱未已而酒白色，此何等酒也，入腹無贓，任見大王。既與純臣飲，無以侑，西鄰耕牛適病足，乃以為肉，飲既醉，遂從東坡之東直出春草亭而歸。詩已三更矣。」

當代有人說，春草堂就在城牆外，由這篇文章可見蘇東坡喝了私酒，殺了農夫的水牛，半夜醉醺醺爬過城牆。「難道純臣爲人也不可信任？」

另外一次夜遊把太守嚇壞了。他在江上小船中喝酒。晚上夜空很美，他靈感大發：

「夜飲東坡醒復醉，歸來彷彿三更。家童鼻息已雷鳴，敲門都不應，倚杖聽江聲。長恨此身非我有，何時忘卻營營，夜闌風靜縠紋平，小舟從此逝，江海寄餘生。」

第二天謠言紛起，說東坡到江畔寫了這首告別詞，就乘船逃走了。謠言傳到太守那兒，他嚇得要命，因爲他有責任不讓蘇東坡離開黃州。他立刻出去找，發現東坡還在睡覺，鼾聲如雷，最後這個謠言傳到京師，連皇帝都聽到了。

第二年又起了一個更嚴重的謠言。蘇東坡手臂有風濕。後來右眼也受影響，他一連閉門數月，誰也沒看到他。這時候，散文大師曾鞏在別的地方去世，傳說蘇東坡和他同一天被召回天庭。皇帝聽到傳說，就找一個和東坡有親戚關係的大官來問話，這位大官說他也聽到了，但不知道真相如何。皇帝正在吃午飯，一口也吃不下。他嘆口氣說了一聲「才難」就離開餐桌。范鎮也聽到謠言，痛哭失聲，叫家人送奠儀到蘇家。他轉念一想，還是先派一個朋友到黃州去看看。這時候他才知道傳聞不實，原來是蘇東坡閉門數月，沒有人看見他，才有這個說法。蘇東坡回信給范鎮說，「平生所得毀譽，皆此類也。」

解放的生活使他的心靈產生蛻變，又反映到作品中。刻薄的諷刺、尖銳的筆鋒、一切激情與憤怒都過去了，代之而起的是光輝、溫暖、親切、寬容的幽默感，絕對醇美，完全成熟。哲學的價值就是教人笑自己。就我所知，動物只有猩猩會笑，但是我相信只有人才會笑自己。不知道這能不能稱爲神祇的笑容。希臘諸神充滿人性的錯誤和缺點，他們一定常常有機會自嘲一番；但是基督教的上帝或天使太完美了，不可能這樣做。把這種自嘲的特色稱爲墮落人類獨一的美德，該算是一大恭維吧。

蘇東坡鬆弛自在時所寫的小筆記最能表現出這種成熟的幽默感。他開始在筆記中寫下許多不連貫的短箋，不含道德訓示，也沒有什麼作用，卻是他最受歡迎的作品之一。有一篇談到他貧窮的現狀和一位經常追隨他的人。「馬夢得與僕同歲月生，少僕八日。是歲生者無富貴人，而僕與夢得爲窮之冠。即吾二人而觀之，當推夢得爲首。」

有一篇故事提到兩個乞丐：

有二措大相與言志。一云『我平生不足惟飯與睡爾。他日得志，當飽吃飯了便睡，睡了又吃飯。』另一云『我則異於是，當吃了又吃，何暇復睡耶。』

任何情況下，幸福都是一種秘密。但是研究蘇東坡的作品，就不難探出他幸福的奧秘了。這位慷慨的天才對世人的貢獻遠超過他從世上收取的一切，他到處捕捉詩意的片刻，化爲永恆，使我們大家都充實不少。他現在過的浪民生活很難視爲一種懲罰或拘禁。他享受這種生活，寫出了四篇巨作：短詞「大江東去」，兩篇月夜訪「赤壁」的文章，以及「承天夜遊」。難怪敵人要妒恨他，把他送入監獄。

兩篇月夜記遊的文章是以「賦」體寫成的。蘇東坡完全靠音調和氣氛寫作。這兩篇文章流傳千古，因爲短短幾百個字就道出了人在宇宙中的渺小，同時又說明人在此生可以享受大自然無盡的盛宴，沒有人寫得比他更傳神。雖然不押韻，只運用靈活的語言，他卻創造出普遍的心境，無論讀者讀多少遍，還是具有催眠般的效果。此處道出人類在浩瀚宇宙中的渺小，效果可比美國畫中的山水畫。我們只看到一點點風景的細節，隱在空白的水天內，兩個小人影在月夜閃亮的河上泛舟。從此，讀者就迷失在那片氣氛裏。

蘇東坡和川籍的道人楊世昌秉燭夜遊。那是七月的仲夏夜。清風徐來，水波不興。東坡與友人喝酒吟唱。不久月亮出來，徘徊在北斗星和天牛星之間。白霧籠罩著江面，水光和月夜的霧氣連成一片。他們乘小舟飄過白茫茫的大江，彷彿在空中航行，不知目的地何在。他們開始唱歌，同時敲船舷打拍子。

「桂棹兮蘭槳，擊空明兮泝流光，渺渺兮予懷，望美人兮天一方。」

他的朋友擅於吹簫，蘇東坡陪著哼唱。曲調很特別，如怨如慕，如泣如訴，餘音嫋嫋。另一條船上的孀婦感動得哭起來，連水中的魚兒也爲之動容。

蘇東坡很難過，問朋友這支曲子爲什麼那麼悲哀。朋友說，「你不記得赤壁下的歷史？」一千年前赤壁之戰在此發生，決定了三國的命運。蘇子難道不能想像曹操戰艦如林，由江陵而下的盛景？曹操也是詩人。蘇子難道不記得他「月明星稀，烏鵲南飛」的詩篇？「而今安在哉？吾與子駕一葉之扁舟，舉匏尊以相屬。寄蜉蝣於天地，渺滄海之一粟。哀吾生之須臾，羨長江之無窮。挾飛仙以遨遊，抱明月而長終。知不可乎驟得，託遺響於悲風。」

蘇東坡開始安慰他的朋友：「客亦知夫水與月乎。逝者如斯，而未嘗往也。盈虛者如彼，而卒莫消長也。蓋將自其變者而觀之，則天地曾不能以一瞬。自其不變者而觀之。則物與我皆無盡也。而又何羨乎？且夫天地之間，物各有主，苟非吾之所有，雖一毫而莫取。惟江上之清風，與山間之明月，耳得之而為聲，目遇之而成色，取之無禁，用之不竭，是造物者無盡藏也。而吾與子之所共適。」

聽到這句話，他的朋友微笑了。他們又洗杯洗碗大吃一頓。吃罷也不清理杯盤，倒頭就睡，不知道東邊已露出曙光。

過了三個月，蘇東坡十月裏又寫了「後赤壁賦」，仍是滿月，蘇東坡和兩個朋友從雪堂出來，要到臨臯亭去。路上經過黃泥坂。地上灑滿白霜，樹枝光禿禿的。他們看到地上的人影，抬頭望見明月，竟被夜色迷住了，開始輪流唱歌。朋友開腔了：「有客無酒，有酒無肴，月白風清，如此良夜何？」「今者薄暮，舉網得魚，巨口細鱗，類似松江之鱸。顧安所得酒乎？」蘇東坡決定回家請太太弄些酒菜來，他太太說，家有斗酒，藏了好一段日子了。於是大家帶著魚和酒，又乘船到赤壁之下。水位已降，江面石頭一一露出來，赤壁高高立在岸邊。風景變化太大，蘇東坡幾乎認不出來。他興緻勃勃叫朋友們陪他登赤壁，朋友拒絕，他就一個人攀登，把衣裳撩起，小心繞過矮樹和荆棘，終於爬到崖頂，有兩隻烏鴉在那兒作窩。他站在巖頂上，對夜空長嘯，回聲響徹山谷。突然他覺得飄飄欲仙，不知道身在何處，一股悲哀襲來，他覺得不能待太久。便回到船上，任船隻隨風飄泊。

正當午夜，四顧寂寥。兩隻孤鶴由東方飛來，白色的羽毛有如仙人的白衣。鳥兒戛然長叫，由舟頂向西飛，蘇東坡不知有什麼預兆，不久各自回家，他上床做了一個夢。夢見兩個道士身穿羽衣。認出是他，就問他赤壁之遊如何，東坡問他們的姓名，他們不肯說。東坡猜想：「嗚呼噫嘻，我知之矣，疇昔之夜，飛鳴而過我者，非子也耶？」道士笑笑，東坡就醒了。他開門看看，眼前只見空空的街道，什麼也沒有。

由這篇文章看來，蘇東坡建立氣氛的方法是提出另一個世界——道家仙人的夢境（白鶴便是傳統的象徵），使讀者搞不清楚蘇東坡在描寫什麼境界。依照中國人的信仰，此生只是我們在地球上暫時的存在，我們前生很可能是仙人，來世也會再度成仙，只是我們不知道罷了。

大約這個時候，蘇東坡又寫了一篇月夜漫遊的短記。描寫他有一天晚上睡不著，起身到臨皋亭附近的承天寺漫步賞月。這篇文章已列為經典之作，由於漫不經心的魅力而頗受讚賞。

記承天夜遊

元豐六年十月十二日夜，解衣欲睡，月色入户，欣然起行。念無與樂者，遂至承天寺尋張懷明。亦未寢，相與步於中庭。庭下如積水空明，水中藻荇交横，蓋竹柏影也。何夜無月，何處無竹柏，但少閑人如吾兩人耳。

本文奇短，卻是瞬間佳境最敏感的記錄。我們若相信蘇東坡文體天成的理論，認為一個人的文風只是心靈自然的流露，我們就可以看出他先得有那份心境，才能寫出完美安詳、單純自足的作品。我們下一章再看看他如何培養心靈的沉著和冷靜。

〔附錄〕前後「赤壁賦」原文。

赤壁賦

壬戌之秋。七月既望。蘇子與客泛舟遊於赤壁之下。清風徐來。水波不興。舉酒屬客。誦明月之詩。歌窈窕之章。少焉。月出於東山之上。徘徊於斗牛之間。白露橫江。水光接天。縱一葦之所如。凌萬頃之茫然。浩浩乎如馮虛御風。而不知其所止。飄飄乎如遺世獨立。羽化而登仙。於是飲酒樂甚。扣舷而歌之。歌曰。桂棹兮蘭槳。擊空明兮泝流光。渺渺兮予懷。望美人兮天一方。客有吹洞簫者。倚歌而和之。其聲嗚嗚然。如怨如慕。如泣如訴。餘音嫋嫋。不絕如縷。舞幽壑之潛蛟。泣孤舟之嫠婦。蘇子愀然。正襟危坐而問客曰。何為其然也。客曰。月明星稀。烏鵲南飛。此非曹孟德之詩乎。西望夏口。東望武昌。山川相繆。鬱乎蒼蒼。此非孟德之困於周郎者乎。方其破荊州。下江陵。順流而東也。軸轤千里。旌旗蔽空。釃酒臨江。橫槊賦詩。固一世之雄也。而今安在哉。況吾與子漁樵於江渚之上。侶魚蝦而友麋鹿。駕一葉之扁舟。舉匏尊以相屬。寄蜉蝣於天地。眇滄海之一粟。哀吾生之須臾。羨長江之無窮。挾飛仙以遨遊。抱明月而長終。知不可乎驟得。託遺響於悲風。蘇子曰。客亦知夫水與月乎。逝者如斯。而未嘗往也。盈虛者如彼。而卒莫消長也。蓋將自其變者而觀之。則天地曾不能以一瞬。自其不變者而觀之。則物與我皆無盡也。而又何羨乎。且夫天地之間。物各有主。苟非吾之所有。雖一毫而莫取。惟江上之清風。與山間之明月。耳得之而為聲。目遇之而成色。取之無禁。用之不竭。是造物者之無盡藏之。而吾與子之所共適。客喜而笑。洗盞更酌。肴核既盡。杯盤狼藉。相與枕藉乎舟中。不知東方之既白。

後赤壁賦

是歲十月之望。步自雪堂。將歸于臨皋。二客從予過黃泥之坂。霜露既降。木葉盡脫。人影在地。仰見明月。顧而樂之。行歌相答。已而歎曰。有客無酒。有酒無肴。如此良夜何。客曰。今者薄暮。舉網得魚。巨口細鱗。狀似松江之鱸。顧安所得酒乎。歸而謀諸婦。婦曰。我有斗酒。藏之久矣。以待子不時之需。於是攜酒與魚。復遊於赤壁之下。江流有聲。斷岸千尺。山高月小。水落石出。曾日月之幾何。而江山不可復識矣。予乃攝衣而上。履巉巖。披蒙茸。踞虎豹。登虬龍。攀栖鶻之危巢。俯馮夷之幽宮。蓋二客不能從焉。劃然長嘯。草木震動。山鳴谷應。風起水涌。予亦悄然而悲。肅然而恐。凜乎其不可留也。反而登舟。放乎中流。聽其所止而休焉。時夜將半。四顧寂寥。適有孤鶴。橫江東來。翅如車輪。玄裳縞衣。戛然長鳴。掠予舟而西也。須臾客去。予亦就睡。夢二道士。羽衣翩僊。過臨皋之下。揖予而言曰。赤壁之遊樂乎。問其姓名。俛而不答。嗚呼。噫嘻。我知之矣。疇昔之夜。飛鳴而過我者。非子也耶。道士顧笑。予亦驚悟。開戶視之。不見其處。

第十七章 瑜珈與煉丹

蘇東坡曾說「未有天君不嚴而能圓通覺悟者。」佛道解脫始於心靈的自律。要得到精神的寧靜（佛家認為這就是解脫）必須先克服恐懼、憤怒、憂愁等情緒。東坡住在黃州期間，開始研究佛家和道家思想，使他往後的想法和作品更加添了一番色澤。他潛心於靈魂的奧秘。他自問，人如何達到心靈的平安？印度瑜珈術和道家秘術都提出特定的心靈控制法，可以穩定情緒，改善身體的健康，未來甚至有長生不老的可能。蘇東坡深信精神的不朽，但是身體的不朽又如何呢？他漸漸對長生之道發生興趣。身心的不朽無法分割，因爲身體無論由哪一方面看來，都只是臭皮囊而已。如果心靈仔細培養，將來自會甩下暫時的軀殼，翺翔到心靈界中。此外，身體不朽至少有一個可行的目標，先防止衰老，延長壽命。

所謂長生術包含瑜珈、佛教、道教、中國醫藥傳統中的許多要項、目標和原理。作用分身心兩方面。身體上是求健康紅潤，加強組織與活力、消除慢性病；精神上是建立穩定的心智和情緒，放鬆精神的力量。簡樸的生活加上某些中藥的幫助，可返老還童，得享長壽，這和道家不朽的藝術自然而然融成一體。簡單地說，這種藝術就叫「養生」和「煉丹」。「丹」分內外兩面；「內丹」是道家要煉的丹田之氣，「外丹」是中國煉丹家尋找的一種靈藥，吃下去就可昇天，說不定會騎仙鶴上去。外丹最重要的元素就是汞合金。這一方面，長生術和煉金術完全混爲一談，與歐洲煉金術一樣。當然啦，對哲學家來說，人若能長生朗健，又有金子可花，昇天倒在其次了。人對上蒼還有什麼要求呢？

蘇東坡的弟弟比他先練瑜珈術，照子由的記載，遠在熙寧二年（一〇六九年）就開始了。他向黎道士學，黎道士曾經吹「氣」入東坡的次子腹中，醫好他的疾病。子由到淮陽送哥哥去黃州，東坡發現他紅光滿面，別有一番新氣息。子由童年多病，夏天消化不良，秋天咳嗽，藥石都沒有效。現在他說，他照瑜珈行深呼吸，集中注意力，身體已經好了。東坡到黃州之後，除了勤讀佛經，也在一座道觀中閉門養息四十九天，由元豐三年（一〇八〇年）冬至開始。我們由他的「安國寺記」看出他學佛家默坐。另一方面，他自閉於天慶觀，一定是爲了齋戒、深呼吸。說也奇怪，這一套雖然是佛家僧侶由印度傳進來的，在道家卻比佛家更發達。同時他寫信給武昌太守，向他要朱砂的方子，有一首詩中也說他在臨皋亭設置別室，專放丹爐。

他給王鞏的信最能道出修煉的面面觀。

「安道軟朱砂膏，某在湖親服數兩，甚覺有益利，可久服。子由昨來陳相別，面色殊清潤，目光炯然。夜中行氣腹臍間，隆隆如雷聲。其所行持亦吾輩所常論者，但此君有志節能力行耳。粉白黛綠者俱是火宅中狐狸射干之流，願公以道眼照破。此外又有事須少儉嗇……

近有人惠大丹砂少許，光彩甚奇。固不敢服，然其人教以養火觀其變化，聊以悅神度日，賓（**廣西賓州，王鞏現居該地**）去桂不甚遠，朱砂差易致。或為置數兩，因寄及。稍難即罷，非急用也。窮荒之中恐有一奇事，但以冷眼陰求之。大抵道士非金丹不能羽化，而丹材多在南荒。故葛稚川（葛洪）求岣嶁令，竟化於廉州，不可不留意也。陳璨一月前直往筠州見子由，亦粗傳要妙。云非久當來此。此人不唯有道術，其與人有情義。道術多方，難得其要，然某觀之，難靜心閉目，以漸習之，似覺有功。幸信此語。使氣流行體中，癢痛安能近人也？」

印度瑜珈術被中國道士所吸收，遠比中國佛教徒更甚，道理很簡單。雖然佛教有禪宗，專行默想，是印度佛教和中國道教的混合產物。但是道教徒卻有吸收瑜珈術的自然背景。道家強調自然的沈思；簡化人生需求而達到心靈的平靜，尤其追求永生，在道家「莊子」一書中，我們發現有幾句話勸人專心、默想，甚至「內省於心」，這些都是印度教的特色。即使我們承認這些段落是後人加上去的，最遲也在三、四世紀左右。

沒有一個門派如此密切把宗教和體育訓練交織在一起。瑜珈術教人由控制身心而達成宗教神秘的領悟。範疇從控制反射作用和不隨意肌到開啟深層的精神力。無所不包。益處可分身心兩方面。由於採用某些姿勢，又由默想控制了呼吸，信徒達到一種精神境界，先是宇宙萬事的知覺逐漸消失，最後心靈完全失去主觀客觀的對立感，進入渾然的真空狀態，感受到狂喜的幸福。瑜珈門徒承認，這種幸福的真空狀態只是暫時性的。除了死亡也不可能永久得到；然而，這種恍惚的幸福感太愉快了，他們都想盡量多重溫幾次。現在練瑜珈術的印度人和中國人都自承身體比以前健康，心靈更平靜，情緒更均衡。中國修行者有時候不知道這就叫瑜珈，卻用「打坐」「內省」「沈思」等佛道名詞來稱呼。「孔雀姿」「魚姿」等扭曲身體的怪姿態自然為中國文人所摒棄，認為太辛苦，蘇東坡只採用舒服的姿勢，這也可以算是中國人對瑜珈的貢獻。

我們對一般的瑜珈術不感興趣，專談蘇東坡元豐六年（一〇八三年）所描述的瑜珈訓練。他讀了不少佛家和道家經典，經常和道士僧侶討論。他學弟弟的榜樣，開始漸漸注重呼吸和心靈的控制。他愛弄長生藥，不過就算不實現此一目標，身體健康，心靈平靜也就很不錯了。我們要記得，中國人的攝生觀念和西方雖然原則上沒有差別，實行起來卻不一樣。中國人覺得，我們不該打球、追球、耗費體力。這樣違反養生——保持精力——之道。瑜珈提出了中國人最能接受的身心保養法，因為瑜珈的本質就是休息，有計畫、有意識的休息。它不但教人按時控制呼吸，採用休息的姿勢，甚至想絕滅我們靜坐在沙發上難免會有的心靈活動。瑜珈整個的作用以簡單、非技術性的名詞來形容，就是努力少想少想，最後終於什麼也不想。最後的境界當然最難。首先要專注於一點——這已經夠難了，因為腦袋自然而然會由一個思緒轉到另一個相關的思緒。不過這只是低層階段，進一步要由專心一物達到無目標的沈思，最後才達到恍恍惚惚的幸福境界。

瑜珈的特色是讓身心完全休息，同時控制呼吸，增加吸氧量，兩者相輔相成。這是最理想的辦法，有了輕鬆的胃，完全鬆弛的姿勢，再行深呼吸，身體必能得到多餘的氧；卻不須浪費精力。運動就不同了。因此，晚上全家靜悄悄時來練，心靈可感受到身體內部的功能，這也並非不可思議。因為到最後幾個階段，心靈脫離身體，變成旁觀者。在更微妙的階段中，心靈甚至想觀察它自己在思緒與思緒間空白的片刻。最後腦中毫無念頭，可以察知精微的原子物質，去除一般個體、自我的觀念，這個階段被各種宗教加上不同的解析。一種說法是個人靈魂和世界靈魂的統一，這是印度教一切修行的目標，不過無論宗教說法如何，瑜珈心態類似睡眠和自我暗示，只是心靈完全意識到自己的存在，能控制反射作用，而且修練的人完全記得此一狀態中發生的事情。

蘇東坡描述自己修行的經驗，洩露了不少瑜珈的特性。他控制呼吸，大約脈搏跳五次算一循環，吸、停、吐的比率是一：二：二。停止呼吸最長的時間是「閉一百二十次而開，蓋已閉得二十餘息也」，照印度教的標準，大約一百四十四秒。他像瑜珈信徒，計算自己的呼吸圈，說他有一段時間呼吸控制——吸氣吐氣的比率規則——完全自動化了。在集中注意力方面，他把思緒凝在鼻尖上（觀鼻），這一定是瑜珈。他還描寫一種瑜珈著名的感覺，心靈完全休息加上內在知覺的銳化，他察覺脊椎骨到大腦的顫動，還有全身毛髮在毛囊中的生長。最後，他在「養生論」中形容此一運動所帶來的幸福狀態和心靈平衡的好處。

在心靈方面，他的修行也屬瑜珈術。他寫一張短箋給弟弟，描述正統瑜珈默坐的目標。他認爲真正領悟真理、上帝或世界靈魂是解除感官知覺的結果，不是看見什麼，而是什麼也看不見的狀態。

「任性逍遙，隨緣放曠但凡盡心，別無勝解。以我觀之，凡心盡勝解卓然。但此勝解不屬有無，不通言語，故祖師教人到此便住。如眼翳盡，眼自有明，醫師只有除翳藥，何曾有求明藥。明若可求，即還是翳……夫世之昧者便將頹然無知認作佛地。若此是佛，貓兒狗兒得飽熟睡，腹搖鼻與土木同當，恁麼時可謂無一毫思念，豈謂貓兒狗兒亦已入佛地……今日鬧裡捉得些子意何。……元豐六年三月二十五日。」

就我所知，蘇東坡給瑜珈術帶來純中國式的特質。他不但去除瑜珈中彎腰、曲腿、彎頸等大動作，還加上定時呑唾液等純道家的生理心得。他上書給張方平，介紹自己的修行法，內容如下：

「每夜以子後披衣起，面東若南。盤足叩齒三十六通。握固閉息，內觀五臟，肺白肝青脾黃心赤腎黑。次想心為赤火，光明洞澈，下入丹田中。待腹滿氣極，即徐出氣，惟出入均調，即以舌接唇齒，內外漱鍊精液，未得嚥。復前法閉息內觀。納心丹田，調息漱律，皆依前法。如此者三。津液滿口，即低頭嚥下，以氣送入丹田。須用意精猛，令津與氣谷谷然有聲。徑入丹田，又依前法為之。凡九閉息三嚥津而止。然後以左右手熱摩兩腳心，及臍下腰脊間，皆令熱徹。次以兩手摩熨眼面耳項，皆令極熱。仍案捉鼻樑左右五七下。梳頭百餘梳而臥，熟寢至明。」

呑口水是根據下列的生理推論，與道家五行的宇宙論息息相關。我們聽來覺得不可思議。此一宇宙論的信徒卻認爲蠻有道理的。蘇東坡在他最難懂的散文「續養生論」中闡析古人「龍從火裡出」「虎向水中生」的深奧理論。蘇東坡認爲，我們隨時在消耗精力，方式有二：一是火，包括嗔、愛、愁等一切情緒干擾。二是水，包括汗、淚、屎尿等等。依據道家的宇宙論，「虎」代表火，「龍」代表水。心控制火，腎表現水性。蘇東坡說，火代表正氣；因此人心控制身體的時候，行爲自然正直無欺。反過來說，一個人的機能受腎——中文包括性器官①——操縱，就容易做出不道德的行爲。腎控制身體，我們就會屈從各種獸性的欲望。於是「龍出於水」，浩然之氣全毀。另一方面，我們會屈從心火的情緒波動。我們生氣便吵架，悲哀失望就跺腳，快樂就大唱大跳。情緒一激動，體力就被心火燒光，「虎生於火」。照蘇東坡的說法，這兩種破壞精力的舉動都是「死之道也」。我們應該憑精神力量把水火的正常功能倒過來。吞唾液就是努力把心火推往腎的方向。

除了這些，道士還不斷追求「外丹」，又叫「方士丹」，也就是長生不老藥。中國道士和歐洲煉金家一樣，尋找方士丹的目標有二，一是把卑金屬化爲黃金，一是返老還童。他們和歐洲煉金家一樣，也用汞合金來進行。因爲水銀性質獨特——有金屬光澤，重量大，比重與金差不多（**原子重各為二百和一百九十七**），比一般金屬流動性大，容易和金、銅等物接觸混合，可化爲氣體、粉粒和液體——此一元素自然而然吸引東西方煉金者的注意，認爲最適合造假金子。

可能蘇東坡時代的中國煉金術大部分受阿拉伯人影響，歐洲也一樣。不過遠在漢朝，中國人就有造金成功的記載，我想一定是由黃金的合金提煉出來的。西元四世紀有一個道士名叫葛洪，他曾提到用金、汞屬性尋找長生不死公式的藝術。葛洪說，「凡草木燒之即燼，而丹砂燒之成水銀。積變又還成丹砂。其去凡草木亦遠矣，故能令人長生。」他認爲丹分九品，依照煉丹過程而有不同的效力。最好的一種能使人三日「成仙」，最差的要三年。煉丹的原料是朱砂、白礬、雄黃（**三硫化砷**）、磁石和曾青。

《春渚紀聞》的作者何薳——他父親曾由蘇東坡推薦官職——在書中用一整章的篇幅來介紹長生藥的故事，當時這一套非常流行。何薳提到的名字有些早已盡人皆知，有些是何氏的親戚，有一兩件事他曾親眼看過。這本書和《蘇沈良方》（**掛名蘇東坡和沈括合著的藥書**）都介紹了煉丹的方法。看看這些故事和公式，我們可以得到下列的印象。首先要有「丹爐」。然後煉丹家用水銀、硫磺、銅、銀、砷、合金、硝酸鹽或硝石來進行。他們可能還搞硫化金。硫化汞（辰砂）和硫化金都可以做紅顏料，各種汞合金還被當做藥物來服。根據當時不正確的記載，傳說很多道士都有化銅爲金的良方。一定是有人造出紫紅色的金化合物，鑄成各種器皿，大賺了一票。也可能有些道士把水銀抹在銅上，當做銀子流通到無知人民手中。他們融合金汞，這倒十分容易。他們還把硫汞混合，稱爲「黃金」，又說是「死硫」。

有一則故事說，一位僧侶真的造出純金，通過京都黃金商人的考驗。由何蘧的描寫看來，我相信這個道士是由金礦煉出純金。問題是道士說此礦是銅，所以化銅爲金的傳說才那麼引人注目。他還向何蘧的親戚表演煉金的過程。他說這是銅礦，他不帶純銅而帶銅礦是怕旅途中被人偷走。此礦在火上加熱，卻不融化。然後他丟一小粒白粉到鍋中，結果純金就出現了。

道士的經歷如下：多年前他和兩個朋友決定分道揚鑣，十年後約好在某地見面。他們要出去尋找「方士丹」，見面再把秘訣告訴朋友。發現良方，如今正在說故事的人已當了道士，沒有變成富商，以下是事情的經過。

「出豐樂橋，三人者次第俱集，相待甚歡。劇飲數日，各出所得方訣參較之。內一節法差似簡易，即試之而銅色不盡。一人曰『我於成都藥市遇一至人，得去暈藥。』彼云『奇甚，而我未試也。』因取同烹而色益黃。謂藥少未至。增藥再烹，及出坯中則真金也。

更相驚喜袖市肆中云良金也。眾復相與謀曰『常聞京師欒家金肆為天下第一。若往彼市之無疑，則真仙秘術也。』複被而行至都，以十兩就市。欒氏取其家金較之則體柔而加紫焰，即得高值以歸。時共寓相國寺東客邸中。復相慶曰『我輩窮訪半生，今幸遇此，可安心養道矣。萬一未能免俗，則飲酒食肉可畢此生。今當共作百兩分以別。』

即市半邊官醞大嚼餔飲而烹銅。不虞銅汁濺發，火延于屋，風勢暴烈不可救。撲火馬四至，三人者醉甚，而我獨微醒，徑破煙焰從稠人中脱命而出，懼有捕者，素善泅，即投汴水順流而下，度過國門下鎖始敢登岸，方在水中即悔過祈天，且誓為僧及不復再作。或遇幹大緣事不能成就，當啓天為之，不敢毫髮為己用，況敢傳人乎。若首座有未了緣事可與眾集福者，我當分藥點治。雖百兩不斬也。其徒三人，一人醉甚不支，一焚死，一人就捕受杖，亦不日而卒。」

蘇東坡特別注意各種硫化汞藥劑。他實驗很小心，因為大家都認為水銀有毒。由於秘方的神秘性，誰也不知道水銀劑含有什麼。當代有人記載說，有一個人好心要在皇帝面前吞服汞合金，結果中毒而死；也許他要服氯化亞汞，卻誤吞了氯化汞吧。此外，道士還實驗硝石、硝磺等化學物：甚至由鐘乳石提出石灰來吃；有時候「致生潰瘍」。蘇東坡自己也吃兩種仙人的食品；茯苓和胡麻。胡麻油脂豐富，含有定量的蛋白質，稍具營養，不過我相信這兩樣東西被當做「仙食」，主要是因為道士住在山頂，沒有別的東西可吃，植物愈是長在偏遠地區，和穀類差別愈大，就愈容易被人當做仙人的食品。

蘇東坡寫過兩則關於煉丹的筆記，一個叫「陽丹」，一個叫「陰丹」。陰丹由頭胎生兒子的母親奶水提煉而成。把奶汁放在溫火上用銀汞合金的鍋子慢慢加熱，並且用同一質料的湯匙緩緩攪動，最後結塊就可做成丹丸。陽丹由尿蛋白的尿素做成。這種蛋白沈澱物經過一次又一次淨化的過程，終於變成白色無味的粉末，然後加棗肉做成丸子，空腹用酒送服。

蘇東坡到老還在尋找方士丹，不過他對不朽的問題始終維持相當的理智。所有道家仙人都去世了；至少他們總留下一個軀殼，雖然理論上他們可以羽化，四周無人的時候，他們可以騎鶴升天，或者化爲仙鶴，只留下不相關的屍體。這具肉身有如蟬蛇的乾皮，他們奇怪的死法叫做「蟬蛻」。但是蘇東坡要看真正不死的人。

「自省事以來，聞世所謂道人有延年之術者，如趙抱一、徐登、張元夢皆近百歲，然竟死與常人無異。及來黃州，聞浮光有朱元經尤異。公卿尊師之者甚眾。然卒亦死。死時中風搐搦，但實能黃白。有餘藥金，皆入官。不知世果無異人耶。抑有而人不見。此等舉非耶。不知古所記人虛實，無乃與此等不大相遠，而好事者緣飾之耶。」

除了白白尋找方士丹之外，我想道士教人的養生法和現代醫生的忠告也沒有太大的分別。忘掉追求永生的念頭。剩下的便是節制、簡化生活、工作適度、休息適度、不憂慮、避免各種情緒干擾等原則。換句話說，我們總是回頭遵照常識的指導。蘇東坡由古書上摘取四道生活規則來表示他簡化生活的常識觀。一位張先生問他長生的秘方，他寫道：

「一、無事以當貴，二、早寢以當富，三、安步以當車，四、晚食以當肉。夫已饑而食，蔬食有過於八珍。而既飽之餘，雖芻豢滿前，惟恐其不持棄也。若此可謂善處窮矣。然而與道則未也。安步自佚，晚食爲美；安以當車與肉哉。車與肉猶存於胸中，是以有此言也。」

我最喜歡蘇東坡寫給好友李常的信中，對節制和簡樸所提出的常識觀點。

「樸行年五十，始知作活。大要是慳爾，而文以美名，謂之『儉素』。然吾儕為之則不類俗人，真可謂淡而有味者。不戢不難，受福不那，何窮之有，每加節儉，亦是惜福延壽之道。此似鄙吝，且出之左右，住京師尤宜用此策。一笑。」

如今李常回到京師，連王鞏也獲赦回到北方。皇帝深悔自己責罰反對派。說來也是命運的一大諷刺，蘇東坡正要定下心來快快樂樂隱居，過「淡而有味」的生活，卻突然被調離謫居地，再度捲入政治糾紛中。逆磨而行的螻蟻還以爲大石頭現在不動了。誰知大磨又轉起來。

注釋

①中國道家的秘術也包括房中術。他們相信刺激性荷爾蒙加上心靈控制具有特殊的效果。在蘇東坡的圈子中，張耒就相信這一套。

第十八章　東飄西蕩

蘇東坡往後一年零八個月的命運正顯示做官沒有個人行動的自由，能夠另外謀生的學者真不該參與政事。從今起他一直東飄西蕩，改變計畫，違反自己的本意，處境和太后息息相關。皇帝想叫他掌史館，四周的人極力反對。最後他親筆下詔，把蘇東坡的謫居地由黃州移到汝州（臨汝），離京師較近，是居住的好地方。這道消息在元豐七年（一〇八四年）三月傳到他耳中。

他逃避這道派令，用他自己的話來說，「殆似小兒遷延避學」。一個人參政不外乎為名為利為權勢，或者為國效忠。我們知道蘇東坡不是做官發財的人，至於權力，他也不喜歡統治別人。說也奇怪，有些人名利兼得，卻愛做官支配人。權力的滋味初嚐起來挺不錯的，但是除了少數例外，二度競選的美國總統若非不知道自己的幸福何在，便是身不由主了。他做總統只因為黨人要他做。為國效命的熱誠簡直說不通，因為反對派不是也有很多人想為國盡力嗎？

至於名聲，蘇東坡知道宰相的高位也不可能為他不朽的文名詩名增添光采。他對政治有何奢求，他又能有什麼成就呢？三月三日，他還自由自在和朋友們歡聚。大家在定惠院後山的商氏園遊玩，小酌之後，蘇東坡到一座小塔頂睡了一覺。睡罷踱出東門，看到店裏有一個大木盆，就買下來打算澆瓜。然後沿小溪到何家圃。何家正在添蓋一間廂房，叫他到竹林中喝一杯。有一個朋友做了一種麵食，東坡命名為「為甚酥」，大家都喝酒，參寥只喝棗子湯。蘇東坡突然想回家。他看到何氏園中有橘子樹，便要了一些樹苗種在雪堂西邊。

兩天後，他調職的消息來了。名義上他還是「謫居」，可以自由住在一座美麗富足的城市裏。他猶豫了好幾天，不知道該不該申請留居黃州。後來想到新派令是皇帝的好意，決心服從命令，拋下東坡的農莊。

他多年的辛勞一筆抹煞，也許他又不得不在別的地方另闢一個農場。雖然他在這麼窘迫的情況下調職，敵人還是很不安。當時有人說出一段故事：蘇東坡上表感謝皇帝。陛下看看四周，對朝臣說，「蘇軾真是天才。」

敵人想在蘇東坡的謝表中挑毛病。有一個說，「我覺得他這封信還在發牢騷。」

「何以見得？」皇帝驚問道。

「咦，他說他們兄弟曾通過特考，還用了『驚魂未定，夢游縲紲之中』等字句。意思是說，他們憑策問通過考試，現在卻爲批評朝政而受罰。他想怪別人哩。」

「我瞭解蘇軾，」皇帝平靜地說。「他心裏沒有壞意。」

政客小人這才閉嘴不說了。

他花了好幾個禮拜準備遷居。他決定先到高安看子由，讓盡責的長子蘇邁帶全家人到九江等他。

接著有幾個大官爲他餞別，很多朋友請他題字，他一一照辦，寫了不少。這時候，歌妓李琪①也收到一首詩，使她名垂後世。他在朋友和鄰居的告別宴中寫道：

「歸去來兮，吾歸何處……人生底事，來往如梭，待閒看秋風，洛水清波，好在堂前細柳，應念我莫剪柔柯。仍傳語江南父老，時與曬魚蓑。」

一大群仕紳和貧民趕來送他。有十九位鄰居好友要坐船送一段路，名字我們都知道。路邊站滿知交和陌生人，有農夫、有抱小孩的貧家父母，小孩被他救活的人都面露感激。十九個人送他到慈湖，大家又逛了幾天，蘇東坡才離去。

最後有三個朋友送他到九江。一個是好友陳慥。一個是小他五歲的參寥和尚，他們在徐州認識，他曾到黃州陪他住了一年左右。中國古代最愛旅遊的就是道士與和尚，他們不但有時間，有活動的自由，而且到處有客棧網——也就是寺廟——可住。現在參寥決定到九江著名的廬山頂去。

第三位朋友就是百年道士喬仝，他現在大約一百三十歲，傳說他後來由墳墓裏復活。蘇東坡到達九江，曾多走一百哩的陸路把老道士交給興國的一個朋友。喬仝愛鳥獸，出門常帶寵物同行。據子由的說法，他日後被驢踢死。幾年後，一位和尚告訴子由，他在某地遇到一個僧人，自稱喬仝，在黃州認識蘇東坡。子由問起他的形貌，恰和老道士相符。聽故事的人有一位是興國太守的兒子。他回家說給父親聽。太守爲證實喬仝復活的說法，叫人打開墳墓，發現只有一根竹杖和兩根脛骨，屍體不知去向。

蘇東坡陪參寥到著名的廬山玩了幾天，幾百個和尚十分興奮，紛紛傳說「蘇子瞻來了。」雖然他只寫了三首詠廬山的詩，其中一首卻變成描述此山特色的最佳作品。

他去看弟弟，三個姪兒走了八百多哩來接他。兩兄弟四年不見，子由稍稍發福了。他看起來不太健康，晚上練瑜珈太累的關係。監酒官的辦公室位在一座臨河的小破屋中。照子由的說法，「舊以三吏共事，余至，其二人者適皆罷去，事委于一。晝則坐市區鬻鹽沽酒，稅豚魚，與市人爭尋尺以自效。夜歸筋力疲廢輒昏然就睡，不知夜之既旦。旦則復出營職。」

蘇東坡在那兒住了六、七天，就乘船到九江去接家人。帶他們下長江，九月抵達南京（金陵）。朝雲的兒子只有十個月，不幸病故，父母都很傷心，對小母親尤其是一大打擊。蘇東坡在一首悼亡兒的詩中說，小母親整天僵臥，「我淚猶可拭，母哭不可聞。」朝雲從此沒有再生孩子。

到了南京，蘇東坡去看王安石，後者現在已是疲憊的病老頭了。他們一起談詩論佛；雙方都是大詩人，佛家弟子，有不少話可說。傳說有一次兩人比詩，同韻同題，蘇東坡贏了，王安石中途放棄。談話中，蘇東坡不免責備王安石招來戰禍，迫害學者。

「我有話要告訴你。」蘇東坡說。

王安石臉色一變，「你要談往事？」

「我要談國事。」

王安石靜下來，「請。」

蘇東坡說，「大兵大獄是漢唐滅亡的原因。先帝正想改革。如今西北用兵，連年不斷。東南數起大獄，你竟不出言阻止？」

安石舉二指說，「二事皆由惠卿引起，我在外敢說什麼？」

東坡說，「『在朝言朝，在外則不言』是事君的常禮。皇上以非常禮待你，你豈可以常禮待皇上？」

「是，是，」王安石發火了。過了一會又說，「出在安石口，入在子瞻耳。」意思是談話不能傳出室外，他曾被惠卿出賣，十分小心。

談話繼續下去，王安石文不對題說，「人必須『行一不義，殺一不辜，得天下弗爲』才行。」東坡說，「現在的君子，爭減半年『磨勘』，就不惜殺人了。」

王安石笑而不語。

照當代許多人的記載，這段期間，王安石常一個人騎驢到鄉下「喃喃自語，有若狂人。」有時候想到背叛他的朋友，他會突然提筆寫信，滿面怒容，過了一會又放下毛筆，彷彿感到慚愧，所以信始終沒寫成。他繼續寫日記，日記在他死後數年被政府沒收，說是裏面含有重要的政治資料。王安石晚年失意，曾寫了不少指責皇帝的話。幸虧這時候政權握在他自己的黨人手中，不過七十巨冊日記有很多人看過。幾年前，王安石聽說司馬光當政，曾叫姪兒把日記燒毀，但是他姪兒偷藏起來，另外燒了別的東西充數，所以珍稿留存至今。

王安石還開始看到幻影。有一次在超感覺狀態中，他看到已故的獨生子在地獄中受苦。他知道兒子素行不端，如今被人套上枷鎖和鐵鍊。家中的衛士也說他夢見同一情景，王安石嚇慌了。爲了拯救兒子脫離地獄的折磨，他賣掉上元縣的財產，捐給寺廟。王安石曾上表報告捐獻的經過，朝廷特爲寺廟命名，表狀至今還在。他去世前一天，單獨在鄉下騎馬，突然看見一個農婦向他走來，跪倒在地，呈上一張訴冤狀。接著就不見人影。他以爲狀紙已放入口袋中，回到家卻不見了。第二天他就驚嚇而死。

蘇東坡到達富庶的江蘇盆地，頓時愛上該區的美景和氣氛。他由南京到靖江，一路忙著計畫在湖泊區買田莊。他的看法是：皇帝既然肯把他由黃州調到別處，一定也肯讓他住在其它地方。他每到一地，就尋找晚年養老的所在。朋友們紛紛提供意見。僧友佛印要他住在揚州，他自己有個農莊在那兒。范鎮希望他到許下與他爲鄰。他看上丹徒區蒜山一座美麗的松林。儀真——長江以北，靠近南京——太守勸他來共住，他雖然不想定居儀真，卻樂意在那兒找一個地方，暫時安頓眷屬。所以家人住在儀真學府中，東坡就隨便到附近逛逛，找一個鄉村家園。

最後密友滕元發勸他住在常州區太湖左岸的宜興。滕元發目前在南岸湖州任太守。兩個人私下訂出一個計畫，由蘇東坡在宜興買田，然後上表請居該地，就說農莊是他唯一的謀生本錢。滕家的一個親戚在宜興城外二十哩的深山中找到一處田莊。規模相當大，每年可產八百擔米，蘇家可以豐衣足食。東坡只剩幾百緡錢，他父親在京師還留下一棟住宅，他叫范鎮替他賣了八百緡左右。

九月，他一個人去看那間村舍，「吾來陽羨（宜興），舩入荆溪，意思豁然，如愜平生之欲。逝將歸老，殆是前緣。吾性好種植，能手自接果木，尤好栽橘。陽羡在洞庭上，柑橘栽至易，得當買一小園種柑橘三百。元豐七年（一〇八四年）十月二日於舟中。」

現在蘇東坡完成了一筆交易，旁人看來會覺得他很傻或者很厚道，這完全是看法的問題。他寫信給滕元發，說他要在荆溪邊找房子，果然找到了。他和朋友邵民瞻出去，找到一棟很好的老宅，花五百緡買下來。現款幾乎完全花光，但是蘇東坡很高興，打算回來帶眷屬搬進新居。有一天，他和邵民瞻月夜到村中散步，經過一棟屋子，聽到女人的哭聲。蘇東坡和邵民瞻敲門進去。一個老太太在屋角哭泣。兩人問她怎麼回事，老太太說：

「我有一棟祖傳一百多年的房子。逆子不肖，把它賣給別人。今天我只好搬出一輩子相守的老宅——我哭的就是這件事。」

「妳的房子在哪兒？」蘇東坡很感動。

出乎意料之外，他發現老太太說的竟是自己花五百緡買來的房子。他拿出賣契，當老太太的面燒掉。第二天把她兒子叫來，要他讓老母搬到故屋，沒有逼他退錢。她兒子是把錢用來還債，還是有別的原因不能還錢，我們不知道。於是蘇東坡兩手空空回到城裏，房子沒買成，錢又少了五百緡。但是他一時起了善心，無法抗拒，也顧不得自己家人了。這是一件好事，一件好事——如此而已。

由常州回來，他十月上表給皇帝，請求住在該區。不過沒有批准之前，他得向指定居地進發，汝州在京師西面，要走五百哩左右。他帶一大家人向京師走，慢慢行進，希望表狀獲准，他不必來回花路費。朝廷沒有音訊，他只好勉強到京師。照他的詩篇看來，全家人連飯都吃不飽。來到泗州淮河邊，他給朋友的詩至少有三首提到饑餓。有一首自比爲饑鼠，整夜啃咬東西。太守送東西到船上，孩子們呼聲震天。一家人似乎走不動了，他決定再度上表，並且在南都張方平家中小住，等皇帝的回音。

第二封哀訴狀是二月在泗州寫的，部分內容如下：

「但以祿廩久空，衣食不繼。累重道遠，不免舟行，自離黃州，風濤驚恐。舉家病重，一子喪亡。今雖已至泗州，而貲用罄竭，去汝尚遠，難於陸行，無屋可居，無田可食。二十餘口不知所歸，飢寒之憂近在朝夕。與其強顏忍恥，干求於眾人，不若歸命投誠，控告於君父。臣有薄田在常州宜興縣，粗給饘粥。欲望聖慈許於常州居住……」

旅途中發生了兩件有趣——也可以說不幸——的故事。他在泗州曾渡江到南山去玩，事後寫了一首詞。江上有一座長橋，泗州位於戰略要點，天黑之後誰也不准過橋。違犯法令的人要處最重的刑罰。但是泗州太守不惜違規，晚上陪蘇東坡過橋。蘇東坡曾寫詞爲記：

「長橋上燈火鬧，使君還。」

太守姓劉，是一個簡樸、誠實的山東學者。他第二天讀到東坡的詩，心都快跳出來了。他到船上去找東坡，「我剛讀到你的詩。不過這很嚴重，太嚴重了！你聞名全國，這首詩一定會傳到朝中。普通百姓晚上過橋要罰兩年的苦役。太守犯法，一定更嚴重。我求你不要把這首詩拿給別人看。」

蘇東坡懊悔不已，笑笑說，「老天爺！我一開口便是罪，豈在苦役二年以下。」

他住在張方平家，遇到另一件教人感慨的事情。主人設宴請他，他認出張方平兒子的侍妾就是以前黃州太守的寵妾。她名叫勝之，太守最愛她。太守是蘇東坡的好友，不幸亡故，她就改嫁他人。蘇東坡看到這位佳麗在席上談笑風生，不免感慨萬千，想起他的故友，眼睛潤濕，喉嚨也哽咽了。勝之覺得很有趣，忍不住笑出來，回身對別人說話。蘇東坡覺得很不愉快，事後曾勸朋友不要娶妾，還引勝之做例子。

皇帝病了，三月一日他的母親——英宗太后——開始攝政。三月五日皇帝駕崩，第二天，朝廷就降旨批准蘇東坡住在湖泊區。這個消息對蘇東坡非常重要，如今他如願以償，計畫也決定了。於是一家人又搬回宜興。元豐八年（一〇八五年）四月三日離開南都，五月二十二日抵達湖泊區的新家。

蘇東坡相信他終於可以定居一生了。「十年歸夢寄西風，此去真爲田舍翁。」他要在安詳優美的環境中歡度餘年。他可以乘小舟來來去去，「神遊八極萬緣虛」。

一切全是命，定居的計畫剛剛實現，復官的消息又來了。他到宜興才十天，就聽說他被任命爲登州（芝罘附近）的太守。他聽到京師的傳聞，卻不願意相信，他說京師一向充滿謠言，最近四月十七日的官報並沒有提起。

蘇東坡心亂如麻，衷心討厭變卦。幾天後，官方派令來了。全家人欣喜欲狂，孩子們大叫，簡直不敢相信。但是蘇東坡在一首詩中自比爲顛峰已過的良駒，「青雲飛步不容攀」。另一首詩說「南遷欲舉力田科，三徑初成樂事多。豈意殘年踏朝市，有如疲馬留陵坡。」他給佛印的信又說「如蓬蒿藜藿之逕」，給米芾（米元章）的信則說，「某別登卦都，已達青社。哀病之餘乃始入鬧，憂畏而已。」

然而他還是接受了官職。太后正在改變局勢。司馬光奉派爲門下侍郎，實際等於副相。他上任的情形很特別，太后派武裝衛士到他家直接「護送」他到公署，怕他接到派令不肯赴職或者拖延時間。

蘇東坡六月動身，前往山東海岸的任所。他們由青島附近乘船繞過山東半島。十月十五日到達登州，五天後就奉召去京城。一家人又開始上路，元豐八年（一〇八五年）十二月中抵達。

注釋

①見第一章。

第十九章　太后恩寵

蘇東坡經常得到太后的庇蔭。仁宗皇后在審訊中救他一命。如今英宗皇后又提拔他升上高位。晚年若不是另一位太后——神宗皇后——攝政，他也許會在海外流放至死。

新皇帝年方九歲，由祖母攝政。幸虧宋朝代代有賢明的太后。漢唐兩代，有的皇后篡位，讓宦官和外戚得勢，也有皇后造成宗室的衰亡。然而蘇東坡時代，他經歷的四位太后都很賢明，有些十分可取。也許正因為她們是女人，具有基本的對錯觀念，對大臣也能分出好人壞人來。她們住在宮中，對學者的政治辯論很少聽聞，不會搞混，但卻知道輿論的一般傾向。現代普選的民主政治就根據一般百姓的判斷，他們往往連紐約時報的社論都看不懂。太后的判斷就是一般百姓的判斷。神宗後期已開始改變政治作風，但是不可能像他母親這樣做。皇帝一死，太后就讓司馬光復位，馬上扭轉政局。王安石的一切措施都暫停或廢止。元祐之治開始了。

現在蘇東坡迅速升遷。他到京師八個月，官位升了三回。根據古制，官分九品。短短的幾個月他由七品官升上六品，跳升四品，最後成為三品的翰林，負責起草詔書，時年四十九歲。

未升任翰林學士之前，他已於哲宗元祐元年（一〇八六年）三月擔任四品中書舍人。這個職位很重要，他得參與各部官員的選派工作。此時他起草了幾道和他有關的聖詔。一是罷黜李定，強迫他為亡母補孝三年。二是驅逐惠卿。事情不是他決定的，但是聖詔的措辭卻出自蘇東坡的手筆。

在惠卿一案中，蘇東坡說，「始與知己，共爲欺君，喜則摩足以相歡，怒則反目以相噬」「黨與交攻，幾半天下。」不過最有趣的卻是王安石四月謝世，他得起草追封的詔令。用字措辭必須很微妙，以曖昧的恭維達到貶損的目標。詔命以皇帝的名義頒行，稱讚王安石的生活和爲人，同時追封「太傅」。蘇東坡稱讚王安石的創意，卻點明他自欺欺人。「罔羅六藝之遺文，斷以己意。糠粃百家之陳迹，作新斯人」內容微妙進展下去，最後蘇東坡又說，「胡不百年，爲之一涕。」讀者不知道這是一篇誇大的頌文還是反面的抨擊。

「翰林學士知制誥」是著名學者最高的職位。下一步往往就拜相了。雖是三品官，蘇東坡幾乎已位極人臣，因爲宰相只是二品，宋朝根本沒有一品官。何況起草詔命的工作又使他和小皇帝及太后十分接近。派令由宮中小黃門送到蘇東坡家裏，聖上還賜給他一套官袍，一條金帶，一匹金鍍銀鞍銀轡的白馬。中書省在皇宮西側，翰林院靠近皇宮北門，是皇宮區的一部分。皇帝的文書工作都在晚上進行，翰林辦事總是「鎖禁宮中」。文書每月單日在宮中起草詔命，雙日頒行，這是遵行已久的規矩。傍晚他沿皇宮東牆走到東門，裏面有一個專用的書齋，與太后宮殿相通。有時候夜長事少，他只能點上紅宮燭，聽更漏的聲音。有時候天寒地凍，太后會差人送熱酒給他。詔命都由太后口授，他必須用最古雅、最莊重的文體寫出來，準備第二天發佈。

此時有八百多道詔令由他起草，都收在「全集」中。文辭優美、恰當、精確。聖詔的措辭通常都鑲滿史例和掌故，但是蘇東坡卻寫得很靈活。他死後，一位姓洪的學士接替他。他對自己的文采得意洋洋，問一個曾侍候東坡的老僕，他比蘇東坡如何。老僕人說，「蘇東坡文采未必超過大人，但是他從來不翻書。」

有一天蘇東坡坐在堂中。他對政客小人的嫉妒十分厭煩，曾要求免去此一職務。太后召他入內聽令。小皇帝哲宗坐在祖母身邊，蘇東坡必恭必敬站在一旁。太后叫蘇東坡起草呂大防拜相的命令，說完突然問道，「你前年任什麼官？」

「常州團練副使。」

「現在任什麼官？」

「臣今待罪翰林學士。」

「你知道爲什麼突然升遷？」

「太皇太后的恩典。」蘇東坡說。

「不是老身。」太后說。

蘇東坡亂猜。「一定是聖上鴻恩。」

「與他無關。」

蘇東坡又猜，「是大臣推薦？」

「也不是。」她說。

蘇東坡沉默了半晌，才說，「臣雖不肖，也不敢走歪路求官。」

「老身早想告訴你，」太后終於說，「是先帝的遺旨。宮僕都知道，先帝吃飯若中途放下筷子，一定是讀你的文章。神宗經常誇你是奇才，有心重用，可惜來不及進用就已歸天了。」

提到先帝，三個人都流下淚來。接著，太后賜坐賜茶說，「你應當奉侍皇上，報答先帝的恩典。」蘇東坡鞠躬告退，太后取下御前的金蓮燭，讓他帶回翰林院。

元祐元年（一〇八六年）蘇東坡升翰林學士，九月一日司馬光就死了。正好神宗靈牌要放入宋室宗祠，那天行齋戒典禮。本來司馬光的親友該來祭拜他，棺材任人憑弔，大家都哀泣一段時間。但是時間不巧，所有大官都必須行齋戒，不能來祭拜。九月六日安放先帝靈牌，場面和樂隊都恰如其分。朝廷並大赦天下，百官三日不上朝。所有官員一律參加典禮。這時候發生了一件含意重大的趣事。

司馬光的葬禮由守正不阿的理學家程頤負責。他生性嚴苛，一副神聖的樣子，使蘇東坡很不愉快。他照「古禮」辦事。死者的親族站在棺邊向客人答禮，幾百年來已成風俗。程頤卻說這不合古制，不准司馬光的兒子站在棺材邊接待客人。他認為，孤哀子若真正孝順，應該悲慟萬分，不宜見人。皇家祖祠的典禮結束後，蘇東坡身為學士和舍人之長，正要帶百官到司馬光家弔喪。程頤抗議說，這不合孔子立下的規則。論語說，「子於是日哭，則不歌。」那天早上他們唱了歌，至少也聽了管絃樂。同一天怎麼能哀泣呢？大家繼續走到門口，小程頤想擋駕。彼此熱烈爭吵。

「你沒讀過論語嗎？」程頤說，「子於是日哭，則不歌。」

蘇東坡笑道，「論語又沒說，『子於是日歌，則不哭。』」

他懊惱萬分，不顧程頤的反對，逕自帶大家入門，輪流向棺材鞠躬，又用衣袖擦擦眼角，才轉身走開。蘇東坡發現司馬光的兒子沒有來見客，一問才知道程頤不准。說此風不合古制。蘇東坡當眾用古語罵道，「伊川可謂⿰米奧糠鄙俚叔孫通。」大家都笑了，程頤滿面通紅。用語恰當，一針見血。這句話程頤和對方都忘不了。誰也不喜歡一輩子扛著這個標籤。從此種下蘇東坡和河南學派——以程頤為首——之間的怨隙。

接著皇帝和太后的座車來了，前者雕龍，後者雕鳳，有大紅色的車輪。他們來弔唁死者，也依禮向棺材拭淚。司馬光備極哀榮。遺體蓋著御賜的水銀和龍腦。家人獲得三千兩銀子，四千匹綢緞，太后並指派兩名內廷官送靈柩返鄉安葬。有十位親族封官。

次年七月，蘇東坡兼任侍讀。皇帝還小，不過就算皇帝已屆中年，每月單日，宮中仍有爲皇帝特設的課程。一年分爲兩學期，春季班由二月到端午，冬季班由中秋到冬至。學識淵博的官員輪流講授經史和治人之道。早期以後，特選的官吏由文德殿沿西廊進入邇英殿。蘇東坡時代，講課的人站著，其它官吏可以坐著旁聽。王安石講課的時候，希望講師坐著，別人站著，但因眾官反對而作罷。這段期間，自負的程頤也參加授課，不過他是官位最低的講師。他也要求坐著講課，以宣揚孔子尊師重道的精神。程頤經常對哲宗講述魔鬼的可怕，女人的蠱惑，小皇帝當時對女人毫無興趣，卻因此決定長大要好好享受一番。他後來廢掉皇后，二十四歲就夭折了。

對蘇家來說，住在京師具有決定性的好處。房子已賣掉，蘇東坡如今在白家巷建了一棟官宅。就算房子不賣，離辦公處也太遠了。新居靠近東華門，百官黎明上朝都走那兒。因此蘇宅正位於百官最喜愛的住宅區，也可以說是城中區，區內有不少昂貴的店舖和飯館。

家人開始享受京師的新生活，與當年的黃州農莊不可同日而語。他們十五年未在京城定居，只有東坡被捕那三個月來過，還有一次他無法進城，大家住在郊外。盡責的蘇邁曾到江西擔任小官，不知道有沒有回來團聚，但是十六歲的蘇迨和十四歲的蘇過都在家。蘇太太和朝雲現在都能過好日子了，她們對京師的繁華有些不知所措。四周到處是銀樓、綢緞莊、藥舖和兩三層的樓房。

中國最好的產品都集中在東華門附近，價格極高，真能把鄉村婦女嚇一大跳。譬如時令不當的花果，無論多貴還是有人買。此區僕人由僱用局代爲聘請，非常便利。區內充滿酒館和小食攤。晚上走入飯店，歌妓在大廊上列隊相迎，等著陪酒，年輕人陪父親進去，眼睛得盯著前方或者低頭看地。酒宴中攤販逐室推銷蜜餞、乾果、冷肉和醃菜。專供三餐的飯館據說有四、五十種菜，由堂倌端著，不斷在房中穿梭，讓顧客挑選。如果少了一道菜，飯店就會失去主顧。

蘇東坡喜歡在家請客，飯店也爭相包辦家宴。銀器由店方供給，連比較寒酸的飯館也會派廚師辦酒席，並供應銀壺、銀杯、銀盤、銀匙和銀尖象牙箸。風尚如此，出借幾次之後，四、五百兩一套的銀器隔天再收，飯店也不覺得什麼。京師被金人攻陷後，有人用留戀的筆調記載說，大家都以京師爲榮，對陌生人很誠懇。他們看到陌生人受欺負，就會上前維護他，甚至不惜和警吏衝突。鄰居常拜訪新來的住戶，送茶送酒，勸他們到哪些店舖買東西。有些人無所事事，每天帶著茶壺，挨家串門子。

一片繁華聲中，蘇東坡仍繼續練瑜珈和養生術。他隔夜睡在宮裏。無論進宮或居家，他總是黎明即起，梳頭一百次，穿上官袍官靴，再躺下來假寐一回。照他的說法，假寐香甜無比。上朝的時間到了，他早已穿戴整齊，出門跨上金鍍白馬，往東華門走去。

早朝通常在十點以前結束，若沒有特殊的事情，他的時間便完全屬於自己。他若不應酬，便陪妻子兒女去逛街。相國寺就在附近，廟院充滿香扇、刀剪、古董、古物、字畫的攤子。有時候全家到東城去逛那四、五十處市集，由理髮攤到瓶花店和籠鳥店樣樣俱全，不知不覺就消磨了一整天。偶爾他們也穿過朱雀門到外城另一個大住宅區。孔廟和大學都在南外城，再往外走就是許多道觀。有時候他們回城，在「台上」吃飯，那是城內最好的酒館（譯註：該酒店名叫「遇仙正店」。前有樓子，後有台都，人謂之「台上」。）他們也可以沿著南門大街去參觀著名的唐家銀樓或者選購溫州來的漆器，或到報慈寺街的藥舖去檢配最好的藥草。

事實上，奢華的日子和簡樸的日子在幸福方面倒沒有什麼差別。只有不配做高官的人才羡慕高官的榮寵。通常不想做官的人爲當局一心爭取，想做官的人卻又不夠資格。一旦「官願」滿足了，做大官的樂趣不見得勝過成功的鐵匠。蘇東坡在筆記「樂與苦」中說：

「樂事可慕，苦事可畏，皆是未至時心爾。及苦樂既至，以身履之。求畏慕者初不可得況。既過之後復有何物。比之尋聲捕影繫風遡夢爾。此四者猶有彷彿也。如此推究，不免是病，且以此病對治彼病。彼此相磨安得樂處。當以至理語君，今則不可。

元祐三年八月五日書」

有些人對京師的生活採取較俗氣的看法。他的親戚蒲宗孟極盡享樂之能事。蒲家兒媳整天忙著教丫環擠各種「酥花」，加糖做成甜點。她決不用同一種奶油花招待客人第二遍，於是丫環們只好日夜擠花。蒲宗孟還有一個妙習慣，包括「大洗面」、「小洗面」、「大濯足」、「小濯足」、「大澡浴」和「小澡浴」。他每天洗臉兩次，洗腳兩次，隔天正式洗一次澡。「小洗面」只洗臉部，換一次水，由兩個佣人侍候。「大洗面」換水三回，由五個佣人侍候，洗到頸部和肩部爲止。「小濯足」換水一次，由兩個佣人侍候，洗到足踝。「大濯足」換水三次，由四個佣人侍候，洗到膝部爲止。「小澡浴」用水二十四加侖，要五、六個佣人侍浴，「大澡浴」也用水二十四加侖，但要八、九個人服侍。「大浴」用藥膏洗，還叫人把衣服放在線網上，徐徐用異香薰烤。他寫信給蘇東坡說，這一大套洗浴法對他頗有好處，東坡回信說，「聞所得甚高，固以爲慰。然復有二，尚欲奉勸，一曰儉，二曰慈。」

做官在社交上和物質上都有不少便利。當時的知識分子只有兩條路可走，不是做官就是自甘淡泊——淡泊通常代表貧窮。當然人可以潛心學術，得到永遠的聲名；但是對許多人來說，不朽的聲名就算有把握，也只是空腹的自我安慰罷了。蘇東坡時代有一則笑話，諷刺中舉得官卻自稱做官是爲國犧牲的文人。故事如下：

從前有一位窮學者沒錢買饅頭。他餓慌了，便想起一條騙吃的妙計。他到一家餅店外，返身就跑，但是沒有人注意他。於是他轉到一家滿是人潮的餅店，一看到饅頭就大叫而逃，摔倒在地。大家圍過來，問他怕什麼。窮學者大叫說，「那些饅頭！」大家沒聽過這種奇事，紛紛笑出來。餅店老闆不相信，想試試他。他把學者引入放饅頭的房間，由鑰匙孔偷看他。窮學者很高興妙計得逞，雙手大撈饅頭，吃了個夠。老闆動了惻隱之心，衝入房間問他，「你還怕什麼？」學者答道：「我真怕一杯上好的熱茶。」

有一天，韓維——屬於出過七位宰相的富貴名家——的兩位女婿來看東坡，他問起他們岳父的近況。

「他很好，」其中一個說。「他說現在年事已高，他要在音樂、醇酒和美人中歡度餘年；否則不知道如何過日子。」

「真的！」蘇東坡說。「正因爲他來日不多，我更怕他走錯路子。我告訴你們一個故事，你們不妨說給令岳父聽，好不好？」

「當然，」那位青年說。

蘇東坡說出下列的故事：

「頃有一老人未嘗參禪。而雅合禪理。死生之際，極為了然。一日置酒大會親友，酒闌，語眾曰：『老人今且去。』因攝衣正坐，將奄奄焉。諸子乃惶遽呼號曰：『大人今日乃與世訣乎，願留一言為教。』老人曰：『本欲無言，今為汝懇，只且第一五更起。』諸子未諭曰：『何也。』老人曰：『惟五更可以勾當自家事，日出之後，欲勾當則不可矣。』諸子曰：『家中幸豐，何用早起。舉家諸事，皆是自家事，豈有分別。』老人曰：『不然，所謂自家事者，是死時將得去者。吾平日治生，今日就化，可將何者去。』諸子頗悟。」

蘇東坡接著說，「現在令岳父以爲來日不多，要盡情享受。你們兩人肯不肯替我帶個口信給他？就說我要他注意自己的事，與其在醇酒婦人中浪費餘力，還不如想想他死時可帶走的東西。」

提到可敬的老友范鎮，蘇東坡在他死後曾追念說，「范景仁平生不好佛，晚年清慎，減節嗜欲，一物不芥蒂於心。真是學佛作家，然至死常不取佛法。某謂景仁雖不學佛而達佛理。雖毀佛罵祖，亦不害也。」

如今蘇東坡名氣達到最高峰。文人朋友都崇拜他，又享高官厚祿。他爲清議而受的苦遠超過任何人，因此備受推崇。司馬光死後，他成爲當代第一學者，他不適合當宰相，大家公認他聲望高於百官。有一段時間，他的兩位朋友呂公著和范純仁變成政府領袖。他弟弟也回到京師，元祐元年（一〇八六年）正月到達，擔任御史中丞，次年升爲尚書右丞。流放南方的朋友如今都官居要職，包括王詵駙馬、王鞏、孫覺、范祖禹在內。他在黃州的老友陳慥也到京師來了，不是來做官，而是來探望東坡。幾年前和他通信的大詩人黃庭堅也來見他，正式拜在他門下。多年來，蘇東坡在信件中一再稱讚四學士，大大提高了他們的名聲。這時候大家公認，黃庭堅、秦觀、張耒、晁補之是「蘇門四學士」。後來又收了李廌和陳師道兩人，成爲蘇門「六學士」。

蘇東坡的威望曾經害一對夫妻反目。學者章元弼很崇拜東坡。他相貌平凡，卻娶了一個美貌的妻子。婚後太太發現丈夫整夜讀蘇東坡的詩，不愛理她。最後她實在忍無可忍，就對丈夫說「原來你愛蘇東坡甚於愛我！好，我要離婚。」她如願以償，章元弼告訴朋友，他太太下堂求去，全是蘇東坡的緣故。

當時蘇東坡大受歡迎，許多文人甚至仿戴他的帽子，他戴的帽子特別高，頂上窄窄向前彎，後來變成著名的「子瞻帽」。有一天他陪皇帝到醴泉看戲，宮中戲班正在演出。一個丑角在臺上戴這種帽子吹牛說，「我的作品比你們好多了！」「何以見得？」其它演員說。「你沒看見我戴的帽子嗎？」丑角說。皇帝聽了會心一笑，還特意回頭看看蘇東坡。

在這一切富貴聲中，蘇東坡盡情和朋友們戲謔玩耍。他擔任禮部尙書兼主考期間，曾和其它考官朋友們被禁好幾週。他們忙著改卷子，蘇東坡就在各房間穿來穿去，聊天說笑，使他們幾乎沒法辦事。晚上他卻開夜車，迅速批改自己的卷子。

關於他隨機編的故事，有不少記載留下來。許多故事語涉雙關，尤其他和另一位機智大師劉邠巧問巧答更是精巧。有些故事可以譯成英文。

有一次，蘇東坡拜訪相國呂大防。呂大防是胖子，蘇東坡來時他正在睡午覺。蘇東坡等了好久，心裏很不高興。最後呂大防出來了，蘇東坡指指客廳中一個土盆，裏面養了一隻背帶青苔的烏龜。

「這不稀奇，」蘇東坡對主人說。「六眼龜才真正難求呢。」

「真的？」呂大防睜大眼睛說。「世上有六眼龜？」呂大防自覺受到愚弄；不過又想到蘇東坡學識淵博，也許在書上讀過此一記載。

「當然，」蘇東坡說。「唐中宗時代，一位大臣曾進貢一隻六眼龜。皇帝問他六眼龜有什麼特性，大臣說六眼龜有三雙眼，普通烏龜只有一雙。所以六眼龜睡一覺等於別人睡三覺。」

蘇東坡曾經對錢勰自稱他喜歡以前鄉下簡樸的生活。他說他們晚餐只有白飯、蘿蔔和清湯；他卻十分快樂，十分滿足。有一天錢勰下帖請他吃飯，帖子上說，「將以三白待客。」蘇東坡沒聽過「三白」，不知道是什麼玩意兒。他欣然赴宴，發現錢勰只準備了三樣東西：一撮鹽、一碟生蘿蔔、一碗飯。蘇東坡想起自己的大話，知道他被愚弄了。蘇東坡不動聲色，過了一段日子才下帖請錢勰吃「三毛」餐。錢勰赴宴，發現桌上空空如也。蘇東坡請他坐下，兩人對坐半天。過了很久還沒有菜上來，錢勰說他肚子餓了。蘇東坡鄭重其事請朋友快吃三毛（沒），「鹽也毛，蘿蔔也毛，飯也毛，非三毛而何。」蘇東坡報復一頓，就原諒了他的朋友，兩個人快快樂樂共用了一頓大餐。

蘇東坡擔任翰林學士期間，晚上常鎖禁宮中。有一個人很崇拜他，拚命搜集他的親筆題字，常用十斤羊肉向蘇東坡的秘書換取東坡每一張短箋。蘇東坡知道這回事。有一天秘書要求東坡答覆一個朋友的口信，蘇東坡用口頭答覆。秘書再來，東坡說，「我不是已經告訴你了？」

「那人堅持要你用筆答覆。」秘書說。

「傳語本官，今日斷屠。」東坡答道。

論語中有一個人名叫司馬牛，和司馬光同姓。有一天，東坡和司馬光為國策問題熱烈爭論，卻無法說服司馬光。他回家把長袍丟在躺椅上，對朝雲大喊，「司馬牛！司馬牛！」

這些年來，蘇東坡不斷在策論中說，「獨立思考」和「公正無私」是好大臣的重要條件。但是獨立思考和意見公正卻是黨人最討厭的。有一天蘇東坡吃完飯在房裏踱來踱去，心滿意足捧著肚子。他問家中婦女，他肚內藏些什麼。中文常說一個人滿腹思想、滿腹情感、滿腹經綸。一個侍兒說，「都是文章，」另一個說，「滿腹都是識見。」東坡不以為然。最後聰明的侍妾朝雲說，「學士一肚子不合時宜。」「對！」東坡捧腹大笑。

有一次一個藉藉無名的學者來看東坡，帶著一冊詩，問東坡意見如何。這位窮學者朗誦他自己的作品，音調抑揚頓挫，顯得很得意。「大人覺得鄙作如何？」他問道。

「可得十分。」蘇東坡說。

對方面有得色。東坡又說，「詩有三分，吟有七分。」

第二十章 繪畫藝術

蘇東坡的天才和靈性蘊育出一種新型的國畫，尤其適合表現毛筆的韻味。蘇東坡最重要的消遣便是「玩墨」，他偉大創新的藝術衝動藉此得到自由的發揮，也給中國藝術帶來永恆的影響。蘇東坡不但創造出有名的「墨竹」；還發明了新型的國畫「士人畫」。他和後輩米芾共同探索新畫法，後來竟變成中國繪畫最獨特、最具代表性的風格。南方畫派強調用迅速、節奏性的筆觸來表現統一的概念，早在八世紀就由吳道子和王維所建立——與北派李思訓細描金邊、添紅著綠的畫法形成強烈的對比。不過寫意的「士人畫」到宋朝才真正確立，這一派注重優美的活力和畫家主要的概念，卻包含了現代畫家注重的某些藝術原理和技巧的奧秘。

我們有幸從蘇東坡、米芾、黃庭堅留下來的藝評中，看出「士人畫」在蘇東坡生命裏的起源。學者是詩人，是書法家，也是畫家。首先我們要知道，中國書法和繪畫是同一回事，技巧、方法、精神和批評的原理完全一樣。不明瞭中國書法的美學原則①，就無法瞭解南派國畫的起源。因爲南派的始祖——蘇東坡也是其中之一——都飽受中國詩的薰陶，善於用筆，精通書法、構圖和韻律等一切原則。書法提供國畫的技術和美學原理，詩句構成國畫的精神，強調境界與氣氛，泛愛大自然的一切氣味、色彩和聲音。

遠在蘇東坡未誕生之前，中國已有豐富的藝術傳統，書畫雙絕。蘇東坡從小佩服吳道子，他在黃州那幾年，曾花不少時間改進畫藝。如今他的詩人和畫家朋友都聚集京師，此一氣氛頗能激發他詩詞和藝術的創造力。正如好棋手在同一座城內找到另一位好棋手生活會有改變，現在蘇東坡的生活也不同了。他畢竟是學者，不是政客，身爲文人，他主要的工作便是用筆用墨用紙。他的門生都是大學者，經常到他家拜望。米芾後來變成宋代最傑出的畫家，有一次深深愛上石頭的韻律，竟拜倒在一座山巖下，連呼「岳父」。人人都叫他「米癲」。米芾、蘇東坡和李公麟這三位宋代名家如今常常在一起。

他們在彼此家中聚會、喝酒、說笑、作詩，經常半醉半醒。這時候蘇東坡、米芾或李公麟會走到桌邊，桌上筆、墨、紙齊備。一個人動手畫畫、寫字或作詩，其它的人就在旁邊觀望起鬨，題詩爲序，環境和氣氛非常理想。詩、書、畫最主要的材料就是兩種液體：酒和墨；他們有上好美酒，上好名墨，還有最好的毛筆和最珍貴的紙張。一個好書畫家找到特別珍奇的紙張，就像好提琴手面對一具史特拉笛瓦名琴——他簡直無法抗拒。蘇東坡最喜歡澄心堂的紙，宣城的諸葛筆，或者鼠鬚筆，還有李廷邽做的墨。一位學者完成一張畫，依例要請別人輪流寫幾句書評，或者記下當時傳誦的笑話。有時候蘇東坡和李公麟（西方藝術收藏家對李龍眠的稱號比較熟悉）共畫一張作品，東坡畫石頭，公麟畫柏樹，子由和黃庭堅則題詩爲敘。

中國藝術史上有一次大盛會，十六位學者齊集在王詵駙馬的府邸中。這就是偉大的「西園會」②，由李龍眠作畫留念，米芾詳細描寫。在場的有宋朝三大畫家蘇東坡、米芾、李龍眠，東坡的弟弟和蘇門四學士等人。石桌列在高杉巨竹之下。頂上有瀑布流入大河，兩岸都長滿花卉和修竹。王詵的兩位侍妾梳高髻戴髮飾，站在桌子後方。蘇東坡一身黃袍黑帽，正倚桌寫字，王詵駙馬則坐在附近看他，另一張桌子上，李龍眠正在題一首陶潛的詩，子由、黃庭堅、張耒、晁補之都圍桌而立。米芾仰著頭在附近一塊岩石上刻字。秦觀坐在樹根上聽人彈琴，其它的人則散列四方，有跪有站，姿態各不相同。那些人包括和尚與學者。

大家公認蘇東坡喝了酒有靈感，能作出最美的字畫。想想中國書畫所需要的明快韻律，便相信此言不虛。元祐三年（一〇八八年）他擔任主考期間，他和畫家朋友李公麟、黃庭堅和張耒等陪考官都被禁七、八週以上，試卷未改完之前，誰也不准和外界聯絡。公餘之暇，李公麟畫馬自娛，黃庭堅寫些陰鬱可怕的鬼詩，彼此互述道家和仙人的傳聞。提到東坡，黃庭堅曾寫道，「東坡居士極不惜書，然不可乞。有乞書者，正色詰責之，或終不與一字。元祐中鎖試禮部，每來見過案上紙，不擇精粗，書遍乃已。性喜酒，然不過四、五龠已爛醉，不辭謝而就臥。鼻鼾如雷，少焉甦醒，落筆如風雨。雖謔弄皆有意味，真神仙中人。」

蘇東坡批評自己的書畫說，「吾書雖不甚佳，然出自新意，不踐古人，是一快也。」

蘇東坡生前曾叫人畫了幾張像，最著名的是程懷立和名家李公麟所畫的兩張。李氏的畫像中，蘇東坡坐在石頭上，膝頭放一根長拐棍。黃庭堅說此畫③把握了蘇東坡微醺的神情。他以這種姿勢輕鬆斜坐，思考物質世界的消長，而他卻享受眼前大自然無盡的韻味。他彷彿隨時會站起來，拿毛筆沾墨，寫出胸中的感慨，不是賦出美麗的詩篇，就是揮出字畫美麗的節奏。

有一次杜幾先（杜介）拿來一張上好的紙張，叫東坡題字，但是他對字帖的格局提出不少意見。東坡開玩笑說，「你以爲我在賣菜嗎？」元祐二年（一〇八七年）三月，康師孟已經出版了蘇家兄弟幾本字帖的複印品。他的朋友也熱心搜集他的字帖。有一天晚上，朋友們在他家大搜他的舊箱子。有人發現一卷破紙上有東坡的字跡。審視之下，發覺是他謫居黃州期間半醉寫成的「黃泥坂詞」。有些地方字跡模糊，連蘇東坡都認不出是自己的傑作。張耒臨摹了一份給蘇東坡，自己保留原版。過了幾天，蘇東坡收到王詵駙馬的一封信，信上說，「吾日夕購子書不厭，近又以三縑博兩紙字。有近畫當稍以遺我。勿多費我絹也。」

蘇東坡有一份真跡複印本「西樓書帖」，在他死後被人刻在石頭上，製成拓本，留存至今。這些複印品就像隔壁朋友的眼光一樣親切。有一封信順便替蘇夫人謝謝朋友送的梳子，另一篇說他要送上一罈醃肉。

把中國書法當做一種抽象畫，也許最能解釋其中的特性。中國書法和抽象畫的問題其實非常相似。判斷中國書法的好壞，批評家完全不管文字的意思，只把它視爲抽象的構圖。它是抽象畫，因爲它並不描繪任何可辨的物體，與一般繪畫不同。中國字是由線條所構成，線條組合千變萬化，書法就是把這些字完美湊出來，而且要和同一行、同一頁的其它字體相配合。中國字是由最複雜的成分所構成，不免呈現一切構圖的問題，包括軸線、輪廓、組織、對比、平衡、比例等等，尤其注重整體的統一概念。

一切藝術的問題都是節奏的問題，無論繪畫、雕刻或音樂都是一樣。既然美感就是動感，每一種形式都有隱含的韻律。就連建築方面亦然，哥德式的教堂彷彿在沈思。美學上甚至可以用「衝」「掃」「粗魯」等人格的形容詞，這些都是韻律的觀念。中國藝術的基本韻律觀是由書法建立的。中國批評家欣賞書法並不注重靜態的比例或調和，而是暗中追溯藝術家從第一筆到末一筆的動作，如此看完全篇，彷彿觀賞紙上的舞蹈。因此這種抽象畫的門徑和西方的抽象畫不同。其基本的理論是美感即動感，這種基本的韻律觀日後變成國畫的主要原則。

這種動作的韻律美觀念改變了一切藝術家對線條、質量、表面、構圖和材料的看法。若屬於力學而非靜態的美，一切全是平衡的直線面，像工程師的藍圖一般，那就不值得考慮了，相反的，藝術家必須尋找扭曲不平的樹枝線條，只因爲彎曲扭轉才能顯出生命和運動。這種不平均的線條我們很容易看出生命和動作，其中敏感的壓力、休止和掃動以及樹枝偶然的嘩啦聲都仔細保存下來。國畫和書法可以說有一項基本原則，除非必要——譬如畫書桌或茶几——千萬別用均衡的線條。構圖的概念也變了。中國藝術家絕不以靜態的安排、線面的對比爲滿足，因爲這些線面都是死的。畫家因此強調活線條，這是國畫技巧和其它繪畫的一大差別。

爲了培養活線條的基礎，書法家便回頭觀察大自然。自然的線條總讓人想起動作，變化永無止盡。善跑的靈堤獵犬結實光滑，自有一種美姿；而愛爾蘭小㹴多毛矮胖，又另是一番風味。我們可以欣賞小鹿的靈巧，同時又愛慕獅掌強大的肌力。小鹿身材優美，不僅因爲輪廓勻稱，也因爲它讓人想起跳躍的動作，獅掌優美則因爲讓人想起飛撲，就是這種飛撲和跳躍的功能使線條具有活生生的協調感。若追求這種韻律美，我們可以欣賞大象龐然的身軀，小蛇扭曲的張力，甚至長頸鹿枯瘦笨拙的動作。所以自然的韻律永遠充滿機能，只因爲線條和輪廓都是生長過程的結果，具有一定的作用。

藉自然豐富的韻律，才能極度鍛鍊我們的鑑賞眼光。中國書法家揮筆時想模仿的就是這種自然的律動，也只有最敏感的畫筆才能模摹出來。有些筆觸穩定而圓熟，令人想起獅掌的威力；有些令人想起馬足的肌力，節骨分明。有些想表現明快的清爽感，字體有肩、有腰、有支架，正如完美的女性，或者像中國批評家所說的「如美人鬢帶鮮花」。有些想效法枯籐難摹的雅姿，末端形成溫文安定的小捲，用幾片細葉加以平衡。別忘枯籐的平衡最完美，因為末端彎曲的角度和形狀要看籐蔓整個的重量——莖株的支持點和殘葉在哪一邊而定。

蘇東坡說，他的朋友文同久習書法未能成功，有一天在山道上漫步，看到兩蛇相鬥，才領悟其中的竅門。他由兩蛇的韻律得到靈感，將牠們蜿蜒的動作併入書法風格中。另一位書法家曾望見樵夫和村姑在狹路相逢，從而領悟韻律的秘訣。兩個人都遲疑半晌，想讓路，結果兩個人都茫茫然不知道誰該停下來等對方過去。這兩個人前前後後的動作造成一種張力、衝擊和反衝，據說讓這位書法家第一次明瞭書法的原理。

說到繪畫，這種紛亂卻不失協和的線條美產生了廣泛公認的印象派國畫，畫家只想用主韻律來記錄心中的某一印象，並不抄襲眼前的東西。畫面愈少細節，當然愈容易表現或傳達此一韻律。因此蘇東坡集中描寫幾叢修竹，幾塊巨石，就成為一幅完整的圖畫。單是此一節奏就逼人去除統一概念中不必要的一切物質和物體。在八大山人的魚鳥或石濤的蘭花中，也許更能看出印象派藝術的極端例證。無論畫魚畫雞畫鳥，八大山人的畫可以說是用最少線條、最少墨汁來表現最多的韻味。大藝術家只花幾分鐘，迅速潑墨完成一張魚、馬或人像圖；不是成功就是失敗，萬一失敗，他就把紙條揉成一團，丟入字紙簍中，從頭來起。

省筆是國畫自然的主因。不過省筆和注重大目標也帶來其它的結果。蘇東坡那張月光若隱若現的竹葉圖效果有二。一是去除不必要的物體，可刺激觀者的想像；二是讓人覺得這幾簇竹葉無論在月夜中靜靜休息，或在風雨中劇烈搖撼，其中簡單的韻律都永遠值得欣賞。畫幾根修竹、一條曲線、幾塊粗石的用意和動機正和書法家寫成一篇字一樣。只要心境表達出來，印象寫在紙上，藝術家便心滿意足了。他可以就此把那份滿足和喜悅傳達給看字畫的人。

所以這種文人畫又叫做「寫意畫」，等於印象派。「意」字很難翻譯；代表畫家想要表達的一切；我們只好用「意圖」、「概念」、「印象」或「心境」來形容。用「概念主義」說明此一畫派，也勉強說得通，因爲這種思想強調統一的概念，而概念正是藝術家描摹的唯一目標。

古今中外藝術的中心問題是一樣的。印象主義可以說是逼真畫的革命，以表現畫家主觀的印象來提出藝術的新目標。蘇東坡有兩句詩充份表現出這種改革的精神。「論畫以形似，見與兒童鄰。」蘇東坡評一位年輕的寫意畫家宋子房說「觀士人畫如閱天下馬，取其意氣所到。乃若畫工往往只取鞭策皮毛，槽櫪芻秣，無一點俊發，看數尺便倦。漢傑（宋子房）真士人畫也。」

在這方面，宋朝畫家跨進了一大步；他們畫畫不僅要表達作者的印象或觀念，也要表現內在的肌理。簡單地說，宋朝畫家畫的是物體的精神而非外形，宋朝哲學家被稱爲「理學家」。儒家受了佛教玄學的影響，不再注重規則、政治和社會的形式，轉而研究心和宇宙的問題。在印象神秘主義和形上學的幫助下，他們開始談「理」，也就是自然和人性的道理，「自然的法則」或「物體的內在精神」。中國人不喜歡抽象的玄學，所以宋朝哲學家談「理」很少深究自然的法則，卻完全相信物體形式中蘊含的力量、精神或道理；自然是活生生的精靈，畫家應該在作品中把握那種無形的內在精神。藝術家畫秋天的叢林，不該描摹樹葉絢爛的色彩，應該記錄那無形的「秋意」或「秋思」，換句話說，使人想穿上夾衣去吸取沁涼的空氣，去感受秋季大自然陰盛陽衰的變化。

蘇東坡教兒子寫詩形容一朵花的個性，要做到寫牡丹的句子絕不叫人看成丁香或梅花。牡丹的特質是雍容華貴，梅花是孤高清隱。這種特質必須由畫家的雙眼和想像力來把握。爲了畫一條魚，畫家必須瞭解魚的「本性」，爲了瞭解魚性，他必須想像自己在水中游來游去，分享魚兒對潮水、風雨、光線和食物的反應。畫家唯有明瞭鮭魚跳灘的喜悅，知道牠多麼興奮，才能試畫鮭魚。否則他就不該畫魚，任憑魚鱗、魚鰭和眼瞼畫得多精確，那張畫還是死的。

當然我們也應該觀察細節。蘇東坡曾記下一段趣事。有一位四州收藏家手邊擁有百餘幅名畫，他最喜歡戴嵩的一張鬥牛圖。有一天他在院子裏曬畫，一位牧童恰好經過；他看了這張畫一秒鐘，搖頭大笑。別人問他笑什麼，他說，「激鬥中的公牛尾巴應該垂在兩腿間。這張畫的牛尾卻直立在後面！」

蘇東坡也看不起畫鳥名家黃筌，因爲他對鳥的習性觀察不精。但是觀察和精確不足以構成真正的藝術。畫家必須運用直覺的見解，真正對大自然的鳥獸產生泛愛之情。蘇東坡爲自己畫的一張鶴寫了一首詩，也許最能表現他描繪物體內在精神的見解。他說一隻鶴在沼澤中看見人來，未展翅就先決定要飛了。但是沒人來的時候，牠的姿態完全放鬆下來。蘇東坡想畫的就是這種內在的精神。

談到內在精神而非外在形體的描述，蘇東坡說：

「余嘗論畫，以為人禽宮室器用皆有常形；至於山石竹木水波煙雲，雖無常形，而有常理。常形之失，人皆知之。常理之不當，雖曉畫者有不知。故凡可以欺世取名者，必記於無常形者也。雖然常形之失，止於所失，而不能病其全。若常理之不當，則舉廢之矣。以其形之無常，是以其理不可不謹也。世之工人，或能曲盡其形。而至於其理，非高人逸士不能辨。與可之於竹石枯木，真可謂得其理者矣。如是而生，如是而死，如是而攣拳瘠蹙，如是而條達遂茂。根莖節葉，牙角脈縷，千變萬化，未始相襲。而各當其處，合於天造，饜於人意。蓋達士之所寓也……必有明於理而深觀之者，然後知余言之不妄。」

一切繪畫都不知不覺反映出一種思想。國畫不知不覺表現出天人合一、宇宙生命一統、人類只是渺小過客的觀念。由此看來，所謂寫意的國畫，無論畫的是一竿修竹、一組怪石、山中煙雨或河上雪花都是泛神愛的表現。蘇東坡在朋友家的牆壁上畫了一幅竹石，曾寫詩為記，他的詩最能清楚描繪出畫家物我合一的態度。

「空腸得酒芒角出，肝肺槎牙生竹石；森然欲作不可留，寫向君家雪色壁。」

注釋

①蘇東坡是書法家，曾寫過一百三十六道談書法、三十三道談畫、三十六道談墨、十八道談筆的題跋。詩人黃庭堅寫過一百多道評他所見書法的題跋，比評畫的題跋還要多。

②本書英文版附有這張圖，可能是明代臨摹的，有些細節已經改掉了。比原圖少三個人物。北京故宮博物館那張圖——我只見過複印本——十六個人全在。

③本書英文版附有這張圖。

第二十一章　自退之道

世上有晉身之道，也有自退之道，蘇東坡專門從事於後者。現在蘇東坡不追求政事，卻爲政界所追逐，實在是一個有趣的現象。王安石當權，他在政界失敗還不爲奇，他自己的黨人得勢，他仍然「不成功」，可就令人吃驚了。

蘇東坡向來不是好黨人，因爲他做人的格調太高。同黨當道，他自己又享盛名和高位，連太后都佩服他，他卻一直想放棄這個受人羨妒的官職。他沒有立刻如願，不過凡是知道蘇東坡脾氣的人都可以看出，他不會永留政壇。延年術的第一道法則就是避免一切情緒干擾，而蘇東坡對政壇他所謂的「奸小之境」卻有不少情緒的紛爭。政治遊戲對於愛好此道的人頗有魅力；對於不想統治別人的人來說，失去人類尊嚴以換取權勢和浮名實在太不值得了。蘇東坡從來不熱中政治遊戲。他缺乏擠身公卿的決心，如果他個性稍微改一改，升官並非難事。他身爲翰林學士知制誥——其實等於太后的秘書——有機會和皇族親近，只要他有心玩一手，憑他的智慧一定可以大大成功。但是這不合他的本性。

宋朝的官制特別容易造成黨爭。大權操在皇帝手裏。雖然元豐元年（一〇七八年）朝廷曾改組官制，簡化官制，仍然沒有專責的宰相一職。內閣的連帶責任並無明文規定，好讓宰相和閣員成爲一體。我前面已說過，在位黨和反對黨也沒有明確的權責。多數黨統治的機能並不存在。於是政治遊戲便成為個人之間的鬥爭，比西方更劇烈。但是東西方的政治規則完全一樣。爬到頂端的一定是庸才。遊戲大部分在幕後進行，有幾個固定的規則。第一、好政客要會說一大堆話，卻不透露任何消息。好官決不肯定什麼，只用否定。只要學會「無可奉告」「你說得對」等至理名言，好官就可以無往而不利。第二、他應該施惠於朋友。第三、他應該小心不得罪人。一個人如果不隨便說話，愛用文雅、細柔、愉快的低語，又很喜歡施小惠給人家，他就算不位極人臣，也不會失勢。他到死都有官做。

不幸蘇東坡並非這種典型。幾年內，他觸犯了每一道做官成功的規則。朝雲的兒子出世，他曾寫出下列的願望：「惟願孩兒愚且魯，無災無難到公卿。」小娃娃夭折，沒有機會實現父親的願望。我們懷疑詩畫家能不能做一個成功的官員。太平時期應該可以，不過「太平」是一個相對的名詞，政治上沒有一段時期沒有熱門問題可爭。詩畫家滿懷高超的哲學觀點，很難專心於政治問題，甘願玩政治、受折磨。他試了幾次之後，往往嘲笑自己不該下海從政。

蘇東坡逃避政治，政治卻在追逐他。他和司馬光政見不合——獨立的心靈永遠不會完全一致——但是他到京師半年，司馬光就去世了。蘇東坡陷入顯赫遭忌的地位。不久風暴向他襲來，朝廷的爭鬥立刻以他為中心。到了次年一月，有幾十篇表狀攻擊他。司馬光一死，政黨就形成了——有理學家為首的「河北派」、「河南派」，和蘇東坡為首的「四川派」。由記載和蘇東坡的退意來判斷，他根本不知道「四川派」是什麼意思。但是政敵很氣他，一心要與他狠鬥。

說句公道話，鬥爭是由他弟弟子由引起的。元祐初年，子由入京擔任右司諫，他自認為有責任清掃政府，去除騎牆派和王安石的餘黨。後來惠卿終於被逐，蔡確、蔡京和章惇也暫時貶官，然而他們日後卻強力反擊。不過，子由也上了七道奏摺彈劾河北派的一位領袖，最後那個人垮台，他還說河北派其它的人都是「飯袋」。

鬥爭熱烈進行。政客吵架一點意思都沒有，因爲這回不像上回爲王安石的新政而辯論，這回根本和政策原則無關。蘇東坡曾反對恢復徵兵制，但是黨人爭的不是這個問題，純粹是藉故挑釁。他擔任秘閣試論的考官，曾叫考生闡述下面的問題：「今朝廷欲師仁祖之忠厚，懼百官有司不舉其職而或至於媮。欲法神宗之勵精，恐監司守令不識其意，而入於刻。」漢文帝無爲而治，並未造成弊端。宣宗勵精圖治，也沒有過嚴的現象。他要考生說明中庸之道的奧秘。政客們指摘這個考題，蘇東坡一再上表給太后，要她主持公道。他們指控他的罪名是瀆蔑仁宗和神宗。

太后照例把議狀束諸高閣，官吏們又接著上了幾道表狀。元祐元年（一〇八六年）十二月中到元祐二年（一〇八七年）一月十一日，朝廷收到四、五篇彈劾蘇東坡的狀子。一月十二日，太后命朝臣不要再進言。一月十三日，百官在中書省收到聖詔。那批人抗命，第二天又上表論奏。這時蘇東坡不想答辯，卻四度上表請求離京。十六日太后對朝臣說，蘇東坡的意思是百官失之過寬或過嚴，並非存心污衊先帝，顯然支持蘇東坡的立場。甚至還說要處罰彈劾蘇東坡的人。

這時候蘇東坡決定不求外放，要爲這件事爭鬥到底。一月十七日，他寫了一封兩千字的長信給皇上，點明立場，責備政客小人。他維護意見不一的原則。信中指出，「若上之所可，不問其是非，下亦可之。上之所否，不問其曲直，下亦否之。」對國家並沒有好處。君主和大臣應該互相提供意見，如果百官唯唯諾諾，就變成孔子所謂「足以喪邦」的跟屁蟲了。然後他舉出他和司馬光對徵兵問題的異議。他們看法不同，卻尊重彼此的意見。現在司馬光去世，這批人遵行他的政策，一心只想順從君主。事實上，他認爲司馬光並不要求別人永遠順從他的意見，太后也不希望大家唯命是從。他另一道異議是，免役法所收的三千萬貫中，除了西北戰爭的費用還剩下一半，政府應該在城郊買地，安頓退休的老兵，減掉一半的兵員。「此本民力，當復爲民用。」他始終維護這些論點，得罪了不少人。十二日左右，他寫信給好友楊珪（元素），再度指責那批人，頗爲自己獨立的思想而自豪。

「某近數章請郡未允。數日來杜門待命，期於必得耳。公必聞其略。蓋為台諫所不容也。昔之君子，惟荊（王荊公）是師。今之君子，惟溫（司馬溫公）是隨。所隨不同，其為隨一也。老弟與溫相知至深，始終無間。然多不隨耳。致此煩言，蓋始於此。然進退得喪，齊之久矣，皆不足道。」

最後朝廷在二十三日下令蘇東坡留任原職，二十七日決定赦免彈劾他的官吏。

蘇東坡進退兩難。太后支持他，政敵沒有達到目標，反而丟盡面子，他只好留任原職。爲了報答太后的鴻恩，他決心更坦白、更直率，向她提出別人不敢說的意見。如今蘇東坡全集中有不少策論和上書，都是往後兩年寫的。這些表狀明列日期，我們可以看出他爭取的是那些問題。

首先他爭取「廣開言路」。若生在現代，他會爲言論自由或健全的輿論而戰。這是他一再重彈的主調。他指出好政府、好皇帝一向肯接見任何人。譬如唐太宗——也許是中國四千年來最好的皇帝——甚至准許沒有官階的百姓上殿進言。人民若求見皇上，御用衛士不准在宮門擋駕。蘇東坡提醒太后，宋朝初年低層官吏和沒有官階的學者也可面見君主。如今可以見她的不出十幾個人。這十幾個人怎麼能知道全國發生的事情呢？萬一這十幾個人都是庸碌之輩，不敢告訴她實情，太后必以為百姓無冤屈。這豈不是一大病態？其它官吏雖然可以上書，但是書表一入禁中，就如石沉大海，了無音訊。太后不親自召見，又怎能詳細討論問題呢？何況有許多事，不宜用筆寫。有些事情太複雜，連口頭都說不清楚，何況是書信！他在另一封書信中又說，馬病不能申訴，「人雖能言，上下隔絕，不能自訴，無異於馬。」

但是學者若缺乏獨立思考和大膽批評的精神，言論自由也沒有用處。在這方面，他推崇歐陽修，貶抑王安石，因為歐陽修鼓勵自由批評，王安石卻極力壓制。蘇東坡很關心當時死氣沉沉的氣氛，學者都忘記自己思考了。這段期間他曾寫信給門生張耒說，「文字之衰，未有如今日者也。其源實出於王氏。王氏之文，未必不善也。而患在好使人同己。自孔子不能使人同顏淵之仁，子路之勇，不能以相移。而王氏欲以其學同天下。地之美者同於生物，不同於所生。惟荒瘠斥鹵之地，彌望皆黃茅白葦。此則王氏之同也。」

元祐元年（一〇八六年）八月，蘇東坡終於使朝廷不再行青苗法。同年四月，朝廷曾頒布詔命半廢此舉。常平倉恢復了，但是農民貸款照樣發給人民，只是款額限於倉穀價值的半數。朝廷用意甚佳。不許官吏像往日一樣，到村中召集人民，硬攤貸款，更不許官員挨戶到民家收債。但是蘇東坡認為，這種半改革還不夠，還會造成往日的弊端。八月四日他上書給太后，首先要求政府不再行青苗法，又要求政府免掉貧民的債務，本息皆免。他把四月的法令比為偷賊決心改過，卻聲明每月只偷一雞。典故來自「孟子」。

「臣伏見熙寧以來，行青苗免役二法，至今二十餘年。法日益弊，民日益貧，刑日益煩，盜日益熾……又官吏無狀，於給散之際，必令酒務設鼓樂娼優，或關撲賣酒牌子。農民至有徒手而歸者。但每散青苗，即酒課暴增，此臣所親見而爲流涕者也。二十年間，因欠青苗，至賣田宅，雇妻女、投水自縊者不可勝數。」蘇東坡問道，君主怎麼能自卑自賤，借錢給人民來賺利息呢？他建議政府下令，欠官債的人分十期還債，半年爲一期，甚至希望皇帝體念債務人已付了不少利錢，大發慈悲，免掉四等以下貧民的債務。下個月政府就宣布罷行青苗法。不過貧民免債的建議，卻直到六年之後，經過蘇東坡再三爭取才被朝廷接受。

他獨自對抗政府的貪污和無能。他要由基層改革吏政。科舉是選官的基礎，但是考試制度已經鬆懈了。他曾三、四度擔任主考官，盡力選拔人才，有時候還救下其它考官所遺棄的卷子。有一次考生在內廷衛士監督之下應考，衛士的囂張使蘇東坡嚇了一跳。巡鋪內廷對應考人高聲喝叫有如使喚新兵。有一兩位舉人挾帶，被人扶出殿外，由兵眾大聲喝叫。一片鬧哄哄，再由巡鋪內臣恢復秩序，有如平亂一般。他們存心污辱舉人。蘇東坡立刻寫了兩封信，將那兩位內臣免職。

當時政府最大的問題——中國每一朝代都是如此——就是冗官充斥。文人太多，官位太少，在「學而優則仕」的中國社會成爲經常存在的弊端。除非現在能改變此一觀念，否則教育普及就能把國家拖垮。我們要如何提供四億五千萬知識分子的官位呢？如果公職制度嚴格遵行，用人惟才，則考中的人數自然有限，素質也會提高。但是蘇東坡時代已盛行親族主義。各省來的考生有不少憑著親友的推薦，沒有應考就得到官職。中舉得官的人若有三、四百位，免考得官的就有八、九百人。禮部能薦用兩、三百個特免生，其它的由兵部和皇家親戚推薦。春祭時節，很多學者蒙皇上「解恩」免考。

蘇東坡說，結果「一官之闕，率四、五人守之，爭奪紛紜，廉恥喪盡。中材小官，闕遠食貧，到官之後求取漁利，靡所不爲，而民病矣。」又說，「臣得伏見恩榜得官之人，佈在州縣，例皆垂老，別無進望，惟務黷貨以爲歸計。貪冒不職，十人而九。朝廷所放恩榜，幾千人矣，何曾見一人能自奮勵，有聞於時。而殘民敗官者，不可勝數。所至州縣，舉罹其害。乃即位之初，有此過舉，謂之恩澤，非臣所識也。」蘇東坡建議削減免考的人數，嚴格限制大官的兒子、親戚和皇族推薦的人當官。

蘇東坡自覺有責任把官吏怠惰、無能和欺君的情形告訴太后。他寫過不少機密的表狀。很多封都加了附筆，求她自己保管書信，不要發交中書省。

例如西北蠻族暴動，中國農民將近萬人遇害。軍事將領不肯將實話奏報朝廷。甚至消息傳到京師，朝廷派特史去調查，他本著「官官相護」的古風，說只有「十數人」遇害。特史將災情化小，要求原諒守軍將官，慢慢調查案情。兩年過去了，一點動靜都沒有。於是該受撫恤的村民，被剝奪了不少利益。蘇東坡上書給太后，指出這樣忽略民情，政府很難贏得百姓的愛戴。

「官官相護」自然造成「官對民」的結果。還有廣東守將童政無法平定盜匪，竟殺害數千無辜的百姓。但是其它官吏都奏報他平賊有功，是大英雄。還有溫杲誘殺平民十九人，只是降官而已。一位小吏卒爲了請賞求功，大白天入民宅殺了一家五、六口人，都是無辜婦女。他把首級割下來，自稱殺了不少強盜。案件太多，無法遮掩，朝廷下令調查，官吏竟辯稱殺時無法分辨男女。有這些暴政存在，蘇東坡實在不能保持沉默。

抱怨最多的就是周穜的大案件。這件事蘇東坡實在忍不住了。王安石的餘黨失勢在外，打算捲土反攻。首領惠卿、蔡確等人都已遭罷黜，但是他們仍有許多朋友仍在京師任職。爲了試探朝廷的態度，他們叫一個沒沒無名的州學教授周穜上表，建議朝廷把王安石的靈位放在皇家祖祠神宗牌位下，分享神宗皇帝的祭祀。如果太后恩准，就表示他們可以出來公開行動了。蘇東坡看出他們的意思，就猛烈攻擊這些投機分子。他列出十六位奸黨人物，說他們是「蟣蝨」、「蛆蠅」、「邪佞小人」、「國之巨蠹」。他第一次不吞吞吐吐談王安石，而公開稱他爲大騙子。他告訴太后，如果富弼、韓琦、司馬光還在，「此鼠輩」就不敢露面了。他警告說，這次的陰謀若不加以阻止，則「惠卿、蔡確之流，何憂不用。青苗、市易等法，何憂不復哉。」根據他自己的觀察，這些事遲早要發生的。事實上，他已決心離開朝廷。他說君子如麟鳳難求，小人「易進如蛆蠅，腥膻所聚，瞬息千萬。」含義很明顯：人若不想與蒼蠅合污，就只好自己離開垃圾。

兩年之間，蘇東坡強烈的個人主義和大膽的言論得罪了不少人，包括河北、河南派在內。他更變成王安石黨人的眼中釘！蘇東坡一天不走，這些人就一天無法再得勢。

有些彈劾狀很有意思。最有趣的也許是蘇東坡替皇上起草的王安石政敵呂大防任職召命。聖詔稱讚呂大防的勇功，說王安石不再當道，「民亦勞止，願聞休息之期。」這是一句人人可用的古文。出自「詩經」一則諷刺暴君的詩。御史們眼睛一亮，他們說蘇東坡毀謗神宗，把他比爲周禮王。御史們聽到心愛的先帝受謗，氣得雙腳發抖。

還有一個案件牽涉到蘇東坡幾年前由南都回京時所寫的一首詩，說他聽到朝廷准他往常州，欣喜欲狂。他經過揚州，曾在一座廟牆上刻了三首詩。三首一起讀，主題決定不會弄錯：他一直想安居，卻沒有結果，如今真高興能退休歡度餘年。他三首詩說：

「此生已覺都無事，今歲仍逢大有年。山寺歸來聞好語，野花啼鳥亦欣然。」

恰好這首詩在五月一日寫成，神宗卻在三月五日（五十六天前）去世。他在慶祝國喪哩！他高興皇帝去世嘛。好一個儒夫——好一個忘恩負義的傢伙！這是最近蘇東坡所遭遇的最嚴重的指摘，罪名可大了。照文意看來，我相信「好語」只是代表那年的好收成。但是子由替哥哥想出了更好的辯白。元祐六年（一〇九一年），子由作證說，蘇東坡三月在南都，當然已聽到皇帝去世的消息，不可能五十六天後在揚州才聽到。他告訴太后，「好語」是指蘇東坡下山聽到農夫爭傳小皇帝即位的好消息。這個說法高明多了，子由說完證辭，就退出聖殿，讓別的官吏去爭到底。

蘇東坡覺得，太后收到的彈劾狀遠比他所知道的多。她不斷把狀子束諸高閣。他要求公佈彈劾他的書表，讓他有機會答辯，但是太后不贊成。他知道敵人打算推翻他。連他起草的惠卿謫官詔命都被敵人提出來，說他貶抑先帝。他趕蒼蠅實在趕厭了。不但蘇東坡本人，連他的朋友秦觀、黃庭堅、王鞏、孫覺也經常成爲攻擊的目標，有時候是正式告狀，有時候是造謠中傷。暗中造謠，使人無法自辯，這可不是現代的新玩意兒；只是現在升格爲共黨革命的戰術之一而已。蘇東坡覺得自己彷彿置身蛇窩中，他決定退出去。

元祐元年（一〇八六年）他第一次遭到攻擊，曾想辭官不做，第二年又再度請辭。這兩封信含有自傳的題材，點明他做官的生涯和他倔強的個人主義所招來的災禍。元祐三年（一〇八八年）

十月十七日那封表狀說，「君不密則失臣。臣不密則失身。」兩年內他「四遭口語」，他推薦的人也遭到無謂的毀謗。他提醒太后，前朝他曾受李定彈劾，他寫諷刺詩，本意是希望皇帝聽到百姓的疾苦，改變政策。御史把他的忠言當做「毀謗」，指控「猶有近似者」，而今他用「民亦勞止」一詞，竟有人說他毀謗先帝，連「近似」也談不上。「臣以此知挺之險毒，甚於李定、舒亶、何正臣……古今有言曰『爲君難，爲臣不易。』臣欲依違苟且，雷同眾人，則內愧本心，上負明主。若不改其操，知無不言，則怨仇交攻，不死即廢。伏望聖慈念爲臣之不易，哀臣處此之至難，始終保全，措之不爭之地。」信中他加了四道附筆，註明「貼黃」「又貼黃」「又貼黃」「又貼黃」。最後一則說，如果太后覺得他的話不真實，就把這封信交給外府，公開調查。如果相信他的話，請她留在宮中省閱。他會再寫正式的表狀辭職，對外公佈。

他表達退意最好的書表是元祐六年（一〇九一年）五月十九日寫成的，當時他杭州任滿，要求繼續留在外郡。這是蘇東坡最好的自傳信，列出他過去遭逢的一切惡運，包括他被捕受審在內。黨人對他「嫌忌」甚於子由。他列出長長的政治生涯，然後說「陛下知臣危言危行，獨立不回，以犯眾怒者，所從來遠矣。」他反對周穜的信觸怒了敵人，更增加他們的恨意，他們拼命攻擊他。古語說，「聚蚊成雷，積羽成舟，寡不勝眾也。」

他接著寫下去：

「臣豈敢以哀病之餘，復犯其鋒。雖自知無罪可言，而今之言者，豈問是非曲直。今餘年無幾，不免有遠禍全身之意。再三辭遜，實非矯飾……臣若貪得患失，隨世俛仰，改其常度，則陛下亦安所用臣。若守其初心，始終不變，則群小側目，必無安理……所以反覆計慮，莫若求去。非不懷戀天地父母之恩，而衰老之餘，恥復與群小計較短長曲直，為世間高人長者所笑。伏望聖慈……早除一郡。所有今來奏狀，乞留中不出，以保全臣子。若朝廷不以若不才，猶欲驅使，或除一重難邊郡，臣不敢辭避……惟不願在禁近，使黨人猜疑，別加陰中也。」

他一再請求，元祐四年（一〇八九年）三月十一日終於如願以償。以龍圖閣學士出任杭州太守，領兵浙西。浙西太守可以管轄六區。包括現在的江蘇。臨走皇帝還賜給他茶葉、銀盒、金鍍鞍馬、官袍、金帶等禮物。這匹馬蘇東坡用不著，就送給窮門生李薦去賣錢。

臨行八十三歲的老臣文彥伯特地來送他，勸他不要亂寫詩。蘇東坡已經跨在馬上。他大笑說，「我若寫詩，有一大堆人正等著替我註解呢！」

第二十二章　工程與賑災

一個人在地方上工作，似乎比在京師更能報效國家。元祐四年（一〇八九年）七月，蘇東坡抵達杭州，擔任浙西軍區鈐轄兼杭州太守，時年五十二歲。他弟弟由戶部侍郎升任吏部尚書，封翰林學士；那年冬天子由出使契丹，歷時四個月。

蘇東坡埋頭苦幹。秦觀的弟弟陪他們同往，足足一年半沒有看見蘇東坡翻開書本。相反地，他利用太后的賞識，要求朝廷撥款從事重要的改革。短短的一年半時間，他完成了供水系統、醫院等公共健康和衛生措施，疏通鹽道，重整西湖，平抑糧價，不顧朝廷和鄰近各省官吏的漠視，一個人熱心賑災。

太守宮署在杭州市中心。但是蘇東坡寧願在比較詩意的地方執行公務。他常在葛嶺壽星院一棟十三房的幽靜小屋內辦公。不是在寒碧軒就是在雨奇軒看公文，我們記得雨奇軒因他的西湖詩而得名，其中有這麼一句：「山色空濛雨亦奇」，在修竹環繞、面對清溪的環境中，他完成了自己的任務。

不過，有時候他寧願到離城十哩或十五哩的高山上去辦公。他叫隨員帶旗幟和雨傘走錢塘門，自己和一兩個保鏢乘船由湧金門穿過湖泊向西走，到普安寺用餐。然後帶幾個文書到冷泉亭。一面談笑一面完成當天的工作，批決公文「落筆如風雨」。辦完事和僚屬喝一杯，傍晚再騎馬回家，城中百姓排滿街道，爭睹名士的風采。炎夏他常到祥符寺，在好友維賢方丈的房間小睡一回。他脫下官帽，卸下官吏的尊嚴，常脫衣躺在長椅上，叫侍從按摩雙腿。僕人們看見他頭頂綁的是最便宜的繫帶。

蘇東坡身爲法官，曾做過不少妙事。

有一個商人因債務而受審。被告是一個年輕人，蘇東坡要他說明原委。

「我家賣扇爲生。」被告說，「去年父親死了，留下一些債務。今年春天又連連下雨，大家都不需要買扇子。不是我故意不還債。」

蘇東坡沈吟半晌。忽然想到一個主意，眼睛不覺一亮。他看看桌上的筆墨，打算一展身手。

「拿一堆扇子來，我替你賣。」他對那人說。

那人回家，拿了二十把白絹團扇。蘇東坡用桌上的判筆寫草書，畫枯木竹石。一個鐘頭左右，二十把全畫完了。他拿給那個人說，「出去還債吧。」

那人沒想到自己這麼幸運，連忙拜謝大人，抱著扇子走出去。蘇東坡畫扇的消息已經傳開了。他一跨出府門，身邊早圍滿群眾，大家爭相以一千錢買一把扇子，幾分鐘就賣光了。買不到的人遺憾不已。

有一個讀書人由鄉下進京趕考，因爲詐欺嫌疑而被捕，押到他面前。這個文人帶著兩包大行李，註明收件人是京師竹竿巷的蘇侍郎（子由），底下署名蘇東坡。顯然是詐欺無疑。

「捲內是什麼？」蘇東坡問他。

「真對不起，」那個讀書人說，「家鄉的人送了我兩百匹紗，供我作旅費。我知道這些東西一路要抽稅，到京師也許只剩下一半了。我想天下最知名、最慷慨的學者就是你們蘇氏兄弟，我決定冒用你們的名字。萬一被抓你們會諒解我，饒過我。求你原諒——我絕不再犯。」

蘇東坡笑笑，叫小吏撕掉舊封籤，寫了一張新的，列明同樣的地址和寄件人。還寫一張短箋給子由，遞給顫抖的文士說，「先輩，這回就是抓到皇帝面前也沒有關係。明年考中，別忘了我。」可憐的老學者感動萬分，衷心道謝。他終於考中，回來曾寫信向大詩人謝恩。蘇東坡很高興，特地留他在家裏款待了好幾天。

蘇東坡還盡力支援州學學生。這些舉動使他贏得百姓的歡迎。杭州有很多地方不對勁。官舍太舊。軍營漏雨。軍備殘破不堪。城門樓的屋頂可以看見天空。這些都是百年以上的建築，是錢王時代建立的，西元十世紀前葉，全國亂紛紛，只有錢王轄區和平安樂，政治公平。他們是好王，曾得到東南百姓永恆的感激，因為宋太祖征服全國，尚未攻下東南區，錢王自動把權力讓給皇帝，以求和平與統一，讓百姓不必白白流血。前幾任太守曾自築中和堂和有美堂等新居，撇下舊房子。蘇東坡時代有一棟房子倒塌，壓死兩個人，另外一次樓崩壓死一家四口。蘇東坡特別向太后上書，要求撥款四萬貫重修官舍、城門、樓塔、穀倉，一共是二十七處。

杭州人口五十萬，連一家公立醫院都沒有。此地位在錢塘江口，海陸遊客薈集，很容易傳染瘟疫。有幾種藥方相當靈驗。蘇東坡在密州任內曾叫人用大字抄寫常用的藥方，以佈告方式貼在城中廣場，讓一般百姓知道。有一帖藥他頗為信任，據他說一帖只要一文錢。其中包括很多種藥材，有的退燒，有的止汗，有的增進胃口，另外還有淨腸和滋補的效果。中醫相信，身體某一個器官病了，全身也出毛病。因此下藥加強整個身體，不專治某一個器官。「聖散子」包含二十種藥，有高良薑、厚朴、半夏、甘草、草豆蔻、木豬苓、柴胡、藿香和石菖蒲等等（**譯註：「聖散子方」所列的二十種藥是草豆蔻、木豬苓、石菖蒲、高良薑、獨活、附子、麻黃、厚朴、藁本、芍藥、枳殼、柴胡、澤瀉、白朮、細辛、防風、藿香、半夏、茯苓、甘草。**）還有麻黃，如今已證明是胃液分泌的強力興奮劑。

蘇東坡對於這種零碎、沒有組織的救病工作並不滿意，他由政府基金撥出兩千緡，自己又捐了五十兩金子（**相當於美金一千元**），在城中心眾安橋建了一座公立醫院。就我所知，這個「安樂坊」是中國最早的公立醫院。三年內曾醫過一千個病人，主管醫院的道士由政府贈以紫袍和金錢。後來醫院搬到湖邊，改名「安濟坊」，蘇東坡離開後還繼續看病。

但是蘇東坡最傷腦筋的是杭州居民的用水問題和穿過市區的運河淤泥。錢王時代曾在岸邊築一道海牆，不讓潮水進入運河，以免用水被鹽分污染。海牆年久失修。有兩條南北向的運河穿過市區，直接在閘口通入錢塘灣。灣水與河水相混，充滿淤泥，河床每隔三、五年就要疏通一次。當時沒有現代機械，河床挖出來的泥沙就堆在岸邊百姓的家門口。運河長四、五哩。挖河不但使居民討厭，也很費錢。更糟的是交通情況不佳，船舶要好幾天才能走出市區。船隻由人、牛拉著走，鹽橋河常常亂得一塌糊塗。

蘇東坡請教專家，視察運河水位，訂出一個阻止淤泥，清理整個運河區的計畫。這是他在杭州的第一樁工程，十月——他到任三個月後——開始，次年四月完成。

問題是運河需要海水來行船，海水又不免帶來淤泥。蘇東坡仔細研究，確定鹽橋河穿過鬧街，不能有泥水，他們可以設計，讓海水流進另一條茅山運河，這條河行經東郊人口稀少的地區。他在南面錢塘江建立水閘，漲潮時關閉海水，退潮時打開。兩條運河在城北相接，灣水通過郊區的運河，走了三、四哩，沈澱物早已落光。鹽橋河必須保持乾淨，水位又比另一條河低四尺，郊區運河水一部分流入城中的運河，河水幾乎完全沒有泥沙。爲了維持城中運河的水位，他在城北餘杭門外又挖了一條河，與西湖相通。於是用水源源不斷，疏通城內鹽橋河的費用和煩差也免除了。

這一套系統發生了作用，運河水深八尺，城中老人說，這是空前未有的現象。

供水問題和運河交通一樣重要。他試行不少措施，把西湖的山泉水引入城內。本來有六個水庫（**大井**）分佈在城中各區，但是淨水幹管常常損壞。十八年前蘇東坡到本區擔任通判，曾協修幹管，但是現在西湖佈滿水草，草根夾著淤泥，湖床不斷升高。幹管損壞，市民都喝帶鹽的水，不然就要花錢買湖水，每斗要一文錢。蘇東坡請教以前曾監修幹管的七十歲老和尚。幹管由大竹筒接成，不能耐久。蘇東坡叫人全部換成陶製韌管，上下以石板保護。這是一個昂貴的計畫，要建築長達三百碼的陶管，由一個水庫通向另一個水庫。他更進一步，把湖水引入北郊的兩個新水庫，供應軍營用水。他身爲軍事統領，派一千名士兵工作，一切都辦得妥妥貼貼。據說他完成這兩個水庫以後，杭州幾乎每一個地區都可以用到西湖的清水。

由六個供水的小水庫推展到全城，蘇東坡下一步自然而然要著手應付大水庫——西湖——的問題。在大眾的想像中，蘇東坡和西湖今日的面貌仍有很大的關連。西湖使杭州得到「人間天堂」的美譽，西湖本身更是人類設計才華最完美的發揮。人類加以開發建設，卻能恰到好處，不侵犯自然。這是經過整修的大自然，卻不是扭曲破壞的大自然。沒有精心的結構顯示人類的虛僞。有一個神奇的小島，柳絲映入平湖中，似乎本來就在那兒，由水中生起來似的。長堤的拱橋與上面雲煙飄渺的山峰，下面的漁船渾成一體。青黃的柳枝掃著半隱半現的低石堤，古老的亭台聳立天邊，讓人想起過去的詩人與和尚。

蘇東坡說，西湖之於杭州就像明眸之於美人，我懷疑西湖若只是一汪湖水會是什麼樣子——就像一個眼睛沒有蘇堤優美的眉毛，沒有神奇的小島像虹彩亮光般加重它的美感。幾百年來，中國遊客湧向春天的杭州，新婚夫婦在湖上划船，在柳蔭密佈的湖畔大道釣魚或散步。杭州十景（**譯註：西湖十景是「蘇堤春曉」、「斷橋殘雪」、「雷峰夕照」、「曲院風荷」、「平湖秋月」、「柳浪聞鶯」、「花港觀魚」、「南屏晚鐘」、「三潭印月」、「雙峰插雲」。**）包括東岸的「柳浪聞鶯」。還有蘇東坡在湖心小島上開發的「三潭印月」。無論晴雨，西湖沒有一個角落不使遊客屏息驚嘆。

兩道長堤跨過湖面，一是白堤，一是蘇堤，分別由唐朝白居易和宋朝蘇東坡這兩位大詩人所建立。白堤東西向，靠近北岸，蘇堤長一又三分之二哩，在西岸附近呈南北向。兩道堤防分別在岸邊隔成一個內湖，堤上拱橋林立，船隻可以由內湖划到大湖去。這兩道長堤在蘇東坡的時代有五丈寬，遍植柳樹，四周圍滿荷花，變成杭州遊樂者最大的散步場地。

杭州的繁榮一向和供水息息相關。杭州建市起於唐朝，當時一位大臣開發西湖，使城中居民有清水可用。以前這兒只是一個小鎮。蘇東坡整建西湖之前，西湖不斷縮小，到處蓋著葑草。十八年前，葑草佔去十分之二、三的湖面。這次回來，他發現葑草已覆滿半個西湖，不僅意外，更覺得悲哀。白居易時代，每一吋湖水可以灌溉兩百五十英畝（**十五頃**），每二十四小時，湖水就可灌溉八百畝（五十頃）。八世紀白居易所做的工事如今已全毀了。

蘇東坡完成杭州的運河系統和城內的六個水庫，馬上開始整建西湖。由工程觀點來說，這是一件小事，只要清除野草就行了。這是輕而易舉的工作，只是前任太守都沒有想到。小水庫完成之前，蘇東坡曾在元祐五年（一〇九〇年）四月上書給太后，略述開濬西湖的種種理由。五月他又上書給門下、尙書、中書各省。他說，若不想辦法，二十年後整個西湖都會堵掉，杭州人就沒有清水可用了。蘇東坡列出五個不能坐視的理由。說也奇怪，第一點竟是佛家的說法，怕魚兒遭殃。其它各點分別是清水供應，稻田灌溉，運河流水，最後提到造酒的好水源，這一點和政府歲收有關。他建議清理二萬五千方丈，也就是十方里（近似一方哩）的野草覆蓋區。這項工程需要二十萬天的人工，以一天人工清除一方丈左右來計算。每一個人日薪五十五錢（一百錢等於美金一角）加上三升米。整個計畫需要三萬四千貫，他已經籌得一半，希望太后再給他一萬七千貫。

請求獲准，蘇東坡開始招募幾千名工人和船夫，動工修湖。四個月就完工了。安置挖出來的野草和泥土又成爲一個大問題。蘇東坡靈機一動，決定用來建長堤。湖岸房舍密集，有不少富家別墅立在岸邊。由南岸步行到北岸的人必須繞過兩哩的岸邊。長堤是直線，無形中縮短了距離，又能變成美麗的漫步場所。上面有六座拱橋，九座亭閣。蘇東坡生前，人民把其中一座亭閣立做他的生祠，掛上他的畫像，經常膜拜，追思他的功勞。奸臣惠卿再度得勢，曾下令摧毀這座紀念堂。

如何使西湖永遠不生葑草也是一個大問題。蘇東坡想到一條妙計，把岸邊的湖面開墾出來，給農夫種菱角，農夫自會定期負責除草工作。他請求中書省把這筆歲收留做長堤和西湖的維持費用。也許有心，也許無意，蘇東坡除了增加西湖的實際利益，還美化了西湖。但是這項工程日後卻遭到政敵猛攻，說他「虐使捍江廂卒，爲長堤於湖中，以事游觀。」

蘇東坡又試行幾道更大的計畫——開發江蘇運河系統；在蘇州城外施行拖船駁運設計——日後開發阜陽的西湖，與杭州西湖異曲同工。有些計畫沒有實現，但是詳實的計畫和地圖證明他具有工程方面的腦筋。

我們得說說一件偉大的工程設計，後來他奉召回京，沒有機會完成。詳實的計畫至今還存在。錢塘江通向杭州灣的入口處有一個小島，每年都造成不少船難，淹死許多旅客。寬闊湍急的錢塘江在灣口遇到流進來的海水，爲小島擋路，所以化成危險的漩渦逆溯。「浮山」島就因爲四面砂洲時隱時現而得名，行船的人根本不知該走哪一航道。

有些砂丘長一兩哩；據說有時候一夜之間就無影無蹤。這是旅客航行到杭州最怕的地段。沿著浙江東岸來的人寧願在龍山橫渡海灣，但是由西南區順錢塘江來的人只好冒險。大家常看到溺水的大人小孩哭喊求救，但是喊聲未停，就已被浪濤吞沒。然而杭州河運非常重要。西南貧瘠區的人民仰賴杭州以北湖泊區的米糧，杭州市民也需要西南的燃料。杭州灣產鹽，運到西南區。雖然危險，交通流量仍舊很高，由於船務行必須支付大量的冒險酬勞，運費就大大提高了。國家無形的損失「一歲凡幾千萬」。

蘇東坡在一位熟悉錢塘盆地的人士協助下，打算解決這個問題。新計畫是讓杭州船運通過危險地帶上流（石門）的一條路。蘇東坡叫人研究出藍圖，需要花錢十五萬貫，三千名員工，歷時兩年完成。計畫是把錢塘江引入一條八哩的新道，水深足可航行，再建一個二又四分之三哩（二十二里多）長的石堤，挖一條六十五丈的山洞。不幸計畫剛訂好，他就要離開杭州了。

同時，他還忙著另一個更急迫的問題，也就是饑荒的威脅。他到任那年收成不好。米價七月每斗六十錢，十一月就漲到九十五錢。幸虧常平倉還有存糧，他籌到二十萬石。他賣出十八萬石米，終於壓低米價，元祐五年（一〇九〇年）一月，米價一斗降至七十五錢。那年春天多雨，但是看來頗有希望。農夫借錢整地，一心希望秋天豐收。五月六月暴風雨降臨杭州和大半個湖泊區。洪水沖入湖州，居民家中水深一尺。農夫的希望破滅了，凡是稍有常識的人都可以看出，一旦存糧耗盡，他們就要面臨饑荒的威脅。蘇東坡派人調查蘇州和常州的情況，得知整個地區一片汪洋。水壩破損，不少稻田被積水埋沒。農夫乘船搶救財物。他們搶救的濕米還可以炒乾，稻莖用來餵牛。政府得想辦法，得趕快行動。

蘇東坡未雨綢繆，未來的災情誰都可以預料。他素來相信常平法，不願等饑荒再來施救，他不斷爭取更多常平官米，以便對抗未來的饑荒。大雨連續不斷，他更加奮力爭取。由七月開始，半年內，他送了七道表狀給太后和朝廷，舉出實際的情況，要求上面採取行動。頭兩道奏摺叫做「浙西災傷第一狀、第二狀」，後五篇叫做「相度準備賑濟狀」，七封信構成激動而不耐的求救呼聲。他不斷叫嚣，朝中每一個人都惱火了。他的急性子不合中國作風。不少使臣在該地，他們一句話也不說。蘇東坡在嚷些什麼？雨量稍微多一點，有什麼稀奇？他等於自掘政治墳墓嘛。

但是他相信預防重於治療。準備存糧——不管由本地收購或外地運來——在米糧即將缺貨的時候賣出，壓低糧價，就可以預防饑災。布施食物給病弱災民向來就是浪費、無效、而且只觸到困難的表層；預防才有用。頭腦清醒，有先見之明的人總是不耐煩的。熙寧八年（一〇七五年）大家都不想辦法，坐視饑荒來臨。那時神宗只好撥一百二十五萬石米糧，設立湯廚來施飯，結果還是死了五十萬人。除了人民的不幸，政府賑災費，減免稅款和各項歲收一共損失三百二十萬貫。蘇東坡指出，相形之下，他去年只用了六分之一的米糧就穩住物價，延緩了災情。現在第二次饑荒眼看要比第一次嚴重，就像病人舊病復發。人民的存糧一天天減少，政府必須立刻採取行動。

奇怪，除了蘇東坡，大家都漠不關心，他氣沖沖讀著朝廷的官報。浙江和鄰近各省的許多稅吏都只提到春天看起來頗有豐收的希望——沒有人提到最近的暴雨和洪水。蘇東坡要求朝廷准他用修築官舍的錢買米，因爲饑荒最重要。六個月之前，他曾請撥五萬貫買米，杭州區分到三分之一。政府付出這筆錢，但是鄰省一位名叫葉溫叟的稅吏，把蘇東坡該得的配額奪走了，錢一來，大家都想分到，但是現在沒有人願意報告災情。

蘇東坡在一道密告太后的附筆中說，「臣近者每觀邸報，諸路監司多是於三、四月間，先奏雨水勻調，苗稼豐茂。及至餓殍流亡，然後奏知。此有司之常態，古今之通患也。」他要求朝廷全面調查受災的地區。如果是他多慮，如果其它官員和他看法不同，請他們簽署報告，保證冬天饑荒不來，人民不會挨餓。

有一名御史名叫馬瑊。蘇東坡一再寫信和他會商，因爲計畫需要各區合作。但是馬瑊回信說他有別的事要忙，要到冬天才能回杭州。蘇東坡又寫信給他的好友浙東官吏錢勰說，「雖子功旦夕到，然此事得聚議乃濟數舍之勞，譬如來一看潮亦自佳事，試告公以此意勸之，勿云僕言也。」在七月的報表中，蘇東坡只要求撥米二十萬石。計畫很簡單。杭州是產米區，每年要送一百二十五萬到一百五十萬石米糧入京。杭州仍很富庶，付得出那個數字。只要獲准留下部分米糧，杭州可以改納同値的絲絹銀兩。他只希望朝廷准他們留下一部分皇糧，轉給各地糧倉就行了。

七月二十一、二十二、二十三日又下了一陣暴雨。二十四日雨水稍停，晚上又下了。蘇東坡睡不著，第二天早上就寫了「浙西災傷第二狀」。湖泊區的洪水愈來愈嚴重。太后能不能立刻留意他的第一狀？官差郵政系統還不錯。由杭州到京城只要二十天。八月四日，太后收到蘇東坡的第一份狀子，立刻採取行動。奏狀照例由中書省傳到戶部，要求十四天內做一報告。二十天後——八月二十五日——信件到達蘇東坡手中。由官方通訊看來，第一狀要求立刻行動的呼籲已經被刪除了。他立刻回信給戶部要求聯合調查，又要求自認不會有饑荒的人簽署保證文件。

八月中又連續下大雨。情況更危急。九月七日，蘇東坡將撥米要求由二十萬提高到五十萬石。他深怕饑荒真正來臨，政府要花十倍或二十倍的數目，說不定饑民還不能全部得救哩。太后批准了，但是官僚總有辦法阻礙聖詔。蘇東坡府庫中還有一些現款，但是問題不是找現款，而是找米糧。商人囤積穀物，等著漲價。蘇州米價已經漲到一斗九十五錢。蘇東坡要買米卻買不到多少。他零零落落買三千石，四千石，如此而已。鄰區官員不願買米存倉，因為價格太貴。蘇東坡相信政府應該介入市場，付出商人所討的數目，準備賠本賣出。

時間緊迫，因為收割的米糧幾週內就會賣光。四處都很慘，鄰近各區也一樣。九月中，蘇東坡又寫了一封信，要求政府下令官員由河南、安徽買米，存在揚州，準備災後發給湖泊區。他的計畫是米糧存在途中，萬一不需要，可以隨時送往京城。杭州可以用等值的錢貨代替每年的貢米。他的請求又獲批准，太后撥出一百萬貫來實現這個計畫。

他在第三封信的附筆中說，「今年災傷，實倍去年。但官吏上下，皆不樂檢放。只如近日秀州嘉興縣，因不受訴災傷詞狀，致踏死四十餘人。大率所在官吏，皆同此意。但此一處，以踏死人多，獨彰露耳。」如果太后信賴官吏的報告，那她永遠不知道實情。他提醒太后，前朝有五十萬人餓死，因爲有錢無米。「若來年人戶原不缺食，不須如此擘畫，則臣不合過當張皇之罪，所不敢詞。縱被誅譴，終賢於有災無備，坐視人死而不能救也。」

百萬撥款的結果如下。錢是有了，米卻沒有買進。他還被奪去五十萬石撥米。蘇東坡和政府算帳。蘇東坡堅持元祐四年（一〇八九年）得到的二十萬石不能算在元祐五年（一〇九〇年）份內，何況他上書的時候，穀倉本來就有十六萬石。聖召答應是一回事，經過重重官僚阻礙，實際得到的又是另一回事。他在對抗官僚的長戰中曾寫信給好友孔平仲說，「誰肯稍助我者乎。」

蘇東坡打算那年冬天開始賣官糧。不出所料，價格飛漲。冬天來了，他動手發賣官倉的存糧。但是元祐六年（一〇九一年），他奉召離開杭州任所，回到京師擔任翰林學士。他工作未完成就離開杭州，曾寫信給繼任林太守，叫他和所有使臣連絡，做一決定。他告訴林太守，上個月他曾要求保留朝廷的五十萬石貢米，林太守目前應該繼續留著。他可以藉口等蘇東坡最後一封奏摺的回音，遲交貢米，不會出問題的。如果米糧用不著，六月再送也不遲。

他在回京的路上乘機參觀蘇州和鄰近災區，設法和各省大官商議。他看見全區還埋在汪洋中，因爲洪水未退。這是春天，農夫希望洪水早退，他們趕得上春耕。低地的農田似乎無望了，但是他看見高地上老弱婦孺日夜排水，拼命和天氣對抗。雨下個不停，水一排乾，馬上又積滿了。饑荒已經發生。人民開始吃米糠、麥麩等豬食，加上芹菜和其它蔬菜。由於缺乏乾柴，大家都吃冷餐，很多人胃脹而死。「並是臣親見，即非傳聞。春夏之間，流殍疾疫必起。」

蘇東坡走了。饑荒來臨，不少人餓死。沒想到蘇東坡回到京師，卻被人指爲「論浙西災傷不實」。救民饑溺變成政客推翻他們所怕人物的一個好話題。就朝廷來說，京師並沒有饑荒。湖泊區還有一半人沒死呢。那年蘇東坡回到京師附近的潁州，看見長江以北受災的結果，災民因饑餓而棄家，流離五百哩，來到他的轄區。但是元祐六年（一〇九一年）收成不好，結果更嚴重。第二年遂演變成巨大的災難。

第二十三章　百姓之友

蘇東坡獨自奮鬥，想改革吏政系統而沒有成功。他無法叫政府採取預防措施，事先解除未來的饑荒。但是往後兩年他不斷對抗陰霾，終於使中國人民脫離王安石國營主義的遺禍。依照蘇東坡的說法，數百萬人民遭到毀滅，欠債下獄，或者離家逃避本金和利息的負擔。政府富裕，國家卻破產了。中國人民一年四季都是政府的債務人，政府查封了太多太多的抵押品，對於逃債遠走的人簡直不知道要如何收債。王安石死了，死後曾追封最高的榮銜。現在要靠蘇東坡來使政府宣布全面延緩人民的債務，讓他們不至於家破人亡。死者已矣，我們可以用超然甚至好奇的眼光來打量深不可測的官僚思想，在王安石興起的舊債叢林中狠心、漠然、無情地狙擊人民。

蘇東坡回到京師，迎接他的是一串猛攻和批評。情況對河北派非常不利。皇后召他回京，似乎要叫他做宰相。他弟弟不斷擢升，如今已是尚書右丞，尚書和中書、門下在宋朝政府中同爲三省之一。元祐七年（一〇九二年）六月，子由又升官了，這次是門下侍郎。照當時比較寬的說法，他也是「宰相」之一。難怪政敵們恐懼不安。現在太后又將他傑出的哥哥召回朝廷。蘇家政敵爲了自保，只好斷然一戰。

兩兄弟都位居高官，一直爭論該由誰出京，使另一個人免受猜忌。蘇東坡決定出京，但是子由說弟弟該讓哥哥。蘇東坡一回來就遭到御史們猛攻，更想撤退，就獻上第五封、第六封辭職信。

蘇東坡愈是要求離京，政敵們覺得愈嚴重。程頤的學生賈易在一萬五行字的奏摺中說，蘇東坡上表辭職，是運用壓力爭取相位。凡是能貶損他的任何事情，賈易都不放過。先帝死後兩個月，他在揚州一所廟牆上所寫的小詩，上朝時也被提出來。西湖的長堤被指爲「於公私皆無利益」。他還被控誤報杭州災情。蘇東坡上了一道「乞外補迴避賈易劄子」說，「易等但務快其私忿，苟可以傾臣，即不顧一方生靈墜在溝壑。」這又是一次公開的當廷的大爭吵。

蘇東坡的敵人有賈易——河南派垮了之後，他曾背棄自己的同黨——和另一個綽號「三面楊」的楊畏，此人曾先後背叛王安石、司馬光、呂大防、范純仁，不斷變更信念。但是蘇東坡這邊有不少當權的朋友。戰鬥很公平，結果卻只有一種，因爲雙方目標相同。敵人要他走，蘇東坡也想走，不管有沒有饑荒，政治鬥爭得到必然的結論，三個月後，蘇東坡奉調到潁州（阜陽）。

但是他的任務尚未完成。元祐六年（一〇九一年）收成不好，災情更加嚴重。他在潁州八個月，揚州七個月，因此有機會看到長江以北鄉村的情況。元祐六年（一〇九一年）他在潁州，有一次出城看見災民成群結隊由西南向淮河北岸進發。他報告說，農民開始撕下榆樹皮，和馬齒莧、麥麩一起煮粥吃。流寇滋生，蘇東坡報導許多搶劫的案件。他預言以後會更嚴重，到時候將有大批難民離開長江南岸。老弱倒在路邊，年輕力壯的就加入盜匪行列。

正是除夕。蘇東坡與皇家子孫趙令畤①走上城樓，看難民在深雪中跋涉。趙令畤說，第二天還沒有天亮他就被蘇東坡吵醒。

「我一夜睡不著，」蘇東坡告訴他，「我要想辦法救這些災民。也許我們可以撥些官糧，做麥餅給他們吃。內人說我們經過陳州的時候，傅欽之賑濟有功。我們忘記問他賑濟的方法。所以我來找你。你有沒有主意？」

「我想過了，」趙令時說：「災民需要的就是糧食和柴火。義倉積穀數千石，可以立刻分發。酒務處還有數十萬秤煤炭——可以分給窮人。」

「好，」蘇東坡說，「我們立刻辦。」

於是附近災民暫時得到救濟。但是淮南區的官吏還照樣抽穀稅和柴稅，蘇東坡寫信叫政府停止這一項愚行，如今柴米需要自由運輸。

元祐七年（一〇九二年）二月，蘇東坡奉調揚州。他的長子在外地任職。但是他到揚州途中，曾帶個小兒子參觀安徽各地。他遣開侍從，到鄉下和人民聊天。他看到難以相信的場面。大地充滿青翠的麥田，許多農舍卻空空如也。農民最怕豐年，因為當地官吏和士兵會來逼他們還貸款的本金與利息，抓他們下獄。蘇東坡到達揚州，在謝表中曾說「豐凶皆病」。中國農民和商人進退不得。他們必須在凶年的饑饉和豐年的牢獄之災中做一選擇。

這是王安石變法的遺禍。蘇東坡在杭州期間除了催政府撥錢糧賑災，還上了一道長表要朝廷放過人民的債務。貿易癱瘓，連富家也垮了。政府要求現金交稅，市上都看不見貨幣。國家的財富完全集中在府庫內，用做西北的戰費。與二十年前相較，杭州區的人民只剩下四、五成。政府本身也受害，蘇東坡指出，酒務收入由每年三十萬貫減到二十萬貫以下。市易法使小商人不復存在。富人替窮鄰居作保的制度，使很多富人也連帶破產。青苗的訴訟和問題多得難以想像。有些人冒名借款，說不定還得到官吏的默許呢。受害人有的與貸款無關，有的根本就不存在。政府檔案一片錯綜紊亂。手上握有幾千件抵押財產，有些已經充公。這些沒收品夠不夠本金，夠不夠本金加利益？利息怎麼算法？很多人因為買下訴訟中的產業而坐牢，誰也弄不清合法的主人是哪一個，大家都互相欠債。法庭忙著處理官債，沒有時間判決私債訟案。生意一向靠信用，如今誰的信用都不可靠，商業只好停頓。同時官僚腐化得叫人不敢相信。杭州每年要納一批絲絹給皇帝。稅吏一心想收到全額的貢品，常常丟棄壞絲絹。損失的金錢要設法補回；這全靠太守們由壞絹弄出錢來，於是強迫百姓以好絹的價錢購買。太守上受長官壓迫，底下又有靠債務而興起——像綿羊吃草長大一般——的吏卒作威作福。

中央政府的漠視和拖延令人吃驚。遠在元祐五年（一〇九〇年）五月，蘇東坡曾草擬議狀，要朝廷放過一切官債。新人上台，司馬光政府開始發還沒收的財產。但是朝廷的本意常被官僚所阻撓。此處不能詳述蘇東坡所氣的一切論點。有些官僚堅稱，朝廷下令發回沒收的財產，只限於三估以後「籍納」的產業，不包括政府現場「折納」的案件。兩者之間有微妙的差別，官僚認為立刻接受政府「折納」的人已經承認估價公平，因此不必發還他們的財產。蘇東坡對這種劃分頗為憤慨，認為不合聖詔的本意。

這只是官僚騙取人民權益的一個例子。蘇東坡一件件指出，聖詔被人誤解誤用，都對百姓不利。他的大論點是人民血汗已盡，政府向無力還債的人收取二十年的老呆帳有什麼用呢？例如酒務方面欠債的一四三三件案子中，經過政府二十年來的催繳，還有四〇四件使人民逃家，不敢回來。牽涉的錢數只有一萬三千四百貫左右。如果事情繼續下去，政府永遠收不到那一萬三千四百貫。政府何不立刻取消債務，贏得人民的感激？

蘇東坡等了一百零八天沒有音訊，那年九月他又上了一道奏摺，問前一封信結果如何。這是寫給太后的機密信，十二月八日，太后把信交給中書省，叫他們採取行動。十二月十九日戶部寫信給蘇東坡，說表狀遺失，叫他再寫一份。元祐六年（一〇九一年）一月九日，蘇東坡送了一道複本，又加註說二十年來貿易癱瘓，政府只有恢復人民的信用和存款，歲收才能增加。這是最後的陳情。將近兩年過去了，政府還是沒有行動。

這時候，湖泊區和杭州一次又一次歉收，元祐七年（一〇九二年）饑荒十分悽慘。照蘇東坡的說法，如今蘇州、湖州（吳興）、秀州（嘉興）等區居民死掉一半以上。大批災民越過長江。雖然積水漸退，田界卻完全沖垮了。

「有田無人，有人無糧，有糧無種，有種無牛。殍死之餘，人如鬼臘。」照蘇東坡的看法，政府全力幫助，這些地區也要十年才能復原。他指出，政府若早些採取他所提的措施，所花的經費必不及今天賑災的半數。「小人淺見，只為朝廷惜錢，不為君父惜民。」普天下受苦的蒼生怎麼辦呢？

元祐七年（一〇九二年）五月十六日，蘇東坡又提起放債的問題。他不像其它官吏，他在自己轄區內遵照聖旨，原諒一切聖詔所提的案件，情況不明的可疑案件則延緩一年起訴，等政府決定。他相信人民的信用若不恢復，情況不可能和緩，貿易也無法復原。重債高利像人民頸上的石枷。人民信用一毀，商業貿易也癱瘓了。這是萬惡的起源。他上了一道五千字的奏摺，詳述呆帳的解決辦法。有人賣公產欠債，有青苗債，官穀債，春稅和秋稅債，有人欠了市易機構的債，而市易機構已經廢止，政府下令分十期（半年一期）還舊債，有人因還不出來而欠了新債。這些情況連同杭州上表中所說的四種債務，一共十種，政府曾先後個別下令取消。蘇東坡回顧整個情況，寫下詳實的建議。最後他說：

「臣頃知杭州，又知潁州，今知揚州。親見兩浙、京西、淮南三路之民，皆為積欠所壓，日就窮蹙。死亡半年，而欠籍不除，以至虧欠兩稅，走陷課利，農末皆病，公私並困。以此推之，天下率皆然矣。臣自潁移揚，舟過濠、壽、楚、泗等州，所至麻黃如雲。臣每屏去吏卒，親入村落。訪問父老，皆有憂色。云『豐年不如凶年。天災流行，民雖乏食，縮衣節口猶可以生。若豐年舉債積欠，胥徒在門，枷棒在身，則人戶求死不得。』言訖淚下，臣亦不覺流涕。又所至城邑，多有城民……孔子曰：『苛政猛於虎』。昔常不信其言。以今觀之，殆有甚者。水旱殺人，百倍於虎。而人畏催欠，乃甚於水旱。臣竊度之，每州催欠吏卒，不下五百人。以天下言之，是常有二十萬虎狼散在民間，百姓何由安生。朝廷仁政，何由得成乎。」

這道劄子送上去一個月後，他又寫了一封私函給太后，建議她立詔如下：「訪聞淮浙積欠最多。累歲災傷，流殍相屬。今來淮南始獲一麥，浙西未保豐凶。應淮南、東西浙、京西諸般欠負，不問新舊，有舊官本，並特與權住催理一年。使久困之民，稍知一飽之樂。」然後他又勸太后依他前一封詳實的奏摺，分別立法放債。

元祐七年（一〇九二年）七月，蘇東坡的建議正式立詔頒行。他的願望實現了，奏摺中所提的公債全部由朝廷下令赦免。

注釋

①唐代亡於宗室藩鎮之亂，宋朝得到警惕，幾乎不給宗室任何權力。

第四卷 流放生涯

（一〇九四～一一〇一年）

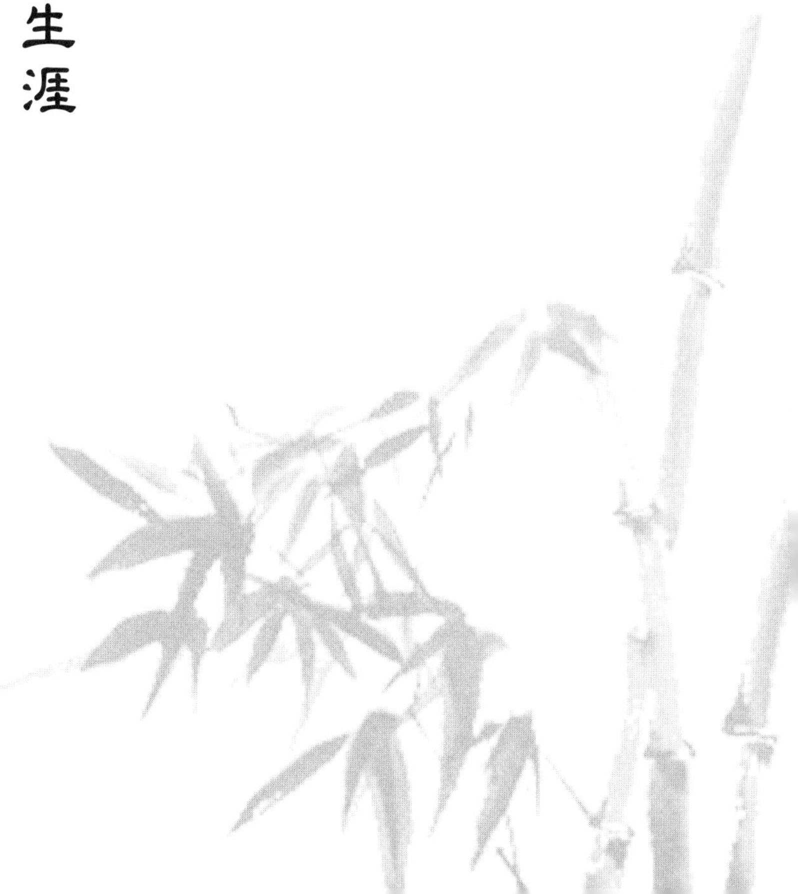

第二十四章　二度迫害

元祐八年（一〇九三年）秋天，兩個女人先後去世。一個是蘇東坡夫人，一個是太后，兩個人都可以說是他奧妙的守護神。她們仙逝不久，蘇東坡的命運正好全面轉變。八月一日蘇夫人去世，九月三日太后駕崩。他太太死時，蘇東坡的福祿達到最高峰，她死得恰是時候，不必陪他度過一生最悲慘的年華。蘇東坡由揚州回京，先後當了兩個月的兵部尚書，十個月的禮部尚書；他弟弟官拜門下侍郎。蘇夫人曾陪皇后祭拜皇陵，享受貴婦一切的榮寵。孩子都已娶親，留在她身邊。蘇邁三十四歲，蘇迨二十三歲，蘇過二十一歲。次子娶了歐陽修的孫女。

蘇夫人的葬禮非常隆重。她的棺材放在京城西郊的一座佛寺中，十年後才把他們夫妻合葬在一起。蘇東坡爲她寫的祭文措辭恰當，古雅質樸。文中說她是賢妻良母，待前妻的兒子如己出。他說她分享他一生的起伏榮辱，心滿意足。誓言將來要和她葬在同一墓穴。百日之後，蘇東坡請名家李公麟畫了一張十菩薩像，祭獻給她，還叫和尚做法事，保佑她水路平安，直升西方世界。

太后——神宗的母親，哲宗的祖母——倒真是蘇東坡的守護神。她一死，蘇東坡馬上倒楣，她攝政時的其它大官也一一遭殃。賢明的老太后早就感到政風將變，因爲孫子在她身邊成長，她太瞭解他了，他是一個愛好文藝的少年，其它方面處事輕率，脾氣暴躁，容易被老奸巨滑的小人所支配。他對祖母懷有惡感，可能是王安石的黨徒故意挑撥的。

太后死前十天，范純仁和蘇子由等六位大臣進去看她。

「我大概無法復原了，」太后說，「不能長期看著你們。你們要盡力侍候小皇帝。」

大臣即將告退，太后指名要范純仁留下來。於是哲宗叫別人退開，只剩范純仁和呂大防。

朝中傳聞太后謀反，要立自己的兒子爲帝，太后問道，「皇上年幼，神宗託老身治國。九年裏，你們可曾看我特別照顧高家？」

「沒有，」呂大防說，「太后未曾厚待娘家，一切以邦國爲重。」

「正是如此，」太后含淚說。「所以老身臨死才見不到自己的兒子和女兒。」她並沒有派兒子在京師做官。

「太后必能康復，」呂大防說，「請聽醫生的勸告。您現在不該說這些事情。」

「不，」太后說：「今天當你們的面，我要對皇上說幾句話。我知道我死後，很多大臣會愚弄他。孫子，你該當心。」她轉向呂大防和范純仁說，「我覺得老身死後，你們還是辭官歸隱吧，小皇帝會用新人。」

她問侍從，宮中有沒有請大臣吃飯，她對呂大防和范純仁說，「現在去用餐吧。明年此日，請記得老身。」

太后一死，蘇東坡就奉調離京。他自己請調，被派到最麻煩的區域。統領河北西部的軍區，擔任步兵和騎兵司令，衙門在北平附近的定州（今定縣）。根據宋朝體制，軍事將領都是文官，由將軍擔任副首長。蘇東坡任期不長，卻證明詩畫家也可以指揮軍隊。軍政腐敗，士兵薪餉低，衣服破，伙食差，軍營一塌糊塗。貪風很盛，軍紀鬆弛。官兵酗酒賭博，樣樣都來。這種軍隊臨戰一定逃光。蘇東坡著手修營房、整紀律，將貪污的官吏革職議罪，改善軍人的服裝和伙食。

有些卒吏看見蘇東坡懲罰貪污的官員，就來打上司的小報告。蘇東坡說，「沒你們的事，我自會處理。士兵如果可以密告長官，還有什麼軍紀可言？」告密的人也一併處罰。他對自己的統率尊嚴非常重視。他穿上軍服，舉行校閱，要將校副官按階級排列。將軍王光祖是驕悍的老將，在這個地區帶兵很久了，覺得自己的權力受到威脅。校閱時不肯參加。蘇東坡嚴令他出席，老將別無選擇，只好乖乖聽命。

一個王朝的悲劇在於皇后們有必要接連生出善良、聰明、能幹的兒子、孫子和曾孫，皇室才能長保權位——這是生物學上人類從來沒有聽過的不保險假設。天才不生天才，遲早賢明的君主會生出邪惡、昏庸的後代。國家的和平、安樂，甚至歷史的路線，都完全要看一家人遺傳基因偶爾的轉變來決定。大自然不容許一個家族壟斷才智，所以路易十六不像路易十四，喬治三世不像喬治二世。多虧這兩位神經兮兮的國王，法國大革命和美國獨立才能成功。

如今登基的十八歲小皇帝性好女色，常常逃學。元祐學者曾上書給小皇帝和太后，指責他沉迷女色，忽視學業，種下他對元祐學者的不滿。皇帝身邊有二十個宮女侍候生活起居，這倒合乎宮中體制。後來皇帝告訴章惇，有一天他忽然發現十個宮女被免職，換上新人。過了幾天，另外十個又走了，臨行向他道別，他看見宮女眼含淚光，似乎曾被太后嚴辭盤問。

如今小皇帝對兩位大臣特別不滿，我得解釋其中的緣故。劉安世幾乎送命，死裏逃生，范祖禹流放而死。四、五年前曾發生一件事。有一天，劉安世替嫂嫂僱乳娘，發現一個都找不到。劉安世等了一個月沒有消息，氣沖沖問佣工行的老太太為什麼找不到人。

「大人，」老婦說，「我已經盡了力。內廷要十個乳娘，我今天才送去哩。」

「胡說！」劉安世大吃一驚。「皇帝未娶，他要乳娘做什麼？」

老婦解釋說，東門官吏嚴令她守密。劉安世不相信。他寫了一封短簡給內廷的朋友，證實有這回事。於是劉安世上書給太后和皇帝，除了談別的事情，還說，「乃者民間驩傳宮中求乳媼，陛下富於春秋，未納后而親女色。臣初聞之，不以為信，數月以來傳者益多，言之所起必有其端。」他警告說，消息傳開，老百姓一定不高興。

另一位大臣范祖禹則上書給皇帝，「臣今秋聞外人言陛下於後宮已有所近幸。臣誠至愚，不能不惑。陛下今年十四歲，此豈近女色之時乎，豈可不愛惜聖體哉？」（譯註：范祖禹的奏議很長。此處是林先生的節錄。）

據說這個謠言是出於誤會。有一天早朝後，太后叫呂大防留下來，對他說：「安世上書談到宮中找乳娘的事。用意雖善，卻不明內情。乳娘不是皇帝找的，是要侍候幾個還在吃奶的小公主。他始終跟在我身邊，睡在內殿。我想這個謠言沒有根據。我問過宮女，沒查出什麼。請你叫安世不要上書談這件事。」

「劉安世是諫官，」呂大防說，「照規定，宰相不能私下和諫官會面。」

「那我們怎麼對安世傳達旨意呢？」太后說。

「我常在集英殿見到范祖禹，我正要去看他，叫他把太后的旨意轉告安世吧。他們是同鄉。」

「范祖禹也上書談這件事，」太后說，「你也叫他別提了。」

口信傳到劉安世耳中，他對范祖禹說，「這件事影響皇上的爲人，我怎能閉口不講呢。你是陛下近臣，你也該說話呀。」

「我說了。」范祖禹答道。

兩個人都認爲，奶娘的事情也許是出於誤會，但是他們應該繼續提出政事的諍言。劉安世不但得罪了皇帝。太后攝政期間他反對赦免章惇，也引起這位兇徒滿心的恨意。

另一方面，蘇東坡以前的好友章惇卻利用小皇帝對女人的喜好。後來他被指控爲：「以倡優女色敗君德，以奇技淫巧蕩上心。」他知道皇帝寵愛「劉美人」，不喜歡皇后。我們不可能細談這位逃過靖康之難的廢后一生的經歷，那簡直可以寫成一部好小說了。我只約略提一下，皇后被控行妖術。有人把道家符咒由窗口丟入她房間，適時被調查人發現。宮女在刑求之下，只好供述她們看見皇后把細針插入劉妃像的心臟部位，這是道術中害敵人心痛的方法。三十名宮女幾乎活活被鞭死；案件不照一般法庭程序審理，完全在宮中進行。皇后被貶爲尼姑。劉妃這才說她的胸痛停止了。她升爲皇后，小皇帝很高興。不過後來劉后卻自殺而死。

王朝命運，國家和平所依賴的宋室子孫竟是這麼一個人。幾個狡詐的大臣操縱著十八歲的少年，造成了無法彌補的國亂。

新政府的大標語是「紹述」（恢復祖先作風），在中國人眼中名正言順。皇帝決心重拾神宗的經濟政策。顯然在這個標語之下，太后攝政期間的大臣都會揹上破壞先皇政績的死罪。這表示不忠於先皇。在蘇東坡的前科中，這個罪名一再出現。儘管神宗的母親證實——小皇帝和大臣都在場——神宗後期對自己的錯誤早有悔意，儘管大臣可以提醒小皇帝太后對他說的話，這個標籤卻可以用來貶黜反對新政的人。

紹聖元年（一〇九四年），夏初，章惇在「三面楊」的推薦之下當了宰相。要讓小皇帝相信元祐臣子都是他的敵人，章惇不能只控告他們推翻先皇的措施。這群人都是精明的政客。他們必須讓皇帝怨恨元祐黨人。皇帝最切身的創痛莫如有人和祖母謀奪他的皇位。他們捏造死人的談話，威逼內廷官吏，終於創造出莫須有的叛變謠言。

太后攝政期間，章惇和蔡家兄弟失勢。蔡確怨極生恨，就傳播太后謀立自己兒子的傳說。罪行被揭發，蔡確流放而死。現在太后死了，謠言又起，變成重大的政治問題。

現在他們指控司馬光和王珪參加密謀。除了兩段捏造的對話，找不到其它的證據。死人既不能證實，也不能否認。據說司馬光曾和范祖禹討論這個想法，范祖禹流放在外，如果詳加盤詰，他一定會否認。太后想罷黜親孫，這個印象已經造成。她兩位私人秘書有一個叫陳衍，已經流放到南方。他們背著他私自定罪，判他死刑。另一位秘書被帶到京師。章惇和他打交道。章惇折磨他一番，問他要死，還是要以太后私人秘書的身分證明她陰謀推翻小皇帝。「老天，我不能指控太后莫須有的罪名！」他不肯屈服，於是調查就此中斷。但是章惇和蔡氏兄弟已經在皇帝心中造成他對司馬光和元祐黨人的猜忌。

「元祐大臣都如此嗎？」皇帝問道。

「他們有這個打算，」章惇說，「只是沒機會實現罷了。」

推翻皇帝的大「陰謀」揭開了。小皇帝憤怒填胸。他們甚至說要把太后的靈牌趕出皇家祖祠，幸虧小皇帝還有一點理智，沒有照准。他對章惇說，「你要我永遠不進英宗祖祠嗎？」免職、流放和監禁的詔命接二連三發下來。除了蘇東坡，還有三十多位元祐大臣遭到貶黜和流放。懲罰之嚴，史無前例。

章惇報仇的機會來了。太后攝政期間他曾被監禁，如今瘋狂報復。蘇東坡預言會殺人的傢伙如今得勢了。他在百尺深淵上跨越獨木橋面不改色，一向敢做任何事情。他在京師曾和「族叔」的小妾私通，情急跳出窗戶，壓傷街上的行人，不過此案沒有正式偵辦。王安石當政期間，正派學者都因抗議而去職，章惇卻一步一步往上升。

章惇四月拜相，馬上把老黨徒扶回高位。這些都是不簡單的人物，都以殘忍、奸詐而知名。「三面楊」是他的好朋友。蔡確死了，不過其它人還活著。雙面人惠卿回來當官，但是過去聲譽太差，所以沒有多大的進展。王安石的另一位親信曾布也回來了。北宋的奸臣蔡氏兄弟進入政治劇場的中心，以暴政將國家推上滅亡的道路。中國歷史上若有一個時期可以稱得上殘暴與混亂的時代，那就是蔡京手下的政府了。他替皇帝建設精美的樂園，在中國歷史中寫下最可怕的一頁，因爲皇家樂園也用不著國人付出那麼多悲慘的代價呀。園中每一塊異石，每一朵奇花，都曾犧牲幾條人命。讀到徽宗和大臣們讚美這個花園、假山、清溪、異石的詩句，我們不禁脊骨發冷，感受到中國文學史上未有過的悲劇。悲劇在於作者並不知道這些。

王安石當年罷黜反對派，與這回第二次迫害相比，簡直像小孩子的玩意兒。司馬光和呂公著已死，他們在墳墓裏也不得安寧。死者兩次被削去封號和官銜。這樣還不夠。章惇勸皇帝挖司馬光的墳墓，打爛棺材，鞭屍示眾，以警告所有不忠的臣民。在小皇帝心目中，司馬光變成元祐時代奸詐、不忠、邪惡的象徵。上朝的時候，大家都表示贊成，只有許將不說話。小皇帝打量他，退朝後叫他留下來。

「你爲什麼不說話？」皇帝問他。

「我覺得這樣沒有用，會給政府留下污點。」許將回答說。

命令不通過，章惇沒有如願，但是其它的懲罰卻實現了。司馬光的家產充公，子女的官銜和俸祿都被取消，政府爲他建的墓園奉命拆毀，太后所立的碑銘也搗得稀爛。還有人建議燒毀司馬光的《資治通鑑》。有人反對，說先帝曾親自爲這本書寫過序文。這個不容答辯的論點似乎突然回到老白痴腦中，於是宋朝以前的標準史書《資治通鑑》才沒有遭劫。章惇想對司馬光「鞭屍」不成，堅持要嚴厲對付他的家人。曾布常常勸章惇和蔡氏兄弟不要太過份。他說：

「我們不該削奪大臣子孫的官祿，創下惡例。別忘記，我們的子孫將來也許會碰到這種情形。而且司馬光和韓維的家人享受政府封祿已近十年。突然削奪未免太不人道。」

「不，」章惇說，「韓維辭官才幾年而已。」

「也有六、七年了，」曾布說，「何況他當權只有一段很短的時間。如果你堅持要懲罰後人，那就只罰司馬光和呂公著兩家吧。但是我覺得，我們根本就不該懲罰家人。削去死人的爵位謚號就夠了。」

「那有什麼用呢？」章惇說。「就算鞭屍對他們也沒有害處。死後貶官他們能感受什麼？我們唯一真實的行動就是嚴罰他們的後人。」

「你要這樣才滿意，」曾布說，「但是我們真該好好考慮一番。我只是覺得，我們不該創下先例。」

曾布是經驗之談。章惇後來自食惡果。他無情迫害蘇家兄弟，不讓他們流放期間有舒適的住宅。子由貶居雷州，被迫遷出官舍，只好向老百姓租房子。章惇乘機告蘇家兄弟非法侵佔民宅。上面派人調查，幸虧子由拿出合法租屋的證據。後來章惇被貶到同一地區，這回該他租房子了。城中百姓討厭他，就說：「我們怎麼敢租房子給你？我們以前租房子給蘇氏兄弟，差一點惹上麻煩。」

章惇沒有瘋——他只是一心要報復，又怕反對黨活著，有機會回來。除了韓維，所有大臣都發配到南方或西南，有的充軍，有的當酒監，最輕的擔任太守。一向與人無爭的四朝元老文彥伯，九十一歲還遭貶黜，一個月後就死了。呂大防、范祖禹、劉摯和梁燾都在流放期間死去。劉、梁二人在七天之內先後橫死，當時章惇曾派兩名使者勸許多大臣自殺，大家都認為他們是被人害死的。章惇恨意太濃，竟下令梁燾的遺體不許運回故鄉祖塋安葬——這是中國人心目中最殘酷的事情。

章惇最恨劉安世，劉安世曾阻撓別人赦免他。政府派出一名使者到南方處決太后的私人秘書陳衍，章惇又叫他去看貶居南方的劉安世，勸他自殺。劉安世是好人，使臣拒絕這麼做。章惇目的不達，就和當地一名商人打交道，讓他當稅吏，叫他去殺劉安世。商人已經上路，急急忙忙去執行謀殺的使命，自認對方沒有時間逃走。劉家聽到消息，哭做一團，劉安世本人卻泰然自若，照常吃喝。午夜時分商人來了，吐血倒斃在門口。劉安世後來全壽而終。

在迫害的暗景中，范純仁的性格有如一盞明燈。蘇東坡早年和父親、弟弟一同進京，途中在江陵小歇，就認識了名臣范仲淹之子范純仁。他們始終很友善，互相尊敬。但是不像范鎮和范祖禹一家那麼親密。范純仁做官的記錄毫無瑕疵，是名父的名子，也是接受太后遺囑的兩大臣之一。小皇帝知道他的名聲，所以他平安無事。四月，蘇東坡等三十餘人遭到放逐，范純仁自請罷官。皇帝看他意志堅決，准他在京師附近的家中隱居。章惇想把他也一起流放。

「他是奸黨之一。」章惇說。

「純仁忠心為國，」皇帝說，「他不是元祐黨人；他只想退隱。」

「他辭職抗議，可見他是元祐奸黨。」章惇說。

范純仁在家沒有住多久。故相呂大防不算好領袖，政績卻不差，如今七十一歲，老病交迫，已放逐一年多。以儒家標準來說，這件事太不人道。沒有人敢為他說話，范純仁就敢。親友都勸他不要多事，他說，「我年近七十，兩眼半瞎，難道我願意流放千里？不過這件事不說不行；我知道往後的命運，但是我還是要說。」他上書要求赦免老宰相，結果自己也被貶到南方。

這位老先生高高興興上路，孝順的家人也陪他同行。每當他的孩子說章惇的壞話，他就出聲阻止。有一次船翻了，他濕淋淋被拖上岸。他轉向子女開玩笑說，「你們覺得這也該怪章惇嗎？」他雙眼幾乎看不見，卻和家人過得很幸福。後來哲宗去世，徽宗一再施恩示賞。朝廷派御醫照顧他，要他回去當宰相，但是他拒絕了。大赦的時候，他已有十幾位家人貧病而死，他也在北返途中去世。

蘇門四學士當然也全部遭殃。放逐的人不得安寧，他們一再貶官，被人調來調去。朝廷設立特殊的機構來整元祐黨人，無一倖免。這個機構負責把元豐八年（一〇八五年）五月到紹聖（一〇九四年）五月元祐年間的官方通訊全部歸檔分類。誰要是開口反對王安石的財經政策，就算毀謗神宗。他們仔細調查，先後處罰了八百三十位官吏，分類檔案共有一百五十二卷。最後以第一章所說的「元祐黨人碑」達到迫害的高潮。

子由三月被免職。他一直反對「紹述」政策，但是他免職的經過卻道出小皇帝昏庸的性格。子由引用史例，說繼任的皇帝常常修改先皇的措施。其中曾引漢武帝爲例，因爲漢武帝時期，中國的聲威遠達突厥各地。那時章惇還沒有拜相，有一位姓李的官員想取代子由。他告訴小皇帝，把先皇比爲漢武帝是一種污辱；小皇帝對歷史一無所知，居然相信了他的話，就把子由貶官，調到汝州當太守。過了幾個月，子由又奉調轉往高安。

第二十五章　嶺南謫居

紹聖元年（一〇九四年）四月，章惇拜相，他的巨斧首先落在蘇東坡身上。蘇東坡最先被貶到廣東高山南部，通稱爲「大庾嶺外」的地區。他被削去官銜，調任英州（今南雄）太守。他察覺到眼前的變化，卻不知道第二次迫害嚴重到什麼程度。先前太后逝世，他即將到定州任職，皇帝不准他上殿辭行，他就感到事態嚴重了。八年來他曾斷斷續續教過小皇帝，非常瞭解他。一年前他曾上書直告皇帝，如果皇上不聽大臣勸告，蘇東坡在朝中擔任侍讀，還不如「醫卜執技之流，簿書犇走之吏」。

但是他並不明白以後的命運。貶到南雄當太守並不特別辛苦。章惇是他的老朋友。年輕時共遊陝西諸山，蘇東坡曾開玩笑說章惇會殺人；但他們還是朋友，他對自己貶官毫不意外。罪名是一再重覆的老調子，不外乎「毀謗先帝」。證據是元祐年間他所擬的王安石親黨的解職令。「毀謗先帝」如今變成對付元祐大臣的常用措辭。蘇東坡是奉太后的口令寫聖詔，這一點對方並不考慮。他的免職令如下：

「若譏朕過失亦何所不容。乃代予言詆誣聖考。乖父子之恩，絕君臣之義。在於行路猶不戴天，顧視士民復何面目。汝軾文足以惑眾，辯足以飾非。然而自絕於君親，又將誰懟。」

現在蘇東坡由華北動身，要走一千五百哩到嶺南，他一生東飄西落，在神明安排的旅程中，這只是另一步路，天生註定，如今才展露在他面前罷了。他年屆五十七，已看過太多榮辱起伏，不會輕易被新變局嚇倒。命運要他晚年脫離政治，做一個普通人，他一向渴望如此。他一步一步前進，了無懼意，心境十分安詳。過去他曾以真理和誠心勇敢地面對每一個問題與情境；他甘願一切聽上蒼安排。

蘇東坡最先被貶到嶺南高山外，有一種異樣的卓越感，就帶著家人出發。他弟弟已經在汝州任職，離京師很近，他先去向弟弟爭取財政的支援。蘇東坡不善理財。太后攝政九年間他官運不錯，但是他一直調來調去，老是把薪餉花光。另一方面他弟弟不斷升遷，最後當上「宰相」。蘇東坡去看他，子由給他七千緡供家人在宜興定居。他從子由居處回來，發現他的官階又降了一次，南雄的派令倒沒有更改。他上書請願，希望皇帝准他坐船走，算是對老教師的一項恩惠。他怕走一千五百哩陸地，自己會病死在路邊。請願獲准，他把全家——包括三個兒媳婦——送在宜興湖泊區的蘇宅。大家淚眼汪汪，但是蘇東坡決定只帶朝雲和兩個小兒子同行。

他們在南京對岸的儀真（譯註：古書寫成「儀真」，現代地圖作「儀徵」。）休息，已經是六月了。迫害元祐學者的舉動達到高潮；現在有三十多位大官遭到流放。蘇東坡第三次貶官。他不再當太守，而改派到廣州東面七十哩的惠州擔任建昌軍司馬。情況完全變了，他決定把次子遣回宜興田莊，只帶二十二歲的蘇過、朝雲和兩名老女佣同行。門生張耒當時在靖江擔任太守，派了兩名老兵一路侍候他。

這是愉快的旅行，經過美麗的鄉村、丘陵、谷地、清溪、崇山峻嶺，他一路大飽眼福。路上發生了一件刺激的妙事。他乘官船進發。他在九江以南的鄱陽湖休息，意外聽到第四次貶官的詔命。運輸使者聽到這個命令，就派一隊士兵收船。士兵來時正是午夜。蘇東坡約定第二天中午交船，軍官答應了。距離南昌的湖港還有十二哩。如果他幸運抵達南昌，就安全無虞了，但是風向如果不順，他們一家會連人帶貨被趕下船去。他到龍王廟祈禱，龍王專管船夫的安全。他對神明解釋自己的處境，如果明天中午到不了目的地，他只好露天過夜。話剛說完，強風就灌滿小帆，官船全速前進，黎明就抵達目的地。日後蘇東坡回來，曾經向龍王謝恩。

九月他穿過大庾嶺，古代中國人到廣東一定要走這條路。這條山隘邊築有三、四百碼的石級路，兩邊綠樹成蔭，供旅客休息。很多旅客在石頭上刻詩寄情。蘇東坡站在山峰上，雲天近在頭頂，彷彿置身夢境中，頓時忘記肉身的存在。他由高處俯視人類的卑鄙行徑，清朗的山風把他心裏的俗念一掃而空。穿過大庾嶺，他乘機參觀現在的南雄和南華寺，那是禪宗佛教的聖地。

他在南雄和廣東之間某地碰到一位老道士吳復古，在他流放期間與他關係很密切。吳復古是一個怪人。這些年來，他曾在不同的地方和蘇東坡不期而遇。蘇東坡最先在濟南認識他，後來在京師重逢。這個人在幹什麼？他沒有職業嗎？他靠什麼過活？他是不是存心和蘇東坡交往，有求於東坡，尤其蘇東坡在朝廷得勢期間？但是吳復古從來沒有求過蘇東坡，也沒有求過他認識的其它大臣。他突然消失，如今竟在這兒遇到他。吳復古是真正的道士。道家最關心身心的自由，無憂無慮的心境，只要身體強壯，欲望簡單，很多人都過著令人羨慕的自由日子。自由的代價是甘願捨棄名利，能忍受簡單的食物、衣著、住所，步行千哩。必要時就露宿野地。吳復古一無所求。他時出時沒，蘇東坡想到自己若不投身政治，也許會過那種生活。

紹聖元年（一〇九四年）──歐洲第一次十字軍東征前兩年──十月二日，東坡抵達惠州。很多事情又陌生又親切。這是亞熱帶地區，他看到橘子、甘蔗、荔枝、香蕉園和檳榔樹。生活在這個地方還挺不錯哩。兩條河由北面流過來，在城東會合。頭兩週太守招待他住在官舍裏。他站兩河交會口的「合江樓」上，看見大江流過城市，對岸歸善縣的山城立在陡坡上。大小石頭林立岸邊，悠閒的百姓正在釣魚。正北是羅浮和象頭山，他知道自己一定會去探險。

這是中國南方，與他想像中不同，到處充滿深綠的菜蔬和亞熱帶的水果。「嶺南萬戶皆春色」，大家意外看到這位詩人，不知道他犯了什麼罪被貶到該區。東坡想起蘇武流放漠北，並不知道晚年還能回中國，又想起管寧流放遼東，決定終生在那兒居住。惠州風光優美，人們對他很不錯。後來他遷居到對岸的嘉祐僧舍，他說不久連狗和雞都認識他了。

他爲對岸松風亭所寫的短記最能表達他的人生觀。他搬到嘉祐寺之後，常常逗留在山頂的小亭裏。有一天他正要回家，看到他家高高出現在樹頂，路程頗遠，雙腿頓感疲倦萬分。他轉念一想，「此間有什麼歇不得處。由是心若掛鉤之魚忽得解脫。若人悟此，當恁麼時也不妨熟歇。」

他又恢復了自然的本性。他在廣州曾買了一些檀香，現在他常關門靜坐，享受奇特的異香，反省自己以往的錯誤。有時午後小睡一回，涼爽的江風吹進窗口；房頂的烏鴉打斷他的幽夢，他突然覺得自己已卸下一切責任。他看到大江的光影射入他房中。真美，他暗自說，美得像清空的明月。他不懂爲什麼有人喜歡雲中的翳月。他覺得晴空是光明磊落的象徵。

他寫信給朋友說，他來了半年，已經適應該地的氣候，心中無憂無慮，因爲他向命運妥協，毫無疑惑地接受了。黃州老友陳慥寫信說要來看他。由漢口到惠州有一千哩路，蘇東坡回函如下：

「到惠將半年，風土食物不惡，吏民相待甚厚。孔子云『雖蠻貊之邦行矣』；豈欺我哉。自失官後，便覺三山跬步，雲漢咫尺，此未易遽言也。所以云云者，欲季常安心家居，勿輕出入。老劣不煩過慮……亦莫遣人來，彼此鬚髯如戟，莫作兒女態也……長子邁作吏，頗有父風。二子作詩騷殊勝，咄咄皆有跨竈之興。想季常讀此，捧腹絕倒也。今日遊白水佛跡，山上布水三十仞。雷輥電散，未易名狀，大略如項羽破章邯時也。自山中歸來，燈下裁答，信筆而書，紙盡乃已。三月四日（一〇九五年）。」

他外在的生活並不寂寞。不出所料，鄰近地區的官員都把握良機來結交這位名詩人。惠州東、西、北面五區的太守不斷送酒送菜給他。惠州太守詹範和博羅縣令林抃成爲他最親密的好友。其它好友如杭州和尚參寥，常州的錢世雄經常派信差帶禮物、藥品和信件給他。蘇州有一位姓卓的佛教信徒特地步行七百哩，由湖泊區帶來蘇家子女和親朋的音訊。蘇東坡的兩個兒子住在宜興，沒收到父親的消息，心裏很掛念，卓契聽到了就說，「咦，簡單嘛！惠州又不是天上，你一直走，總會到嘛。」一卓契長途跋涉，翻山越嶺，抵達惠州的時候面孔晒黑，雙足也起繭了。

蘇東坡就這樣和北方的家人保持連絡。怪道士吳復古陪他住了一個月，後來兩年內一直在惠州和子由的居地高安之間來來去去。另一位蘇東坡故鄉的道士陸惟忠跋涉兩千哩來看他。蘇東坡發現了一種新酒「桂酒」，他說是天神的甘露。他開玩笑寫信給陸惟忠說，單單桂酒便值回千里跋涉的辛勞代價，陸惟忠就來了。

有時候太守詹範會派廚師帶酒菜到蘇東坡家吃一頓。有時候蘇東坡邀朋友在城西的大湖喝兩盅，大湖位在山腳下，旁邊有一個大亭台和兩座寺廟。偶爾他也去釣魚，坐在河邊的大圓石上。有一天他抓到一條鱔魚，帶酒帶魚到太守家吃飯，蘇東坡常到白水山遊玩，有時候和兒子去，有時候陪太守或新來本地的客人。

他寫給弟弟的信有些還頗愉快哩。有一封信談到他臨機發明的烤羊脊。

「惠州市肆寥落，然日殺一羊。不敢與在官者爭買。特囑屠者，買其脊骨。骨間亦有微肉，熟煮熱酒漉，隨意用酒薄點鹽炙。微焦食之，終日摘剔牙綮間，如蟹螯逸味。率三五日一餔。吾子由三年堂庖，所飽芻豢滅齒而不得骨，豈復知此味乎。此雖戲語，極可施用。但為眾狗待哺者不悅耳。」

蘇東坡一到本區，發現這裏酒類不專賣，每一家都自釀好酒。他喝第一口蜜柑酒，就覺得自己彷彿在遙遠的邊區找到了真正的友伴。他給朋友的信中一再讚美本地的酒香不凡，微甜而不膩。使人精力充沛，紅光滿面。他曾寫詩大誇這種酒，說人喝多了覺得飄飄欲仙，可以飛天涉水。他學了釀酒的秘方，刻石爲記，藏在羅浮鐵橋下，只有尋仙的人能找到。

蘇東坡至少寫了五、六篇酒賦。最有趣的是「東皐子傳後記」。東鄰太守送他一些酒。他正在讀漢朝酒仙東皋子的傳記。在謝函中，蘇東坡加上附註，說明他喝酒的習慣，漫不經心寫下兩大「至樂」，不高明的作家至少會添到四、五個以上。

「予飲酒終日，不過五合。天下之不能飲，無在予下者。然喜人飲酒。見客舉杯徐引，則予胸中為之浩浩焉，落落焉，酣適之味乃過於客。閑居未嘗一日無客，客至未嘗不置酒。天下之好飲亦無在予上者。常以謂人之至樂，莫若身無病而心無憂，我則無是二者矣。然人之有是者接於予前，則予安得全其樂乎。故所至常蓄善藥，有求則與之。而尤善釀酒以飲客。或曰『子無病而多蓄藥，不飲而多釀酒，勞己以為人，何也。』予笑曰，『病者得藥，吾為之體輕。飲者困於酒，吾為之酣適。蓋專以自為也。』

東皋子待詔門下省，日給酒三升。其弟靜問曰『待詔樂乎？』曰『待詔何所樂，但美醞三升殊可戀耳。』今嶺南法不禁酒，予既得自釀，月用米一斛得酒六斗。而南雄、廣、惠、循、梅五太守間復以酒遺予。略計其所獲，殆過於東皋子矣。然東皋子自謂五斗先生，則日給三斗，救口不暇，安能及客乎。若予者乃日有二升五合，入野人道士腹中矣。東皋子與仲長子光游，好養性服食，預刻死日，自為墓誌。予蓋友其人於千載，或庶幾焉。紹聖二年（一〇九五）一月十三日。」

蘇東坡寫過一篇酒頌。就是不解杯中樂趣的人，讀到他描寫半痴半醉的幸福狀態，也會爲之入迷。

濁醪有妙理賦

酒勿嫌濁，人當取醇。失憂心於昨夢，信妙理之疑神……仔人之生，以酒為命。常因既醉之適。人識此心之正。稻米無知，豈解窮理。麴蘖有毒，安能發性。乃知神物之自然，蓋與天工而相並。得時行道，我則師齊相之飲醇。遠害全身，我則學徐公之中聖。湛若秋露，穆如春風。疑宿雲之解駁，漏朝日之暾紅。初體粟之失去，旋眼花之掃空……兀爾坐忘，浩然天縱。如如不動而體無礙；了了常知而心不用。座中客滿。惟憂百榼之空。身後名輕，但覺一盃之重。今夫明月之珠，不可以襦，夜光之璧，不可以鋪。芻豢飽我而不我覺，布帛襖我而不我娛。惟此君獨游萬物之表，蓋天下不可一日而無。在醉常醒，孰是狂人之藥。得意忘味，始知至道之腴。

蘇東坡不但是美酒鑑賞家和試驗家，他還自己造酒。他在定州任職數月，曾試做蜜柑酒和松酒，甜中帶點苦味。在「松醪賦」中，他曾提到松脂的蒸法，製酒的過程倒不清楚。到了惠州，他特釀桂酒，而且第一次嚐到南方的特產「酒子」。米酒還沒有完全發酵就取出來，酒精含量不多；結果有點像微酸的淡色啤酒。他曾在一首詩的前敘中說，他一面濾酒一面喝，終於酩酊大醉。

他給朋友的信裏介紹「真一酒」的方子。這種聖酒用白麵粉、飯糰和純淨的春水做成，顏色如玉。上好的麵粉加上酵母菌，揉成麵麴，掛起來風乾兩個月。然後煮一斗米，撈出用水沖淨。慢慢晾乾。把三兩麵麴磨成細粉，和熟米拌勻。放入罈中壓緊，中間留一個圓錐形的小坑。再留一些麵麴粉，等中間洞口流出酒液，就灑在表面上。酒液夠多了，再挖開罐中熟米，加些新煮的米飯，比例是一斗舊米加上三升新米，再加兩碗開水。大約三天到五天後，就釀成六升的好酒來，但是時間要看天氣而定。夏天酵母應該減半兩。

我們說蘇東坡釀酒只是玩票，不是真正的專家，也不算冤枉。造酒只是他的嗜好，他死後經常有人向蘇過和蘇邁乞討他們父親釀酒的方子，尤其是蘇東坡信中、詩中常提的蜜柑酒。兒子們大笑，蘇過說，「家父喜歡實驗，他只試過一兩次。蜜柑酒味道就像土酥酒。」蘇東坡也許不太有耐心，不肯一心一意試到底。據說大夥兒喝了他在黃州所釀的「密酒」，常常鬧腹瀉。

紹聖二年（一〇九五年）四月十九日，他堂妹去世了。不幸史料中沒有留下她的名字；東坡一直叫她「堂妹」或者（蘇家）「小二娘」。過了三個月，他才由她丈夫的信中得到消息。幾年前他曾寫信給一位親戚，說他旅途中無法到常州去看堂妹，感到很遺憾，可見他對堂妹的愛心始終不渝。去年她和丈夫似乎北遷到蘇東坡任職的定州去了。她丈夫柳仲遠是一個正直的窮學者，科舉沒有考中，很喜歡收藏名畫和書法。蘇東坡在京師，他曾登門拜訪，蘇東坡寫了幾幅字畫給他。後來蘇東坡寫信給程之才，提到堂妹的死訊，曾告訴姐夫（也是表哥）他「情懷割裂」，又寫給堂妹的兒子，說他「此心如割」。這種表示哀慟的形容詞在中文裏十分普遍，不過仍表現出深刻的悲哀。

他獻給她的祭文顯然是聽到死訊後寫的，表現出極深的個人情感。文中說，他祖父孫兒輩只剩下四個，也就是東坡、子由、子安（他伯父的兒子，留在家鄉替兄弟們照顧祖墳）和他堂妹。她「慈孝溫文，事姑如母，敬夫如賓。」然後就談到切身的感覺。他希望她的兩個兒子長大能光耀門楣。「一秀不實，何辜於神，謂當百年，觀此騰振。云何俯仰，一嚬再呻。救藥靡及，奄爲空雲。萬里海涯，百日計聞。拊棺何在，夢淚濡茵。長號北風，寓此一樽。」

一年後她丈夫去世，他們的棺材雙雙運到靖江附近的老家。

蘇東坡剛到惠州不久，便接到一個令人擔憂的消息。自從他姐姐去世，他父親和姐夫一家絕交，他們兄弟已四十二年沒有和姐夫程之才說過一句話，寫過一封信，不過他們和程家其它的兒子倒有書信來往。章惇得知這個怨隙，就派程之才到南方擔任提刑，處理重大的訴訟和上訴的案子。

程之才紹聖二年（一〇九五年）一月抵達廣州，那時蘇東坡剛來三、四個月。蘇東坡不知道程之才是不是有心忘卻前嫌，將來局面如何。他透過一位朋友送了一封正式的拜函給他，得知程之才三月要到惠州。爲了不出錯，他派蘇過帶一封歡迎信去接他，說自己「杜門自屏，省躬念咎。」這時候程之才已年屆六十。結果程之才本人也很想彌補過去的爭端，和這位出名的親戚重修舊好。程之才曾要求他爲祖先寫一篇短傳，那人就是蘇東坡的外曾祖父。也許血濃於水，也許整個眉州都以大詩人爲榮，程之才也分享了這種心境。從此他們的關係日漸真誠，彼此互寄不少書信和詩篇，後來蘇東坡還求助於他。程之才在惠州住了十天，就四出查案，不過那年大抵在廣州附近。

現在程之才的友誼變成蘇東坡替該區百姓謀福利的手段。他雖然無權連署公文，卻充分利用他對程之才的影響。他早已告別高級政壇，卻不能不管鄰居和城中百姓的福利。如果有什麼不對勁，蘇東坡又有力量糾正，他就不能坐視不管。

紹聖三年（一〇九六年）大年初一，博羅發生大火，使他激動異常。全城都燒毀了。要放糧救濟火戶，建立暫時的居所，阻止搶劫。衙門全毀，需要重建。蘇東坡怕積習又出現。政府爲重建而乘機剝削人民，地方政府強徵物力和民力。他叫程之才通令地方政府，維持市場的貨源，不准強徵民貨。他說，否則「害民又甚於火矣」。

他站在惠州街頭，看到令人唏噓的場面。他看到農夫載運一車車米穀到城中交稅。因爲收成好，米價下跌，官廳不肯收。這是蘇東坡最關心的問題。他上前詢問，知道糧價太低，政府要現款。農夫只好賠價賣穀來換錢，但是他們繳的稅金卻根據糧價高的時候來計算。結果他們欠一斗糧稅，卻要賣兩斗才交得出來，他寫了一封長信給程之才，就像當年寫給太后的長篇上書一樣，指明這是百分之百剝削農民。他要求程之才和稅吏談判，建議政府照低糧價來收稅。幾個月之後，他聽說三個稅吏決心聯合向上請願，心裏很高興。

現在他開始關心本城的改善工作。他性愛建築，曾與程之才和太守、縣令商量，建了兩座橋，一條橫越大江，一條橫越惠州的湖泊。建橋的時候，子由的太太捐出一大堆朝廷當年送她的金幣。從事這項工作期間，他還做了一件百姓感激的事情，就是建一個大塚，重新安葬無主的孤骨。骨骸安置好之後，他爲這些不知名的死者寫了一篇祭文。他相信這些屍體不是百姓就是軍人。他遺憾有些骨骸不完整，他只好通通放入大塚內，但是希望英靈能像一家人和平共處。他還在城西湖泊附近建了一個放生池。這是佛家的設施，以輪迴觀念爲基礎，認定很多魚前生也是人類。魚兒一入放生池，就終生安全了。這個湖泊變成有名的「蘇東坡放生池」，直到十九世紀，該區的文人和百姓逢年過節還常買幾條魚放入池中。

他一向注意小東西。有一件新玩意兒在他貶居黃州期間就令他深深著迷，那是農夫的設施，名叫「秧馬」，專在稻田插秧的時候用。種稻一向叫人腰背疼，農夫必須在水田裏來來去去，整天彎腰工作。秧馬就像小浮筒，農夫可以坐著種稻，雙足當短槳划來划去，馬頭就像裝稻苗的器具。又省時又省力。他想介紹到南方。他十分熱中，曾在不少信件中提過。他給一位太守送行，曾叫他推廣秧馬，還勸他說，爲官的秘訣就是「使民不畏吏」。

蘇東坡失去權位，又是當權者眼中釘，早已沒有年輕時「責君至善」或改變帝國命運的野心。他只是惠州的平民，他的問題就是鄰居翟秀才和林太太的問題，林太太是讓他賒酒的釀房老婦。他的朋友包括道士吳復古、陸惟忠和羅浮的和尙。文人和官吏間也有不少知交。

他不能做公僕，卻可以做一個關心公務的百姓。省城廣州離那兒不遠，太守王古是他的朋友。他知道廣州常發生瘟疫，就寫信叫王古設一個基金來建公立醫院，學他在杭州的辦法。廣州人也像杭州人一樣，飲水不潔，是該城疫病的主因之一。一位他認識的道人對於引山泉入廣州訂了完善的計畫。城中有一口好井，只供官吏用。但是七哩外就有一汪好泉水，水位比城市高多了。蘇東坡向王古推薦鄧道士的計畫，設立幹管把泉水引入廣州。

這些幹管可以用大竹節來做，廣東東部產竹甚豐。先在山泉建一個大石槽，用五條竹管由山上運水到城內的另一口大石槽中。蘇東坡詳細說明管線的作法，他在故鄉早已十分熟悉。先用麻線綁接竹節，然後上一層厚漆來防漏。每一節鑽一個小洞，用竹釘塞牢，如果有任何部位阻塞，可以隨時分段檢查。他估計一萬根大竹就夠了。但是這些竹節必須定期檢查和更換，和現代的鐵路枕木差不多。當局應該任命官吏經常督看水管，申請東區每年供應換新的巨竹。他怕給朋友惹麻煩，特地叫王古別讓人知道是他的主張，因爲他已經失勢。但是王古日後卻爲了「妄賑饑民」而丟官。

第二十六章 仙居伴朝雲

蘇東坡在惠州的故事總是離不開朝雲。他死後，白鶴峰的居所被人闢爲「朝雲堂」。王朝雲是杭州人。東坡第一次謫居返京途中，她的兒子在襁褓中去世，使旅途平添了不少辛酸。後來她一直跟著他，如今又陪他再度流放。秦觀曾寫詩說她美如春園，眼如晨曦。她還年輕，到惠州那年只有三十一歲。蘇東坡已年屆五十七，但是白髮紅顏，情深依舊。她聰明、愉快、活潑、有靈氣。蘇東坡一生所遭遇的女人中，她似乎最能瞭解他。她敬仰這位大詩人，精神上儘量和丈夫達到同一境界。蘇東坡晚年有朝雲相伴謫居，不但寫下他滿心的感謝，還寫詩讚美她，把彼此的熱情化爲共尋不朽的友誼。

蘇東坡常把朝雲比做「天女維摩」。經文記載，佛陀曾化身林中賢者，住在某一城內，有一天他和門徒討論佛理。空中出現一個天女，把花瓣灑在他們身上。眾菩薩身上的花瓣都滑落地面，只有一個人例外。花瓣附在他衣服上，不管大家怎麼拍打，都無法揮去。天女問道，「你們爲什麼要揮去他身上的花瓣？」有人說，「花瓣不合法性，才會黏在他衣服上。」天女說，「不，不怪這些花瓣，只怪花瓣附身的人。如果信徒還有差別眼光，他們的思想言行就不合法性。要消除一切差別，才能依法性生活。花瓣不附身的菩薩已消除一切別相。正如恐懼；除非人先害怕，恐懼不會侵入心中。如果信徒貪生怕死，那麼視覺、嗅覺、味覺、觸覺都有機會騙過他們。征服恐懼的人能超越一切感覺。」

蘇東坡到惠州那年，曾寫兩首詩詞給朝雲，戀愛情操與宗教情操交織在一起，十分出色。第一首詩是他抵達兩週內寫的，稱讚她不像白居易的侍妾小蠻（譯註：應為「樊素」之誤）離開年邁的主公，倒像通德終生陪伴伶玄。他遺憾朝雲的孩子中途夭折沒有長大，把朝雲比爲天女維摩。她撇開舊日的長袖舞衣，如今忙著讀經和煉丹。等仙丹煉成，她就要向他告別，到仙山去了，不再像巫陽的仙女，繫念俗世的姻緣。

激情的昇華在下一首詞中更加明顯。情感和宗教混合得十分巧妙：

「白髮蒼顏。正是維摩境界空，方丈散花何礙。朱唇箸點，更髻鬟生采。這些個千生萬生，只在好事心腸，著人情態。閒窗下斂雲凝黛。明朝端午，待學紉蘭為佩。尋一首好詩，要書裙帶。」

朝雲對道家長生術也很感興趣。到了惠州，蘇東坡自覺應該再認真煉丹。無論他住在左岸或右岸，他在惠州的書房總是叫做「思無邪齋」。學者選擇書齋的名字通常都用一兩個字表現他的人生觀。如今蘇東坡不但信仰簡樸的生活和無邪的思想，而且相信「思無邪」是簡樸生活的基礎。控制心靈以求長生不朽是他結合儒家、道家、佛家訓示所得到的結論。不過他爲「思無邪齋」所寫的碑記含義卻不只這些。文中指出，他一心修煉下腹的「內丹」。這是押韻的碑銘，他自己相當得意；不過他用的全是道家秘術用語，翻成英文如果不加長註，讀者一定看不懂。

簡單地說，他要吸收飲食的靈氣，藥草的精華；靠鉛汞的幫助，滋養浩然正氣。曬朝陽沐月光也很有用。他打算煉的是「思無邪丹」。他相信如今正是時候。他在一篇筆記中說，白居易也曾煉丹卻失敗了：他在廬山頂造了一間村舍，內置丹爐，他接受新官位的頭一天，丹爐和丹鍋同時壞掉。可見長生和榮華不可兼得。人必須決定在世上過活躍的生活，還是逃避一切，追求永生。現在蘇東坡相信他已告別榮華，希望追求不朽能夠成功。

他對於內丹煉成的可能性到底有多少信心，我們無法知道，他是敏銳的觀察家，雖然常常服丹汞玩道術，他卻看出健康的基礎在於遵行幾道常識簡則。他寫給肺癆病人陸道士的一封短簡中說，「嵇中散云，守之以一，養之以和，和理日濟，同乎大順」，再加上山居道士和現代療養院病人所能享受的便利與活動，也就是飲春水、曬朝陽等等。

蘇東坡追求永生，朝雲在另一方面也和他合作。紹聖二年（一〇九五年）左右，蘇東坡開始一個人睡覺。他寫信給一個朋友說，「養生亦無他術，安寢無念，神氣自復。」另一封給張耒的信中，他自承已獨睡一年半，覺得好處不少。他說禁欲起先很困難，就像素食者開始斷肉一樣，還推薦以下的辦法；例如斷肉的人不應該立志永遠不吃，他應該先試三個月，這樣比較容易施行。等三個月過去，可以再延三個月，以此類推。

朝雲在宗教上進退兩難。她已經正式向比丘尼義沖學佛。佛教對性問題有一套特殊的看法。佛理正確表示，我們憑感官所認知的世界都是幻影，只有「佛」是絕對真實的。我們的意識包在知覺習性中，必須努力打破知覺的習慣，逃避感官世界的幻覺，才能得到解脫。不管儒家批評者怎麼說法，蘇東坡和朝雲——如今可以看做他的妻子了——都算佛教徒。他們共同建造放生池。蘇東坡說朝雲喜歡行善，這是佛家的訓示。

蘇東坡克己甚嚴，不只於這些。紹聖二年（一〇九五年）下半年他患了痔瘡，失血頗多。他自病自療。他不但讀過一切藥書，還常常加註說明各種容易搞混的藥草有什麼特性。他對痔瘡有一套理論，說是一隻小蟲在體內啃咬，最自然的療法就是「主人枯槁則客自棄去。」他斷絕一切食物，連飯都不吃，只吃不加鹽的麵餅和胡麻、茯苓。過了幾個月，居然暫時痊癒了。

這時候，他對自己煉丹的成就愈來愈懷疑。他發現自己太容易激動，不配成仙。他寫信給弟弟討論辰砂保存的方法，說子由性情寧靜，成功的可能性較大。他寫詩談到古書《山海經》說「金丹不可成，安期渺雲海。」就算金丹煉成又有什麼用呢？只要深呼吸控制精液就成了，這一點他早已做到。

對自己的前途他還不敢確定。他一到這兒就說要在惠州安居。另一方面，他又不知道自己下一步會被貶到什麼地方。若要永遠住在惠州，他就先造一棟房子，叫子孫由宜興搬來。紹聖二年（一〇九五年）九月，皇室祭告先祖，照例要大赦天下。那年快到年尾他才知道，元祐大臣都不在特赦之列。這道消息至少有安神的效果，使他定下心來。他寫信給程之才說，「某睹近事，已絕北歸之望。然中心甚安之，未話妙理達觀。但譬如原是惠州秀才，累舉不第，有何不可。」給好友孫勰（志康）的信中說，「今者北歸無日，因遂自謂惠人。」對曹輔司勳則寫道，「近報有永不敘復旨揮。正坐穩處，亦且任運也。現今全是一行腳僧，但吃些酒肉爾。」

既然一切都確定了，他決心建一棟房子。那年下半年，他寫了一封長信給王鞏。「某到此八月，獨與幼子三庖者來。凡百不失所，某既絕此棄絕世故，身心俱安。小兒亦超然物外。非此父不生此子，呵呵。子由不住得書，極自適，餘無足道者。南北去住定有命，此心亦不念歸。明年築室作惠州人矣。」

第二年三月，蘇東坡開始在河東一座四丈高的小丘頂建築房屋，離歸善城牆很近。經過定期的戰爭和災荒，這棟房子至今仍在，稱爲「朝雲堂」。它在蘇東坡的作品中稱爲「白鶴居」，能看見河流北面轉向東北的美麗風光。佔地只有半英畝，又受後面小丘和下面陡坡的限制，房子的格局必須適應小量有限的地面，一邊寬一邊窄。靠城牆的一端已經有兩棟小屋，一棟是翟秀才的，一棟是釀酒老婦林太太的，他們都是好鄰居好朋友。他挖了一個四丈深的水井，翟先生和林太太也得到不少方便。另一方面蘇東坡可以賒酒喝。後來他離開這兒，還繼續送禮物給老太太。

房子很精緻，一共有二十「室」，在中文裏，「室」代表一個空間單位。南端的小空地種了橘子、柚子、荔枝、楊梅、枇杷、幾棵檜樹和梔子。一位太守替他找花果樹，蘇東坡要他找中等的，因爲老了等不及小樹長大，大樹又很難移植。提到大樹，蘇東坡曾叫朋友們先劃定方位，再把樹木挖出來。中國人移植大樹往往先割斷一條大根和中根，用土掩好，讓大樹慢慢適應。第二年再割對面的大根，覆上泥土。第三年標明樹幹的方位，移植到新地點，樹幹的方位要和原來一模一樣。如今蘇東坡的「思無邪齋」立在白鶴峰上，另一個廳堂名叫「德有鄰堂」。孔子說「德不孤，必有鄰」，名字就由此而來。恰巧這兩個名稱都是四個字，普通書齋名都是三個字居多，蘇東坡用四個字給書齋命名，造成當時的新風尚。鄰居的房子在他屋後東北面，完全被他的房屋堵住了。北邊的前門俯視江水，可以看見幾哩外的鄉村，景色壯麗，連白水山和遠處的羅浮山也盡收眼底。

上樑的時候，他寫了一篇賦，充份描寫四面的風光。上樑和打地基一樣，是社區的一件大事。鄰居紛紛帶雞肉和豬肉來慶賀。這篇歌賦有六節，都以口語開頭，類似「起錨囉」或者莎士比亞詩中的「嘿喲」等字眼。

「兒郎偉　拋樑東　兒郎偉　拋樑西（等等）」

這六節詩分別由東、西、南、北、上、下各方來描寫屋前的景致。東面山上有一座佛寺隱在高高的森林裏，他春天睡覺常聽到廟院的鐘聲。往西看去，可以望見拱橋跨越碧綠的溪水，縣令晚上來看他，長堤上的燈光依稀可見。南面有古樹映在深邃的江水中，他自己的果園則有兩棵橘樹。風光最好的是北面，江水環抱山腳轉向縣城。附近的岸邊有一個釣魚的好去處，他可以在水邊逛一上午，不覺得時光飛逝。

他要求上蒼保祐大家。願農夫的穀倉常滿，海上沒有暴風。鄉村空氣清新，居民永遠健康。有了好收成，林太太的美酒可以常常賒給顧客。最後祈求上蒼保祐所有的朋友，祝他們長壽好運。

這時候，蘇東坡遇到一件傷心的慘事。紹聖二年（一〇九五年）七月五日新居正要完成，朝雲卻患瘟疫去世。這是赤痢風行區，她可能是死於痢疾。蘇東坡的兒子蘇過外出搬運木材，她直到八月三日才下葬。她是虔誠的佛教徒，臨死還唸著《金剛經》的一道偈語：

「一切有為法　如夢幻泡影

「如露亦如電　應作如是觀」

根據她的遺囑，蘇東坡將她安葬在城西豐湖邊的山腳下，靠近一座亭台和幾間佛寺。墓後有山溪瀑布流入湖中。墳墓設在幽靜的地點，山坡級級下降，有如衣上的縐紋。正後方是一片大松林，站在墓邊可以看見小塔頂立在西面山脊彼端。左右兩邊都是佛寺，距離只有三分之二哩，訪客可聽見傍晚的鐘聲和松林的輕唱。附近各廟的和尚籌錢在墓頂建了一座亭閣來紀念她（**六如亭**）。

她下葬後三天——八月六日——晚上下了一場大雨，第二天農民看見墓邊有大腳印。大家相信是聖者來引朝雲進入西方世界。八月九日晚上要做佛事，事前蘇東坡父子特地去檢查聖徒的足跡。

蘇東坡熱愛朝雲，不但從墓誌銘可以看出來，她死後，他還寫了一詩一詞來悼念她。「悼朝雲」中遺憾她的孩子夭折，時光無情，往事不再，他只能以小乘禪經來送她。她來世間也許是補償前債，一眨眼她就去了，說不定來生比現在好得多。聖塔就在附近，每天傍晚她可以出來尋訪仙伴。

以前蘇東坡曾寫過三首詩描寫松風亭附近的兩棵梅樹，充分表現他的才華。那年十月梅花又開了，他再度寫詠梅詩（**詞**），以花來象徵墓裏的朝雲。比喻很恰當，因爲月光下的白梅向來被視爲白衣的仙子，外貌迷茫，很難和世俗生活聯想在一塊兒。他用字巧妙，可以當做詠梅詞，也可以當做歌頌愛人的作品。

「玉骨那愁瘴霧，冰肌自有仙風。海仙時遣探花叢，倒挂綠毛么鳳。

素面常嫌粉污，洗妝不退唇紅。高情已逐曉雲空，不與梨花同夢。」

豐湖是蘇東坡最喜歡的野宴場所。朝雲死後他不忍再去。他把她安葬在神聖的地方，下面他們合建的放生池，將是她英靈最感安慰的畫面。

從此蘇東坡就鰥居到老。次年二月新居落成，他鑿好果園，挖好水井，蘇邁帶著蘇過和自己的眷屬來到惠州。次子蘇迨一家留在宜興，因爲蘇東坡對他期望頗高，希望他準備趕考。兩對兒子媳婦共有三個小孩，兩個是蘇邁的，一個是蘇過的。長孫二十歲，已經娶親，次孫蘇符也到了娶親的年紀，蘇東坡作主讓他娶子由的外孫女，也就是他的亡婿王適的女兒。

建屋幾乎把他的積蓄全花光了，他靠蘇邁微薄的薪金過日子，蘇邁在朋友安排下，擔任南雄附近的小官。

蘇東坡自以爲晚年可以定居惠州，沒想到突然被貶到海外。新居落成兩個月，移居海南島的命令就來了。有人記載說，他寫了兩行詩描述他在春風中小睡、聆聽屋後廟院鐘聲的情景。章惇讀到這段詩，就說，「原來蘇東坡那麼愜意！」於是頒布了移居的命令。

第二十七章　海外

海南島當時是中國的版圖，不過居民大部分是黎人，只有少數漢人住在北海岸。蘇東坡流放到那兒，遠離中國文明世界的範圍。幾百個新政受害者只有他被貶到該區。為了阻止元祐大臣回來，兩年間，政府下令驅逐和處罰所有前朝有關的人物。蘇東坡流放不久，司馬光的子孫就被削去一切官爵，大批高官——包括子由、范純仁——都被貶到西部和西南各地。連九十一歲的老臣文彥伯也不能倖免，被削去幾個官銜。對蘇東坡打擊最大的是罪臣親戚不准在附近做官的新令。蘇邁在南雄附近任職，當然也丟了差事。

現在那棟房子是蘇東坡唯一的財產了。政府一共欠他兩百貫當地的貨幣，照京師幣值算起來是一百五十貫，是他三年來該得的薪金。蘇東坡沒有領到錢，就寫信給好友廣州太守，請他利用職權叫稅吏付款。王古曾經照蘇東坡的建議設醫院，賑濟貧民，不久就因「妄賑饑民」而遭到免職，蘇東坡到底有沒有領到錢，史上並無記載。

照西方的算法，他現年六十歲。誰也不知道他要流放多久，他似乎不可能活著回中國了。兩個兒子陪他到廣州，蘇邁在河岸上向他告別，蘇過則把妻兒留在惠州，陪他到海南島去。要到目的地，蘇東坡必須上溯西江，走幾百哩到現在廣西的梧州，然後南行到雷州半島渡海。他抵達梧州，聽說他弟弟剛經過該地，要到雷州半島的新任所去。據說他們兄弟被貶到這兩區，是因為地名和蘇家兄弟的名號剛好字尾相同（**子由到雷州，子瞻到儋州**），章惇覺得很有趣。子由也帶了太太和第三個兒子媳婦同行，他們這幾年來一直和他住在高安。

到了梧州附近的藤州，蘇東坡和弟弟碰面了。如今他們在這種情況下相逢。那是貧瘠的所在，兩兄弟到一家小店吃午餐。子由習慣好飯菜，吃不下店裏的粗餅。東坡幾口就吃光了，笑著對弟弟說，「你是要慢慢品嘗這些美餐嗎？」（**譯註：也有人記載，這段故事是蘇東坡和黃庭堅幾年前相遇時發生的。「老學庵筆記」說：「呂周輔言東坡先生與黃門公南遷，相遇於梧藤間。道旁有鬻湯餅者，共買食之。粗惡不可食，黃門置箸而歎，東坡已盡之矣。徐謂黃門曰，『九三郎尚欲咀嚼耶』大笑而起。」**）他們起來走出店門，慢慢帶家人向目的地進發，儘可能拖時間，蘇東坡知道他們一抵達雷州，他就得立刻出海。

雷州太守很崇拜蘇家兄弟。他熱烈招待他們，還送來一些酒肉——結果第二年就被彈劾免職了。蘇家兄弟死後，子由雷州的寓所變成蘇家兄弟的祠堂。

東坡不得不離去，子由陪他到海邊。臨別前夕，兄弟倆和兒子們在船上過夜。蘇東坡痔瘡復發，痛得厲害，子由勸他戒酒。他們曾相對吟詩，蘇東坡試探子由幼子的作詩技巧。這次離別很悲哀，也許一輩子見不到面了，他們整夜沒有睡。臨別蘇東坡曾寫信給王古：「某垂老投荒，無復生還之望。昨與長子邁訣，已處置後事矣。今到海南，首當作棺，次便作墓。仍留手疏與諸子，死即葬於海外，生不契棺，死不扶柩，此亦東坡之家風也。」

那天他向先聖祈禱。當地有一座廟宇祠奉兩位征服南方的將軍。渡海的旅客向來要到廟中請教航行的吉日。預言常常應驗，於是蘇東坡也遵照一般的習俗去祈禱一番。

紹聖三年（一〇九七年）六月十一日清晨，兩兄弟揮手告別，蘇東坡就帶著幼子出發，雷州太守特地派幾位兵丁一路侍候。航程很短，那天天氣不錯，蘇東坡可以看見島上山丘稜線模模糊糊顯露在地平線上。他心裏很不平靜。海洋對他並不像西方詩人那麼可愛。事實上他「眩懷喪魄」。但是他們平安抵達了。登陸後，蘇東坡向西北岸的儋州目的地進發，七月二日抵達。

他剛到那兒，一位好縣令張中就來看他們。他不但仰慕蘇東坡，而且善於下棋，張中和蘇過變成好朋友。他們常常對奕一整天，蘇東坡就在旁邊觀戰。張中好意讓蘇東坡住在張家隔壁的官舍。不過那個地方又小又破，秋雨一來房子就漏水，蘇東坡晚上只好把床搬來搬去。這是官舍，張中用公款修了一下，後來卻害他惹上了麻煩。

照漢人的眼光看來，這個小島簡直不堪一住。氣候潮濕，夏天悶熱，冬天有濃霧。秋雨期間什麼都發霉，蘇東坡曾經在床柱上看見一大堆死白蟻。不健全的氣候使人沒法想到長生的問題。他曾經寫道：

「嶺南天氣卑濕，地氣蒸溽，而海南為甚。夏秋之交，物無不腐壞者。人非金石，其何能久？然儋耳頗有老人年百餘歲者，八、九十者不論也。乃知壽夭無定，習而安之，則冰蠶火鼠皆可以生。吾甚湛然無思，寓此覺於物表。使折膠之寒無所施其冽，流金之暑無所措其毒，百餘歲豈足道哉。彼愚老人者初不知此。如蠶鼠生於其中兀然受之而已。一呼之溫一吸之涼，相續無有間斷，雖長生可也。九月二十七日。」

走出海岸的城鎮，島民大部分是黎人，他們與漢族移民的關係並不友善。土人住在熱帶山區，後來日軍攻擊珍珠港之前，曾經利用土人從事多年的叢林戰爭。土人不識字，本性單純誠實，常常被狡猾的文明漢人所欺騙。他們懶得耕種，靠打獵爲生。此地和四川、福建的某些地區一樣，由女人做工，男人在家照顧小孩。黎人婦女在叢林中砍柴，運到城市去賣，刀斧等金屬器具、穀類、布匹、鹽和泡菜都由中國運來，他們用龜殼和沉水香來換這些東西，沉水香是中國普遍採用的名貴薰香。連米都從大陸輸入，因爲土人一向吃芋頭白水。冬天運米船沒有來，蘇東坡也只好這麼吃法。

居民都很迷信，生病只有巫醫，沒有醫生。島民治病的唯一辦法就是到廟中求神，殺牛獻祭。結果每年要由大陸運來很多牛隻，供人獻祭。蘇東坡是佛教徒，曾想改變這種風俗，但是風俗當然不可能輕易更改。他寫道：

「嶺外俗皆恬殺牛，而海南為甚。客自高化載牛渡海，百尾一舟。遇風不順，渴飢相倚以死者無數，牛登舟皆哀鳴出涕。既至海南，耕者與屠者常相半。病不飲藥，但殺牛以禱，富者至殺十數牛。死者不復云，幸而不死，即歸德於巫。以巫為醫，以牛為藥。間有飲藥者，巫輒云神怒，病不可復治。親戚皆為卻藥禁醫，不得入門，人牛皆死而後已。地產沉水香，香必以牛易之。黎人得牛皆祭鬼，無脫者，中國人以沉水香供佛燎帝求福，此皆燒牛肉也，何福之能得。」

漢人向來無法征服叢林的土著。軍隊一來，土著就退入叢林，漢人不再前進，因爲誰也不想住在山區。雙方不和的時候，土人偶爾會襲擊城鎮。有時候他們被漢族商人欺騙，無法到中國法庭求公道，唯一的辦法就是抓住他，勒贖來彌補損失。後來蘇過曾寫一篇兩千字的長文討論這種情況，認爲只有公平交易和公道執法能懾服土人，安撫土人。蘇過認爲，土著都是誠實的好人，只因爲中國法庭不能給他們公道，他們才被迫自己執法。

這次是真正的貶居，老人的身體實在吃不消。東坡說島上什麼都沒有。「此間食無肉，病無藥，居無室，山無友，冬無炭，夏無寒泉，然亦未易悉數，大率皆無爾。惟有一幸，無甚瘴也。」但是他不屈的靈魂和人生觀不容許他失去生活的樂趣。「尚有此身付與造物者，聽其運轉流行坎止無不可者。故人知之，免憂熱。」他寫信給一位朋友說。

章惇和蘇東坡其它的敵人對他無可奈何，十分氣憤。元符元年（一〇九八年）九月十二日，他寫一則日記談到他的困境。

> 「吾始至南海，環視天水無際，悽然傷之曰『何時得出此島也。』已而思之：天地在積水中，九洲在大瀛海中，中國在少海中。有生孰不在島者。譬如注水於地，小草浮其上，一蟻抱草葉求活。已而水乾，遇他蟻而泣曰『不意尚能相見爾』。小蟻豈知瞬間竟得全哉？思及此事甚妙。與諸友人小飲後記之。」

蘇東坡也許是倔強，也許是真的掌握了自己。至少他從未失去幽默感。參寥派了一個小和尙帶信帶禮物到海南島來看他，並說要親自來訪。蘇東坡回信說，「某到貶所半年，凡百粗遣，更不能細說。大略似靈隱天竺和尚退院後，卻在一個小村院子折足鐺中罨糙米飯吃，便過一生也得。其餘瘴癘病人，北方何嘗不病，是病皆死得人，何必瘴氣。但若無醫藥，京師國醫手裏，死漢尤多。參寥聞此一笑。當不復憂我也。相知者即以此語之。」

他貶居最後一年所寫的一則筆記，也許最能表現他對島上生活的看法。

「己卯（一〇九九年）上元，余在儋耳，有老書生數人來。過曰：『良月佳夜，先生能一出乎？』予欣然從之，步城西，入僧舍，歷小巷。民夷雜揉，屠酤紛然，歸舍已三鼓矣。舍中掩關熟寢，已再鼾矣。放杖而笑，孰為得失。過問，『先生何笑。』『蓋自笑也，然亦笑韓退之（韓愈）釣魚無得，便欲遠去。不知走海者未必得大魚也。』」

蘇東坡曾經對他弟弟說，「我上可以陪玉皇大帝，下可陪卑田院乞兒。在我眼中天下沒有一個不是好人。」現在他和沒沒無聞的窮學者、農夫農婦交往。他和這些純樸小民談話不必有戒心，自由自在，最能表現自己。家裏一天沒有客人他就不自在，別人不來他就出去拜訪鄰居。和黃州時期一樣，他與高官、平民、學者、農夫雜處。聊天總是他發言；他天生愛說話。但是他也希望別人開口。他帶著海南種的大犬「烏嘴」到處閒逛。他和村民坐在檳榔樹下，想暢談一番。無知的窮農夫能對他說什麼呢？農夫對這位大學者敬畏萬分，「我們不知道要談什麼。」蘇東坡說：「那就談鬼吧，說幾個鬼故事來聽聽。」對方會說他們沒聽過什麼好的鬼故事，他說：「沒關係，就談你們聽過的好了。」後來蘇過告訴朋友，他父親如果一天沒看到客人，就好像有什麼不對勁似的。

就是在這麼偏遠的地方他還不能安靜度日呢。元符元年（一〇九八年），迫害元祐學者的行動達到最高峰。紹聖四年（一〇九七年）除夕前幾天，兩位元祐大臣在一週內先後去世，死因可疑。新春兩位已故大臣的子女被捕入獄，太后的私人秘書被人處死。朝廷全面調動貶居的大臣。那年夏天，子由、秦觀和鄭俠也奉命移居，我們記得鄭俠就是推翻王安石相位的小宮廷門吏。

三月間，怪道士吳復古又在海南島出現，陪蘇東坡住了幾個月。他帶來一道消息，朝廷派董必來報導放逐大臣的一切，必要時甚至起訴他們。儋州當時屬於廣西省，起先朝廷派奸臣呂惠卿的兄弟呂升卿在該地，他是元祐大臣的死敵。這麼一來，蘇家兄弟不死也要慘到極點，曾布等人警告皇帝，派升卿只會鼓勵私人報復，他不可能公平報導。那就表示政府有意走極端。由於他們干涉，升卿被派到廣東，董必派到廣西。董必當然找出了毛病；他說子由強佔民宅，雷州太守慷慨招待罪臣並加以照顧。太守遭到革職，子由被調到蘇東坡原貶居地惠州以東的一個地區。

董必像瘟疫由雷州半島降臨海南。但是他的助手彭子明對他說，「別忘了你自己也有兒女。」董必就不再前進，只派一個官員過海去探查蘇東坡的近況。那個官吏發現他住在官舍裏，張中對他不錯，彼此時相往來，於是張中就被免職了。

蘇東坡被逐出舊居，只好用餘錢立刻蓋一間陋室。新居位在城南的檳榔樹叢中。該區人民，尤其幾位窮學者的兒子紛紛來幫他蓋屋。這是一間五「室」的陋屋，不過可能只有三個房間。他把新居命名為「桄榔庵」。屋後是叢林，晚上蘇東坡躺在床上可以聽見土人獵鹿的聲音。本地產鹿。有時候獵人大清早會來敲門，送他一些鹿肉。五月他寫信給一位朋友說：「初至僦官屋數椽，近復遭迫逐。不免買地結茅，僅免露處。而囊為一空。困厄之中，何所不有。置之不足道，聊為一笑而已。」

他很少恨別人，但是他當然不喜歡董必。對這位趕他出門的大官他得開開玩笑。「必」「鼈」同音，他寫了一篇寓言，結尾提到鼈相公。有一次東坡喝醉了，故事由此開始，龍王命魚頭小鬼把他拖入海裏。他身穿道袍、草鞋、頭戴黃帽，不久就發現自己走在水中。突然雷聲大作，海洋翻轉，刹那間他已來到龍王的水晶宮內。龍宮照例鑲滿珍珠、珊瑚、瑪瑙各種寶石。龍王盛裝出現，兩個女侍陪在一旁，蘇東坡問龍王要什麼。不久皇后走出簾幕，給他一塊十尺的名貴絲綢，要他題詩。題詩對蘇東坡是易如反掌。他畫了一張水底世界圖，水晶宮裏還射出異光，題好詩大家都圍過來看。蝦兵蟹將紛紛稱讚不已。鼈相公也在。他上前對龍王說，蘇東坡這首詩有一個字用了龍王的名諱。龍王聽了他的話，不禁對蘇東坡非常氣憤，「余退而嘆曰，到處被（鼈）相公廝壞。」

蘇東坡寫了三、四首寓言，但是中國文人寫虛構的作品直到十三世紀才真正蔚成風尚。蘇東坡的故事就像唐宋其它作家所寫的寓言一樣，只不過是明顯的教條加上一層薄薄的創造力罷了。

小屋完成後的兩年半期間，蘇東坡過著無憂無慮卻十分貧窮的生活。他有兩位妙友，一個是替他轉信的廣州道士何德順，另一位是四處遊蕩，送他食物、藥物、米、泡菜、書本的小學者。熱帶小島的夏天濕熱難當，蘇東坡常坐在檳榔樹下數日子，等候秋天來臨。秋天多雨，廣州和福建的大船因爲氣候關係都不再南行，食物短缺，島上連米都買不到。蘇東坡真的一籌莫展。元符元年（一〇九八年）冬天，他寫信給朋友，說他們父子「相對如兩苦行僧爾」。整個冬天補給品不來，他們面臨挨餓的危險。他又恢復采羹的食譜，還開始煮蒼耳來吃。

他曾寫一篇吃陽光充饑的文章，不知道是正經還是開玩笑。道士決心離開世間，通常都採取餓死的方法，有一段時間他們完全不吃穀物。蘇東坡在筆記「辟穀之法」中談到一個故事，洛陽有一個人跌落深坑，坑裏有青蛙和蛇類，他發現這些動物凌晨把頭轉向洞隙滲進來的朝陽，拚命吞嚥陽光。他又餓又好奇，就模仿蛙蛇的動作，發現饑餓已止。後來他獲救，據說從此不知道饑餓的滋味。「此法甚易知甚易行。然天下莫能知，知者莫能行者何。則虛一而靜者世無有也。元符二年儋耳米貴，吾方有絕糧之憂，欲與過行此法，故書以授。四月十九日記。」

事實上蘇東坡從來不必挨餓。他的好友鄰居也不容許他挨餓。他似乎過著無憂無慮的日子。有一天，他頭上頂著大西瓜，一面唱歌一面穿過田野。一位七十多歲的老農婦對他說：「內翰昔日的富貴，有如一場春夢。」從此蘇東坡就叫她「春夢婆」。有時候他在朋友家中小坐，被雨困住了，他就借一頂笠帽、一襲簑衣和木鞋，踩著泥路回家。群狗爭吠，鄰居尖聲大笑。有機會他就重溫月夜徘徊的習慣，他每到一地都是如此。有時候，他和蘇過到六哩外的西南海岬，那兒有一個大石頭很像面海的和尚。許多船隻在該地遇難，當地人覺得那塊石頭具有神秘的魔力。峭壁底下長滿荔枝和橘子。誰都可以採水果吃，不過誰若貪心想多摘一點帶回去，馬上就會有暴風雨出現。

蘇東坡對和尚一向很好，但是他不喜歡儋州附近的和尚，他們都娶妻或者搞女人。他曾寫一篇尖刻的文章諷刺他們。題目是「記處子再生事」據說真有其人。

「予在儋耳，聞城西民處子病死兩日復生。予與進士何旻往見其父問死生狀。云初昏若有人引去至官府。簾下有言『此誤追』。庭下一吏云『此無罪當放還』。見獄在地窟，現隧而出入繫者皆儋人，僧居十之六七。有一嫗身皆黃毛如驢馬，械而坐。處子識之，蓋儋僧之室也。曰『吾坐用檀越錢物，已三易毛矣。』又一僧亦處子鄰里，死二年矣。其家方大祥，有人持盤飧及數千云付某僧。僧得錢分數百遺門者，乃持飯入門，繫者皆爭取其飯，僧所食無幾。又一僧至，見者皆擎膝作禮。僧曰『此女可差人送還。』送者以手擘牆壁便過，復見一河，有舟便登之。送者以手推之。舟踏處子驚而寤。是僧豈所謂地藏菩薩者也，書之以為世戒。」

這幾年蘇過一直陪在父親身邊。照蘇東坡的說法，蘇過是父親各方面的良伴。他不但做一切雜事，而且擔任他的秘書。在名父教導下，蘇過很快成爲詩人和畫家。蘇東坡的三個兒子中，只有蘇過成爲重要的作家，他的文學作品留傳至今。他受過蘇東坡少年時所經歷的一切訓練。他曾抄錄整本《唐書》來增進記憶，後來又開始抄《漢書》。蘇東坡記憶力驚人，還記得這兩本書的一字一句，他躺在長椅上聽兒子背書，偶爾會指出某些古人生平中的類似細節，或者提出批判。

他們沒有好紙筆，但是蘇過用克難工具學會了竹石和冬景的繪畫。大約二十年後，蘇過進京遊訪，歇在一間寺廟內，宮中士兵突然抬著小轎子來，要他去見徽宗。蘇過莫名其妙，卻又不能抗命。他一入轎，四周就垂下簾子，他看不見行進的方向。轎子沒有頂，有人替他撐一把大傘。他似乎走了很遠，大約四、五哩才到達一處地方。他走出來，發現自己站在有頂的長廊中，有人領他進入一間華堂。他進屋看見皇帝坐在那兒，身穿黃衣，頭戴一頂鑲綠玉的帽子。

皇帝身邊圍滿宮女，穿著都很華麗。蘇過只覺得人數不少，卻不敢抬頭望。六月時光，屋裏還冷得沁人。裏面放著大堆冰塊，滿室薰香。他知道自己身在某一座宮殿內。行禮之後，皇帝對他說：「聽說你是蘇軾的兒子，善於畫石。這裏是一個新殿，我要你在牆上作畫。所以派人找你來。」蘇過深深吸了一口氣，徽宗本人也是大畫家，有不少作品留存至今。蘇過鞠躬兩次，開始在牆上作畫，皇帝起身在旁邊看他。作品完成後，皇帝一再表示讚賞，叫宮女向他敬酒，又送了不少珍貴的禮物。蘇過告退，到走廊上轎，一路上簾幕再度垂下。到家一想，真像做了一場怪夢。

島上找不到好墨，蘇東坡就實驗製墨。後來蘇過曾說，他父親差一點把房子燒掉。這個故事牽涉到杭州一位製墨名家，他的產品比別人貴兩三倍，因爲他自稱在海南島曾向蘇東坡本人學到秘方。有些學者問蘇過他父親有什麼製墨良方。蘇過笑著說，「家父沒有什麼秘方。我們在海南島無事可做，他就隨便試著玩。有一天潘衡（製墨名家）來了，家父和他在一個小房間燒松脂油製墨。半夜房間著火，差一點把屋子燒掉。第二天我們由殘跡中找到幾兩油墨。但是我們沒有膠，家父用牛皮膏設法和油墨混合。很難固體化，所以只做出十幾條手指般大小的黑墨。家父大笑一場。不久潘衡就走了。」時人發現潘衡做的墨確實很好。顯然他製墨的秘方是向別人學來的，只不過借蘇東坡的盛名來銷售罷了。

蘇東坡閒來無事，習慣到鄉間四處採藥，分辨各種藥草。有一種藥古書曾經提起，只是名稱不同，沒有人找到過。他寫了不少有關藥草的筆記，我要特別談談蕁麻治風濕的辦法，蕁麻含有蕁麻素和黃體素，像毒藤似的，碰到皮膚就會腫痛。照他的說法，把蕁麻敷在風濕起始的腫痛關節上，全身各處的酸痛都會停止。他還熱烈信仰蒼耳（枲耳）。蒼耳到處都有，對人無害，不管吃多久怎麼吃都可以（含有脂肪，少量樹膠、維他命C和枲耳醣）。他寫下蒼耳白粉碾製的辦法，把葉灰用溫火燒二十四小時就成了。白粉吃下去據說可以美化皮膚，「滿肌如玉」。有些筆記，談到蔓菁、蘆菔和苦薺，蘇東坡稱爲「葛天氏之遺民」的美食，價値高，味道又好吃。

除了這些工作，他在兒子協助下還收集各種雜記，編成《志林集》。當年兩兄弟分註五經，蘇東坡擔任兩種。謫民黃州期間他已完成《易傳》和《論語說》①。如今在海南島他又完成了《書傳》。最傑出的成就是一百二十四首「和陶詩」。他在潁州就開始「和」這些詩，但是到惠州後，被迫閒居鄉下，他發現自己的生活幾乎和陶潛一模一樣，他十分景仰陶潛。等他離開惠州，已經完成一百零九首，最後十五首專「和」陶潛尙未被和過的詩篇，都在海南島完成。他請子由寫序，在一封信中說，「然吾於淵明，豈獨好其詩也哉。如其爲人，實有感焉。」很多崇拜蘇東坡的人也會這樣說。

注釋

①《論語》不是五經之一。

第二十八章　終站

元符三年（一一〇〇年）哲宗去世，年紀只有二十四歲，留下一堆死氣沉沉、沮喪疲倦的學者。他父親神宗有十四個兒子，他只有一個「劉美人」所生的小孩，幼年就夭亡了。他弟弟徽宗繼位。徽宗日後留下三十一個兒子，幾幅好畫，和一個混亂的邦國。哥哥的暴政，徽宗繼續施行。他任用同一批人，遵守同樣的政策。王安石的國家資本主義和神宗政府連結在一起，被冠以「祖訓」的美名。在充實府庫和對付北方蠻族方面，徽宗都效法王安石。也許皇帝很難抗拒一個把財富集中於政府和皇家的政策吧。但是每一個聚斂的皇帝都必須付出代價。徽宗後來失去皇位，京師陷落，他被金人俘擄而死。徽宗雖然畫過不少美麗的花鳥鴛鴦，但是忍心欺壓人民、自己建立樂園的統治者失去皇位也是活該。

徽宗繼位時，國家的命脈已經腐蝕削弱。有個性、有才華、有正義感的君子是文明社會的珍貴產物，需要長時間培養茁壯。司馬光、歐陽修、范純仁、呂公著的時代過去了。那一代的人已經分別下獄、流放、病死、老死或被殺。獨立批評，勇敢思考寫作的氣氛已經僵化，整個政治生命都污染了。蘇東坡師徒因言論而受罪，不願意再入政壇，何況政風又對他們不利。皇帝一聲命令，不可能馬上有一群正直、博學、大無畏的學者出現朝中。已嚐了八年權力滋味的大批政客更不可能放棄權位。

不過蘇東坡暫時有好運來臨。元符三年（一一〇〇年）前六個月，新太后——神宗皇后——攝政。那年四月，元祐大臣全部獲赦，七月她還政給兒子，卻一直庇護元祐黨人，直到次年元月她去世為止。她活著的時候，流放的學者都獲赦升官，至少也可以隨處居住。顯然神宗皇后和她婆婆一樣，善於感受國家的利益，她們具有單純的女性本能，會判斷好人壞人。批評家和歷史家迷戀優美的文辭和抽象的特徵，善於研究某一時期深奧的問題和政策，卻忘記我們看人最後總逃不過「好」「壞」這兩個形容詞。總括一個人的事蹟和個性，「好人」就是最高的讚美。蘇東坡服侍的太后們似乎從來不管政府領袖的問題和政策。當然，章惇是一個堅強果斷的人。惠卿是雄辯家。蔡京生氣勃勃、精明能幹。但太后一概把他們歸類成壞人。

五月間，自由自在的吳復古又出現了，帶訊給蘇東坡，說他獲赦配往對岸雷州半島的某一個地方。不久秦觀的來信也證實這個消息，秦觀目前謫居雷州，剛剛才收到特赦令。

從此蘇東坡又東飄西蕩。他過海到雷州，剛抵達一個月，就收到移居永州（今湖南零陵）的命令。四個月內，他一再換路前往永州，走到半路，終於收到隨處定居的許可。如果一開始就獲准自由定居，蘇氏兄弟就可以輕易在廣州會合，一起北上。子由被派到湖南洞庭湖邊的一個地區。當時蘇東坡奉調到海南島對岸，離廣州很遠，子由匆匆帶家人北上，他們本來住在東坡惠州的寓所。他走到漢口附近，官位升遷，獲准自由移居；於是他回潁昌去，那兒有一處田莊，其它的子女都住在該地。

東坡不像子由，他花了很多時間才離開海南島。他本來想等福建大船，苦等不來，就隨吳復古、蘇過和愛犬「烏嘴」渡海。一行人到雷州去找秦觀，吳復古又失去蹤影。蘇東坡和吳復古一生遊遍全中國，不同的是，蘇東坡被別人的命令趕來趕去，吳復古卻是自願飄泊。追憶往事，蘇東坡似乎恨不能和他的朋友交換際遇。那樣一定快樂得多，也自由得多。

我們不必詳述他北歸的經過。到處有人招待他，歡迎他，這次可以說是凱旋歸來。到處有朋友和崇拜他的人圍在身邊，陪他看山遊廟，要他寫字題詩。他收到移居湖南的命令，就隨兒子由廉州北上，往梧州進發，叫其他的孩子來接他。到了那兒，發現子孫還沒有來，而且賀江水淺，很難直接北上湖南。他決定繞路，先回廣州，再穿過北面的山脊，由江西到湖南去。這段路要走半年，幸虧他不必走完全程。

十月他抵達廣州，與子孫家人團聚。次子蘇迨也由北方趕來看父親。蘇東坡寫道，他彷彿大夢初醒。

他在廣州受到熱誠的招待。他到海南島第二年，有人傳說他死了。有一次朋友在宴席上開玩笑說，「我以為你死了。」

蘇東坡說，「不錯，我死了，在地府半路上碰到章惇，我又決定折回來。」

大家庭有不少小孩和年輕的婦女，他們就乘船到南雄。沒走多遠，吳復古和一群和尚追上他們，陪老蘇暢遊了幾天。然後吳復古突然病倒去世，一切都那麼簡單。蘇東坡問他臨終有什麼交代。吳復古笑笑闔上了眼睛。

正要離開廣東，他收到可以自由定居的消息。徽宗建中靖國元年（一一〇一年）正月，蘇東坡穿過大庾嶺，在山北的贛縣停留七十天。他等船來載一大家人，但是好幾個小孩生病，有六個僕人得瘟疫死去。他在該地不是忙著題字，就是給城中人民看病施藥。有幾位朋友經常陪著他，他們計畫一起出遊。他到各地都有人知道，一路上很多人送絲帛紙張要他題詩。直到天色漸晚，他要趕回家了，他才要求改寫幾個大字。凡是求字的人都滿意而歸。

五月一日他抵達南京。他曾寫信給好友錢世雄，要他在常州代尋一間房舍。由那半年他所寫的信看來，他還沒有拿定主張。這時候，子由已回到潁昌老農場，寫信叫他去同住。蘇東坡不知道如何是好。他知道常州位在湖泊區，風景優美，他又有田在鄉下，可以維持生活。但他也想和弟弟同住，只是家中人口眾多，子由的居處有限，他不知道該不該帶「三百食指」——就是三十個家人、子孫和僮僕——去打擾弟弟。收到弟弟的信，他終於決定和弟弟爲鄰。他在南京渡江，叫蘇邁和蘇迨到常州清理家務，然後到儀真和他會合。事實上，他還上書申請四艘官船，讓一家人往京師的方向前進。

不過那年一月太后逝世，這時候已經五月。由一切跡象看來，政風會轉回原狀。蘇東坡怕麻煩再起，不願意居處離京師太近。他寫了一封信給子由，恨天意不讓他們聚首。「吾其如天何」。事已至此，他自然要定居常州。等家人安頓妥當，他會叫蘇邁去任新職，他和兩個小兒子則安居在湖泊區的農場。

蘇東坡在儀真等兒子來接他，夜宿在船上。夏天突然來臨，那年特別熱。沒想到他由熱帶回來，卻發現中土酷熱難當。太陽照在岸邊水面上，蒸氣由江中升起，他覺得吃不消。六月三日他可能得了阿米巴性痢疾。他認爲自己大概「啖冷過度」。說不定他喝了江水也未可知。第二天，他又衰弱又疲倦，滴水未沾。他自己也是良醫，就叫人買黃耆來吃，覺得好多了。中醫相信黃耆是補藥，可以補血補內臟。這是衰弱症的好補品，不適於專治某一種病症。現代專家有必要研究這種藥草，很多中國人天天喝黃耆湯，效果確實不錯。

他的消化系統有毛病，晚上睡不著。大畫家米芾來看過他幾次，身體好一點的時候，兩個人甚至一起去逛東園。他在儀真寫給米芾的九封書簡可以看出他生病的過程。有一次他寫道，「昨夜通旦不交睫，端坐飽蚊子爾。不知今夕云何度。」米芾送來一種藥「麥門冬湯」。蘇東坡一向把米芾當做後輩，米芾十分敬重他。現在他讀到米芾的一首描述詩，預言他將來必會出人頭地，遺憾二十年間沒有進一步瞭解他。有時候蘇東坡病體稍癒，有時候又累又乏。他的生命不是毀在皇帝或章惇手裏，而是毀於阿米巴菌。河岸濕熱的氣氛實在很難受，於是他叫人把船移到陰涼的地方。

六月十一日他向米芾告別，十二日渡過長江到靖江去。他在該區特別出名。回到那兒就像回家一樣。大詩人由海外回來的消息已經傳開了。幾千人站在靖江河岸，一睹名人的風采。大家都說他會奉召復位。

他堂妹的墓地就在靖江，她的兒子柳閎也在該地。六月十二日，他抱病帶三個兒子和外甥去祭掃堂妹夫婦的英靈。他再度寫了兩篇祭文悼念死者。也許一篇給丈夫，一篇給太太，不過內容不太明顯。第一篇「祭柳仲遠文」先提到妻子，然後才說，「矧我仲遠，孝友恭溫」。第二篇祭文情感更豐富。

「我厄於南，天降罪疾。方之古人，百死有溢。天不我亡，亡其朋戚。如柳氏妹，夫婦連璧。云何兩逝，不憗遺一。我歸自南，宿草再易。哭墮其目，泉壤咫尺。閎也有立，氣貫金石。我窮且老，似舅何益……」

第二天，幾位訪客發現他面壁而臥，泣啜不已，無法起身接見他們。來人是故相蘇頌的兒子，他們以爲蘇東坡是爲他們父親的死訊而哭。蘇頌享年八十二歲。兩人雖然同姓卻不同鄉。蘇東坡認識他三、四十年，不過我們很難相信他聽到老友的死訊會這麼傷心。而且頭一天蘇東坡聽到訃聞，並沒有親自到墓前祭拜，只派長子蘇邁做代表。我相信悲哀的來源可以由剛才那篇祭文讀出來。

該城有不少學者想見蘇東坡一面卻見不著他，章惇的兒子章援就是其中之一。蘇東坡病重，推掉不少訪客。章惇一年前被貶到雷州半島（譯註：章惇被貶與他反對立徽宗有關。他曾說「端王（徽宗）輕佻」，不適於當皇帝。），他的兒子正要去探望他。蘇東坡擔任主考期間，曾經把章援取爲第一名，依照習俗，章援也算他的門生。那是九年前的事了。章援知道父親曾迫害蘇家兄弟，又聽說他們隨時會復位。於是他寫了一封七百字的長信給蘇東坡。這封信很難寫。他列出許多不敢造訪的理由，坦白說，他因爲父親的緣故而遲疑不決。他微微暗示，蘇東坡如果回到皇帝身邊，他的一句話就可以決定別人的命運。章援怕蘇東坡回報他父親的迫害。他希望和蘇東坡談談，或者請他回信表明態度。

章援若以爲蘇東坡有心報仇，那他真是大錯特錯。蘇東坡北返途中已聽到章惇流放的消息。有一位黃寔（黃師是）先生和蘇家及章家都有親戚關係。他是章惇的女婿，也是子由第三個兒子的岳父。蘇東坡聽到章惇貶居的消息，曾寫信給黃寔說：「子厚（章惇）得雷（州），聞之驚嘆彌日。海康地雖遠，無甚瘴。舍弟居之一年，甚安穩。望以此開譬太夫人也。」他給章援的回信如下：

「某與丞相定交四十餘年，雖中間出處稍異，交情固無所增損也。聞其高年寄跡海隅，此懷可知。但已往者更說何益，惟論其未然者而已。主上至仁至信，草木豚魚所知。建中靖國之意可恃以安。所云穆卜反覆究繹，必是誤聽。紛紛見及已多矣，得安此行為幸。見今病狀，死生未可必。自半月來食米不半合，見食卻飽。今且連歸毗陵，聊自憩我里。庶幾且少休，不即死。書至此困憊放筆太息而已。建中靖國元年（一一〇一年）六月十四日。」

生在那一世紀的「亞西西聖者法蘭西斯」一定同意他的話。蘇東坡這封信和他寫給朱壽昌對抗殺嬰惡俗的信，以及元祐七年（一〇九二年）要求免除窮人債務的書表，可以說是他人道思想的三大文件。

六月十五日，他由靖江上溯運河，向常州居地進發。他來的消息轟動各地，一路上人潮湧在運河岸邊熱烈歡迎他。他體力還好，穿戴一襲衣帽坐在船上。由於天熱，兩隻胳臂都露在外面。他轉身向舟中的人說，「他們會看煞我也。」

路程不長，他很快抵達常州，住進東城門附近的一間屋子，是好友錢世雄替他租的。他首先上書給皇帝，要求完全退出政壇。宋朝官員常被封爲寺廟的主持人，以半退休狀態歸隱。蘇東坡也受封爲故鄉某地的廟產管理員。當時有一個迷信，大官病重若辭去官職，就可以醫病延壽。在上蒼眼中，政治和掠奪人民幾乎是同義字，這是十分合理的假設。辭官就等於答應重新做人。蘇東坡說他曾聽人談起這個療法，決心試一試。

抵達常州，病情不見好轉。胃口始終很差，一個月左右大部分時間都躺在床上。他預感大限快要來了。除了家人，好友錢世雄幾乎每隔一天就來看他。他貶居南方的時候，錢世雄繼續寫信送藥，友情始終不改。蘇東坡病情稍微好一點，就會叫蘇過寫信邀錢世雄來聊天。有一天錢世雄來，發現他躺在床上，無法坐起。

「我很高興由南方活著回來，」蘇東坡說，「最難受的是歸途沒有看到子由。自從雷州海岸一別，我就沒有再見到他。」

過了一會他又說，「我在海外完成《論語說》、《書傳》及《易傳》。我託你保管。收好，不要給別人看。三十年後一定大受賞識。」

他要開箱，卻找不到鑰匙，錢世雄安慰他說，他會復原，不必忙著交代這些。四週來，錢世雄經常來看他。蘇東坡最初和最終的樂趣都是寫作。他把自己在南方所寫的詩文拿給錢世雄看，眼睛閃閃發光，似乎忘記了一切。有時候他還能寫短簡和題跋，其中包括一篇桂酒頌，他知道好友會仔細珍藏，就把這篇文章送給錢世雄。

七月十五日，他的病情極度惡化。那天晚上發高燒，第二天牙床出血，全身軟弱無力。他分析自己的症狀，相信他的病來自「熱毒」，這是一般人對傳染病的稱呼。他自認無法醫療，只能讓病源自行枯死；下藥也沒有用。他什麼都不吃，只服人參、麥門冬和茯苓，煮成濃湯，渴了就喝一點。他寫信給錢世雄說，「莊生聞在宥天下，未聞治天下也。如此而不癒則天也。非吾過矣。」錢世雄給他幾種據說有奇效的貴重藥品，但是蘇東坡不肯吃。

七月十八日，蘇東坡把三個兒子叫到身邊說，「我一生沒有做過壞事，我不會下地獄。」叫他們放心。還指名要子由寫墓誌銘，他要和妻子合葬在子由居處附近的嵩山。幾天後，他的病情似乎好轉，叫兩個小兒子扶他起床走了幾步，後來卻連床上也坐不久了。

七月二十五日，復原的希望完全斷絕。當年在杭州的老友維琳方丈來訪，一直陪在他身邊。蘇東坡雖然坐不起來，卻喜歡維琳長老留在房間內，好隨時談話。二十六日，他寫了最後一首詩。長老一直和他談現世和來世的生活，建議他念佛經。蘇東坡笑笑。他讀過不少佛教和尚的生平，知道他們最後都死了。

「鳩摩羅什呢，他也照死不誤，對不對？」鳩摩羅什是印度高僧，西元四世紀來到中國。他一個人把三百冊佛經翻譯成中文，一般公認他是第一個奠立大乘基礎的佛僧，大乘教派在中國和日本都很風行。鳩摩羅什臨死前曾叫同來的天竺僧友替他念梵文經。但是鳩摩羅什情況照樣惡化，不久就死了。蘇東坡由「後秦書」讀到他的故事，仍然記得。

七月二十八日，他很快衰弱下去，呼吸愈來愈短。家人依照習俗，在他鼻尖放一塊棉花來探測鼻息。全家都在屋內。長老貼近他耳邊說，「現在想想來生吧！」

蘇東坡緩緩低語，「西天也許存在，不過設法到那兒也沒有用。」錢世雄站在旁邊，就對他說，「尤其這個時候，你一定要試試看。」蘇東坡最後一句話是「試就不對了。」那就是他的道家哲學。解脫在於自然而不自覺的善行。

蘇邁上前問他有什麼吩咐，蘇東坡沒有說話就離開了人間。享年六十四歲。兩週前，他曾寫信給維琳長老，「嶺南萬里不能死，而歸宿田野遂有不起之憂，豈非命也夫。然生死亦細故爾，無足道者。」

由塵世的標準來說，蘇東坡的一生相當坎坷不幸。有一次孔子的門生問起兩個爲信念而餓死的古聖人。門生問孔子，伯夷叔齊死前有沒有悔意。孔子說，「他們求仁而得仁，爲什麼要後悔呢？」

蘇東坡今生的「浩然之氣」已經用光。人生不過是性靈的生活，而性靈是控制人類事跡和個性的力量，與生俱來，只能靠生命的際遇和環境來表現。正如蘇東坡的描寫「浩然之氣不依形而立，不恃力而行，不待生而存，不隨生而亡矣。故在天爲星辰，在地爲河嶽，幽則爲鬼神，而明則復爲人。此理之常，無足怪者。」

讀到蘇東坡的生平，我們等於追查人類心智和性靈暫時顯現在地球上的生命。蘇東坡死了，他的名字只是一段回憶，但是，他卻爲我們留下了他靈魂的歡欣和心智的樂趣，這些都是不可磨滅的寶藏。

附錄一　年譜

北宋仁宗（一〇二三～六三年）

景祐三年（一〇三六）　蘇東坡出世（十二月十九日）

至和元年（一〇五四）　娶王弗

嘉祐二年（一〇五七）　中「進士」；母喪；服孝（一〇五七年四月～一〇五九年七月）

嘉祐四年（一〇五九）　舉家遷往京師（一〇六〇年二月抵達）

嘉祐六年（一〇六一）　任鳳翔判官（一〇六一年十一月～一〇六四年十二月）

英宗（一〇六四～六七年）

治平元年（一〇六四）　任職史館（一〇六五年二月～一〇六六年四月）

治平二年（一〇六五）　妻喪（五月八日）

治平三年（一〇六六）　父喪；服孝（一〇六六年四月～一〇六八年七月）

神宗（一〇六八～八五年）

熙寧元年（一〇六八）　娶王閏之（十月？）

熙寧二年（一〇六九）返京（一〇六九年二月）任職史館（一〇六九年二月～一〇七〇年十二月）

熙寧四年（一〇七一）任告院監官（一〇七一年一月～六月）往杭州（一〇七一年六月～十一月）任杭州通判（一〇七一年十一月～一〇七四年八月）

熙寧七年（一〇七四）往密州（一〇七四年九月～十一月）密州太守（一〇七四年十一月～一〇七六年十一月）

熙寧九年（一〇七六）往徐州（一〇七六年十二月～一〇七七年三月）

熙寧十年（一〇七七）任徐州太守（一〇七七年四月～一〇七九年三月）

元豐二年（一〇七九）湖州太守（一〇七九年四月～七月）入獄（一〇七九年八月～十二月）

元豐三年（一〇八〇）謫居黃州（一〇八〇年二月～一〇八四年四月）

元豐七年（一〇八四）往常州（一〇八四年四月～一〇八五年三月）

元豐八年（一〇八五）往登州（一〇八五年六月～十月）任登州太守（一〇八五年十月）往京師（一〇八五年十月～十二月）任中書舍人（一〇八五年十二月～一〇八六年七月）

哲宗（一〇八六～一一〇〇）元祐年間太后攝政（一〇八五年三月～一〇九三年八月）

元祐元年（一〇八六）以翰林學士知制誥（一〇八六年八月～一〇八九年二月）

元祐四年（一〇八九）往杭州（一〇八九年四月～七月）任杭州太守兼浙西軍區鈐轄（一〇

八九年七月～一〇九一年二月）

元祐六年（一〇九一）　吏部尚書（一〇九一年一月～八月）往京師（一〇九一年三月～五月）
任穎州太守（一〇九一年八月～一〇九二年三月）

元祐七年（一〇九二）　任揚州太守（一〇九二年三月～八月）兵部尚書（一〇九二年九月～十月）禮部尚書（一〇九二年十一月～一〇九三年八月）

元祐八年（一〇九三）　妻喪；太后駕崩（一〇九三年八月～九月）調定州太守，河北軍區司令。

紹聖元年（一〇九四）　往惠州貶所（一〇九四年三月～十月）謫居惠州（一〇九四年十月～一〇九七年四月）

紹聖四年（一〇九七）　往海南（一〇九七年四月～七月）謫居海南儋州（一〇九七年七月～一一〇〇年六月）

徽宗（一一〇一～二六年）太后攝政（一一〇〇年一月～六月）

建中靖國元年（一一〇一）　北返，往常州（一一〇〇年七月～一一〇一年六月）仙逝（一一〇一年七月二十八日）

欽宗靖康元年（一一二六）　北宋覆亡

附錄二　參考書目及資料來源

（一）蘇東坡詩文的早期版本

蘇東坡生前曾出版好幾冊詩集，按時間編纂，我們知道的至少有七冊：《南行集》、杭州《錢塘集》、密州《超然集》、徐州《黃樓集》、常州《毗陵集》、翰林《蘭臺集》與《海外集》。最早出版蘇詩的是王詵駙馬，宋神宗元豐二年（一〇七九年）之前他就刻印過不少，編成《王詵刻詩集》。那年蘇東坡下獄受審，四卷詩集被提出來當證據。元豐五年（一〇八二年）左右，陳師仲出版《超然集黃樓集》。元豐八年（一〇八五年）蘇東坡獲釋離開黃州，曾寫信叫好友滕元發毀掉他詩集的木刻板。哲宗紹聖四年（一〇九七年）元符三年（一一〇〇年）之間，劉沔曾寫信和他討論專集出版的事項，收爲《劉沔編文集》，蘇東坡稱讚這本集子資料百分之百真確。

蘇東坡死後不久，各家詩社紛紛出籠，有的說明他詩句的出處，有的列明各詩有關的人名、地名和軼事。徽宗政和元年（一一一一年）他死後十年——《蘇詩四註》變成《趙次公等蘇詩五註》。高宗建炎四年（一一三〇年）「八註」和「十註」都出現了，由趙夔分題編纂。一一七〇年，蘇東坡的盛名已經確立，於是有王十朋編的《蘇詩百家註》。這是出名的「王註」版本，編者客觀選擇前人最好的註釋。當然最有價值的就是蘇東坡好友及門生黃庭堅、陳師道、潘大臨等人的說明，他們深知詩中所含的切身資料。百家註其實只有九十七家，其中北宋四十七家和南宋三十一家歷史上都有記載。

十二世紀末年，施元之編印《蘇詩編年註》，出版時曾附上陸游寧宗嘉定二年（一二〇九年）所寫的序文。後來鄭羽修訂「施註」出版，序文是理宗景定三年（一二六二年）寫的。

（二）近代註解

明代「施註」失傳，通行的蘇詩版本按照三十或七十八種主題分類，仍稱爲「王註」。清代考據學達到最高峰；很多舊版本都出現了，乾隆編纂《四庫全書》更是全面搜尋古本和珍本。康熙年間，現代評註本《宋犖編施註蘇詩》出現。這本書的補註工作由邵長蘅和李必恒等人負責，「年譜」也重新修訂。新版本附了清聖祖康熙三十八年（一六九九年）所寫的序文，可以說是「施註」的修訂本，不過一般都稱爲「邵註蘇詩」，某些初刻本中沒有收錄的詩文也添進去了。另一位大學者查慎行康熙四十一年（一七〇二年）出版《東坡編年詩補註》，改正了邵長蘅的某些錯處。

乾隆時代，《四庫全書》的主編紀昀（曉嵐）十分仰慕蘇東坡。高宗乾隆三十六年（一七七一年）出版了《紀曉嵐蘇詩點論本》，由文學觀點評賞每一首詩，明智比較各種版本的優劣。這時候，大學者大作家兼收藏家翁方綱找到了宋犖所擁有的《施註蘇詩》，這是他一生的大事，於是他把書房命名爲《蘇齋》。本書英文版所附的東坡畫像就有翁方綱的題跋。乾隆四十七年（一七八二年），他出版《翁方綱蘇詩補註》。馮應榴手邊有一本宋代「五註」和袁枚出版的「王註」蘇詩，乾隆五十八年（一七九三年）出版了《馮應榴蘇詩合註》。這些版本的編者意見不一；《查慎行東坡編年詩補註》糾正前兩本，《馮應榴蘇詩合註》又糾正一切前人的註釋。大抵說來，施註的編年法就此確立。

時機已到，王文誥的《蘇詩編註集成》就要出版了，他治學認真，曾花三十年研究蘇東坡。他儘可能走訪蘇東坡有關的地方。以前所有的版本都盡在眼前，他逐字考正地點和時間，所以連王宗稷的《年譜》、傅藻的《紀年錄》或《宋犖編施註蘇詩》都完全被他的版本所取代。我非常感謝王文誥，他編年評註蘇詩，而且對照研究蘇東坡生平中各個階段，使我得到不少便利。這本書他在宣宗道光二年（一八二二年）出版，德宗光緒十四年（一八八八年）重刻再版。

（三）現代版本

民國十八年（一九二九年）商務印書館出版《四部叢刊》，其中包括幾本宋刊蘇詩的影印本：《經進東坡文集事略》是蘇東坡的散文集，《王狀元集註東坡先生詩》是王註蘇詩的再版。「東坡七集」有一百一十卷詩、文、書信和奏議；其中奏議幾乎都列明年、月、日。《蘇文忠公全集》是洋裝書，分上下兩冊，根據一四六八年的明代版本而來。《國學基本叢書》中的《蘇詩補註》，是重印翁方綱編註的版本。

（四）蘇東坡的特殊作品

除了詩文，蘇東坡還寫過五本書。兩兄弟分註五經，蘇東坡拿到《書經》、《易經》和《論語》（不是五經之一）。《易傳》是他對人世盛衰哲學《易經》的註解，很值得翻譯成外文，因爲它強調深度的人事真理，不是以理學家的宇宙數理觀來詮析這本書；蘇東坡曾自稱數學很差。《書傳》是他對《書經》的註解，連他的政敵理學家們都大加讚揚。《論語說》的光采被朱熹的註釋掩蓋了，如今已失傳；另一方面，他弟弟的補註（和孟子、老子的註解）卻留存至今。《志林》是他和幼子在海南島編纂的，但是並不完全；裏面包含他流亡期間的筆記，成爲他留傳的重要作品之一。《和陶合箋》是他「和」陶潛全部詩篇的集子，由他弟弟寫序。我這本書經常提到《志林》和《和陶詩》，有些蘇東坡詩文集也把這兩種作品收錄在內。

（五）特殊選集

《東坡題跋》是蘇東坡對名畫、書法、書本和旅行所題的小記或評析，不包括在蘇東坡詩文集中，內容卻很重要，不是作者編集的，原來沒打算拼成一冊。《蘇沈良方》掛名蘇軾和沈括合作，不過蘇東坡的作品都收在補充集中。我想裏面有四、五種良方值得西醫採用。《仇池筆記》含有他在道術方面的隨筆，有點像《志林》，價值卻不如它。《東坡文談錄》是他對文學的意見。《東坡詩話錄》是他詩論的總集。《東坡樂府箋》是東坡詞集，《東坡禪喜集》則是他含有佛教思想的詩收錄而成；不過，若要研究蘇東坡的佛教概念，他的散文集比詩詞重要得多。《蘇長公小品》選錄大家最喜愛的輕鬆著作，是康熙三十三年（一六九四年）出版的。

（六）偽託書

下列作品很可能是假造的，因爲蘇東坡的詩文書信或者朋友們的證言中都找不到他寫這些書的證據。不過《艾子雜說》頗值得一讀，內容全是一位古人四周的渾笑話和趣聞軼事。《廣成子解》註釋一篇含意不清的道教學說。《格物粗談》和《物類相感誌》非常有趣，是兩本家庭良方的小冊子（談到如何染黑頭髮，如何去污，如何為蠟燭著色，如何加酒精防止硯臺水凍結，吃大蒜如何去臭，如何把蛋白煮得分層硬化，如何使硬肉易煮……等等）。《問答錄》是蘇東坡和僧友佛印之間的笑談，還談到虛構的蘇小妹（本書第三章曾談到這個問題）所玩的詩詞遊戲。就我所知，這是最早提到蘇小妹的著作。明神宗萬曆二十九年（一六〇一年）——東坡死後五百年——在《寶顏堂全集》中出現，可以當做無稽之談。《漁樵問答》也頗有疑問，裏面有一篇序，作者和《問答錄》的前序是同一個人，時間卻早一年。《雜纂二讀》很短，沒有什麼價值。

（七）蘇東坡生平的資料

《蘇氏族譜》是蘇東坡的父親編寫的。最重要的兩大直接資料則是八千字的「宋史本傳」和他弟弟所寫的六千字「東坡墓誌銘」。王宗稷所編的「年譜」通常都附在「全集」中；這類「年譜」完全是枯澀無味的資料表，需要辛苦研究，而且會引起不少爭論。傅藻的「紀年錄」是另一份年譜，收在《王狀元集註東坡先生詩》一書內。因爲蘇東坡和他弟弟子由在個人生活和政治生涯方面都有密切的關係，子由的年譜《蘇潁濱年表》也十分重要。《眉山蘇氏族譜》刊行於民國十八年（一九二九年），含有三蘇、蘇東坡的三個兒子和子由三個兒女的虛構畫像，以及家中其他有關的資料；不過蘇東坡一家的重要資料在他父親所編的族譜中更容易找到。本書十四章曾提到東坡下獄有關的《烏臺詩案》、《蘇長公外紀》、《東坡事類》和《東坡逸事》，都是蘇東坡軼事和紀錄的彙編，依題目分類。雖然「蘇長公外紀」是大學者王世貞（一五二六～一五九〇年）編寫的，我覺得《東坡事類》比較完善，安排較佳，資料來源也說得比較清楚。

（八）蘇東坡時代其他作家的選集

蘇東坡當代文人及同僚的作品在《四部叢刊》和《四部備要》中都可以找到再刊本。這類集子通常都收錄比較正式的著作，不像筆記或傳略那麼傳神。《嘉祐集》的作者是東坡的父親蘇洵，《欒城集》是他弟弟蘇轍，《斜州集》是他的三子蘇過。我必須介紹子由的孫兒蘇籀所寫的《欒城遺言》。此外，《山谷集》、《淮海集》、《宛邱集》、《雞肋集》、《后山集》和《濟南城》的作者是「蘇門六學士」黃庭堅、秦觀、張耒、晁補之、陳師道和李廌。《參寥子集》是詩僧參寥的詩集，我這本書經常提到這位人物。《臨川集》是王安石的重要選集。《寶晉英光集》則是大畫家米芾的作品。

除了這些，本書重要人物的作品都可以找到，我不一一詳列在這兒。例如歐陽修、司馬光、張方平、范純仁、范祖禹、王安禮、韓琦、韓維、文彥伯、劉摯、陳襄、鄭俠和博學的詩僧德洪都有作品留存至今。

（九）宋人筆記

蘇東坡當代文人及後輩所寫的筆記含有最豐富的資料，爲蘇東坡的生平和時代留下了側面的說明。回憶錄或筆記是最懶散的文學作品，不需要重組材料，因此變成中國文人最喜歡的表達方式。

這類筆記的內容有的是嚴肅、重要的史實記載和資料，用來補充官方歷史，有的是雜七雜八的鬼狐及轉世傳說，有時候通通編在同一冊內。大體說來，筆記可以歸在「文人閒話」一類中。我充分引用下列的筆談，卻避開宋人流行的「詩話」，詩話通常都說明某一句名詩寫作的原因及場合。

各種「叢書」中，很容易找到下列筆記的複刊本。大致說來，「津逮」叢書優於「寶顏堂」，「學津」又優於「津逮」。民國二十四年（**一九三五年**）「叢書集成」出版，把這些筆記合編成統一、便宜、精選的版本，此後學者都參考這套集成，因為現在可以照頁數來翻看了（**古書的目錄都不記頁數**）。

（甲）前賢的回憶錄：《涑水紀聞》是司馬光寫的，《東齋紀事》是范鎮寫的，若要參考當時元老政治家的重要日記，可以看李燾的《續資治通鑑長編》。

（乙）兩位重要的筆記作家：這兩位作家的作品對歷史家頗有參考價值；他們和別人不同，常常用一長段來描寫某一事件。《聞見前錄、後錄》是理學家邵雍的兒子邵伯溫和孫子邵博所寫的；司馬光隱居洛陽期間，邵伯溫和他過從甚密。由於理學陣營分裂，邵博的記載大捧蘇東坡，攻擊程氏兄弟，因為程氏是他祖父那一學派的敵人。《揮麈前錄、後錄、三錄》、《揮麈餘話》和《玉照新誌》完成於宋孝宗乾道二年（**一一六六年**）到宋寧宗慶元六年（**一二〇〇年**）間，是辛勤的筆記作家王明清的作品；由於價值頗高，這些書曾奉召獻給皇上。作者的母親是王安石部下曾布的孫女，所以他的態度偏向曾布和王安石，對米芾相當嚴苛。尤其《揮麈前錄、後錄、三錄》曾仔細研究宋代的習俗和制度，保存了不少史料。

（丙）蘇東坡門生和同僚的筆記：《師友談記》、《后山談叢》、《山谷題跋》、《无咎題跋》、《明道雜志》、《宛邱題跋》、《姑谿題跋》和《侯鯖錄》都含有重要的資料。李廌的《師友談記》很短卻很有趣。陳師道的《后山談叢》收錄了蘇東坡的某些笑話。《山谷題跋》是黃庭堅對書稿和名畫的題跋。張耒的《明道雜志》含有道家以房中術求長生的細節。《姑谿題跋》的作者李之儀是蘇東坡在定州的同事，《侯鯖錄》的作者趙令畤則是他在潁州的同僚。

（丁）其他朋友的筆記：下列作品不如剛才那些親切，卻也可以找到直接的資料。《孔氏談苑》和《孔氏雜說》都是孔文仲的兄弟孔平仲寫的，他們兩兄弟和蘇東坡交情都很好。《孔氏談苑》不太真實，裏面曾談到蘇東坡被捕受審的經過。《冷齋夜話》和《石門題跋》是黃庭堅的密友惠洪和尚（又名德洪）所寫的，裏面好幾則談到東坡。何薳（他父親由蘇東坡推薦得高官）的《春渚紀聞》和朱弁的《曲洧舊聞》一樣，含有蘇東坡最豐富的紀錄。「寶顏堂」的版本不完全；但是「學津」版的《春渚紀聞》有一整章談到蘇東坡，連他去世的經過都有記載。東坡門生晁補之的弟弟晁說之寫了一本《晁氏客語》。因爲是圈內人，作者記下元祐大臣不少的談話，對范祖禹記載尤其多。《道山清話》的作者不詳，顯然是同一圈內的密友；書中貶斥王安石與程氏兄弟。

（戊）中立人士的筆記：當代人朱弁所寫的《曲洧舊聞》非常重要，材料也很充實。曾慥的《高齋漫錄》很短，大部分是趣聞軼事。劉延世的《孫公談圃》立場獨立。《泊宅編》的作者是居住在湖州的方勺。

（己）對方的筆記：爲王安石辯論的作品——宋代歷史家和筆記作家都反對王安石——通常都與事實不符；這可以參照《揮麈前錄、後錄、三錄》和《續資治通鑑長編》。說來有趣，他們的記錄對蘇東坡卻頗有好評，談到他的過失——如葉夢得記載他不是造酒專家，製墨時又差一點把房子燒掉——卻使他顯得更有人情味。葉夢得曾寫過《石門燕語》和《避暑錄話》，他是章惇的親戚，蔡京的好友。《東軒筆錄》的作者魏泰是曾布夫人（名詩詞家）的兄弟；他想爲王安石洗刷罪名。《鐵圍山叢談》的作者蔡條是奸臣蔡京的兩位劣子之一；父子爭權，把北宋帶上覆亡的道路。陳善的《捫蝨新話》和葉夢得那兩本書一樣，曾談到蘇東坡的一些小錯，例如他口沒遮攔等等。《萍州可談》的作者是朱彧，他父親是蘇東坡的朋友，不過後來卻在舒亶和呂惠卿手下做事。

（庚）後人的筆記：大體來說，那些書則才可以算是北宋的作品，北宋在欽宗靖康元年（一一二六年）——蘇東坡死後二十五年——滅亡。當然我們沒有理由劃分北宋和南宋，因爲很多作家都曾經在南北兩宋生活過。子由孫兒所寫的《欒城遺言》十分有趣，對他祖父比東坡更誇獎。《楓窗小讀》是《百歲老人》袁褧在慶元六年（一二〇〇年）左右寫成的，書中追憶北宋京城的情景。張端義的《貴耳集》在理宗淳祐元年（一二四一年）寫成，由於作者的太太曾燒掉他以前的文稿，所以特別有趣。

（辛）名儒及大收藏家的作品：十二世紀不少文人的題跋都特別提到蘇東坡的手稿，此處列下四位。《老學菴筆記》的作者是大詩人陸游（一一二五～一二一〇年），他還寫過「入蜀記」。《晦菴題跋》是理學家朱熹（一一三〇～一二〇〇年）的傑作。《益公題跋》的作者周必大（一一二六～一二〇六年）最愛收藏蘇東坡的原稿。《鶴山筆記》是大理學家魏了翁（一一七八～一二三七年）寫的，他生存的時代接近南宋末期。

（十）歷史

北宋的基本史料不是《宋史》，而是李燾（一一一四～一一八三）的五百二十卷巨著《續資治通鑑長編》。梁啓超和蔡上翔等人替王安石辯護，往往說《宋史》反王安石擁元祐派，是一部草率的作品，爲元人托克托所主編。不錯，《宋史》草率而且擁護元祐大臣，但是王稱的《東部事略》也擁護元祐諸人卻並不草率，而李燾的巨作則一切資料俱全，也許太完全了些，具有一切偉大史書的優點。這本書最富於蘇東坡生存時代的史料，曾廣泛引錄王安石、司馬光、呂大防、呂公著、曾布、林適等人的日記，和《神宗實錄》朝堂上的對話，因此保存了後代失傳的這些作品和《涑水紀聞》、《東齋紀事》、《聞見前錄後錄》、《揮麈前錄後錄三錄》的古刊本。這本書花了李燾四十年的光陰，宋孝宗隆興元年（一一六三年）、乾道四年（一一六八年）和淳熙元年（一一七四年）曾分批獻給皇上。

我要特別註明，宋代文人頗有史學頭腦。司馬光著《資治通鑑》，歐陽修著《新唐書》和《新五代史》。李燾編集北宋史料，日後李心傳也曾援例編集南宋史料。王稱寫《東都事略》，彭百川則寫了《太平治跡事類統編》，都是學者私人費盡心血的著作。

李燾的作品包羅萬象，因爲篇幅過大——像大恐龍似的——幾乎完全絕跡，只留下兩部，一部收在明朝宮廷的《永樂大典》中，幾近完整無缺，但是連大臣都不知道這部書，直到十八世紀乾隆時代才被人發掘出來。這部書是編年史，由楊仲良分類編成易讀的版本，讀者可以輕易找出某一戰役或政治時期的發展。但是楊仲良這本《通鑑長編紀事本末》在宋理宗寶祐元年（一二五三年）和寶祐五年（一二五七年）刊行，收藏家更少人知道，清仁宗嘉慶五年（一八〇〇年）左右才被人發現。

楊仲良的作品也許是研究北宋最完備最方便的史書，保存了李燾作品中足量的材料。裏面還存了建中靖國元年至靖康元年（一一〇一～一一二六年）間李燾作品中遺失的部分。還有一部更便捷的摘錄《宋史紀事本末》，由馮琦初編，陳邦瞻在張溥（一六〇二～四一年）指揮下修訂完成。

要研究蘇東坡的生平和時代，最有用的是《東都事略》，這本書雖是私人作品，卻可以取代《宋史》的北宋階段。書中偏向元祐學者，攻擊王安石，不過大家都公認它有權威、公正無私。最有價值的是一百零五卷北宋學者大臣的傳略。

（十一）有關王安石的特殊研究

朱熹的《名臣言行錄》簡述名臣不凡的言語和行爲。黃宗羲的《宋元學案》研究各學者在思想上的貢獻。提到王安石和三蘇的那兩章（第九十八、九十九章）由全祖望執筆。

有三本作品想要洗刷王安石在歷史上的罵名。一位沒沒無名的學者蔡上翔曾做過基本的研究，寫了《王荊公年譜》，我只看過楊希閔的四卷節錄；第四卷有些資料很不錯。梁啓超的《王荊公》，柯昌頤的《王安石評傳》都曾爲王安石請命，反而損害了立論和證據的品質。此處不宜深談這個議論多端的問題。簡單地說，梁啓超和柯昌頤認爲：（一）王安石是大詩人大學者，這一點沒有人否認；（二）王安石是社會主義者，因此具有現代思想（卻不認清王安石所行的各項新政）（三）王安石一心想使中國兵力強大，這是時代造成的（卻忘記奉命打仗的老百姓不喜歡侵略爭戰）（四）王安石時的歷史都根據當代人偏執的資料，他們看到北宋滅亡，對他有偏見（卻不考慮飽嘗新政果實的當代人怎麼會一致指責他）（五）迫害元祐學者不能怪王安石，新政引起的黨爭也不能怪他。

（十二）地理

《元豐九域志》和《太平寰宇記》是北宋的地理書，對人口和產物等都有詳細的記載。孟元老的《東京夢華錄》詳細描寫北宋的京城、宮殿、街道、店舖、習俗和節慶，十分迷人。吳自牧的《夢粱錄》內容相似，篇幅卻長一倍，描寫南宋都城杭州的一切。《武林舊事》收錄了十二世紀後半段杭州有關的事跡。田汝成的《西湖遊覽志餘》描寫西湖和杭州四周有關的文藝史和趣聞軼事。《入蜀記》是陸游乾道六年（一一七〇年）上溯長江到四川的日記，還記載了他到黃州東坡舊居的情景。《吳船錄》是范成大淳熙四年（一一七七年）由成都下行長江的記載。

（十三）書法真跡

蘇東坡手書的拓印本太多了，無法一一詳述。此處特別談談《西樓蘇帖》，本書第二十章曾經提到過。《天際烏雲帖》含有翁方綱珍藏的畫像，本書（英文版）附在前端；十一章曾提到本帖的內容。《剔耳圖二蘇題跋》含有蘇東坡兄弟的書法真跡。《贈柳子玉詩帖》是蘇東坡親筆寫給他堂妹翁公的一首詩，書法特別好。北平〈故宮博物院週刊月刊〉至少曾複印十幾位本書人物的親筆信函。

書目表

（凡收入數種叢書者，舉其佳者一種。列入「叢書集成」者加＊號）

A **最初刻本**

1王詵刻詩集（一〇七九年以前）
2陳師仲編超然集黃樓集（一〇八二年前後）
3劉沔編文集（約一〇九七～一一〇〇年）
4趙次公等蘇詩五註（崇寧大觀間，約一一一〇～一一二六年）
5趙夔等蘇詩十註（紹興初，約一一三〇年）
6王十朋編蘇詩百家註（約一一七〇年）
7施元之蘇詩編年註（一二〇八年）
8劉羽重刻施註（一二六二年）

B **清代刻本**

9宋犖編施註蘇詩（邵長蘅、李必恆補註）（一六九九年）
10查慎行東坡編年詩補註（一七〇二年）
11紀曉嵐蘇詩點論本（一七七一年）

12翁方綱蘇詩補註（一七八二年）
13馮應榴蘇詩合註（一七九三年）
14王大誥蘇詩編註集成（一八二二年初刻，一八八八年重刻）

C **現代刻本**

15經進東坡文集事略（四部叢刊）
16東坡七集（四部備要）
17蘇文忠公全集（世界書局）
18王狀元集註東坡先生詩（四部叢刊）
19蘇詩補註　翁方綱（國學基本）

D **蘇東坡著作**

20易傳（學津）＊
21書傳（學津）＊
22論語說（佚）
23志林（學津）＊
24和陶合箋（順德鄧氏藏版）

E 選集

25 東坡題跋（津逮）＊
26 蘇沈良方（知不足）＊
27 仇池筆記（龍威）＊
28 東坡文談錄（學海）
29 東坡詩話錄（學海）
30 東坡樂府箋　龍沐勛編（商務）
31 東坡禪喜集　劉仁舫編（商務）
32 蘇長公小品　王納諫（康熙刻本）

F 偽託書

33 艾子雜說（顧氏）＊
34 廣成子解（說郛）
35 格物粗談（學海）＊
36 物類相感志（寶顏）＊
37 問答錄（寶顏）
38 漁樵問答（寶顏）
39 雜纂二續（說郛）

G 年譜事類等

40 蘇氏族譜　蘇洵（說郛）
41 宋史本傳
42 墓誌銘　蘇轍（見全集十六、十七）
43 年譜　王宗稷（見全集十六、十七）
44 紀年錄　傅藻（見十八）
45 蘇潁濱年表　孫汝听（藕香零拾）
46 眉山蘇氏族譜（一九二九刻本）
47 烏台詩案（學海）
48 蘇長公外紀　王世貞（明刻）
49 東坡事類　梁廷楠（光緒五年刻本）
50 東坡逸事　沈宗元（商務）

H 嘉祐至元祐諸賢文集

51 嘉祐集　蘇洵（四部叢刊本，下同）
52 欒城集　蘇轍
53 斜川集　蘇過
54 山谷集　黃庭堅

55淮海集　秦觀
56宛邱集　張耒
57雞肋集　晁補之
58后山集　陳師道
59濟南集　李廌
60參寥子集　道潛
61臨川集　王安石
62寶晉英光集　米芾

I **宋人筆記**（詩話不錄）

（a）
63涑水紀聞　司馬光（學津）＊
64東齋紀事　范鎮（守山）＊

（b）
65聞見前錄，後錄　邵全溫，邵博（學津）＊
66揮麈前錄，後錄，三錄　王明清（學津）＊
67揮麈餘話　王明清（學津）＊
68玉照新志　王明清（學津）＊

（c）

69師友談記　李廌（學津）＊
70后山談叢　陳師道（學海）＊
71山谷題跋　黃庭堅（津逮）＊
72无咎題跋　晁補之（津逮）＊
73明道雜志　張耒（學海）＊
74宛邱題跋　張耒（津逮）＊
75姑谿題跋　李之儀（津逮）＊
76侯鯖錄　趙令畤（知不足）＊

（d）

77孔氏談苑　孔平仲（寶顏）＊
78孔氏雜說　孔平仲（寶顏）＊
79冷齋夜話　惠洪（學津）＊
80石門題跋　惠洪（津逮）＊
81春渚紀聞　何薳（學津）＊
82晁氏客語　晁說之（學海）＊
83道山清話　（失名）（學津）＊

(e)
84 曲洧舊聞　朱弁(學津)＊
85 高齋漫錄　曾慥(學海)＊
86 孫公談圃　劉延世(學津)＊
87 泊宅編　方勺(稗海)＊
(f)
88 石門燕語　葉夢得(唐宋)＊
89 避暑錄話　葉夢得(津逮)＊
90 東軒筆錄　魏泰(稗海)＊
91 鐵圍山叢談　蔡絛(學海)＊
92 捫蝨新話　陳善(寶顏)＊
93 萍州可談　朱彧(學海)＊
94 欒城遺言　蘇籀(百川)＊
95 楓窗小牘　袁褧(寶顏)＊
96 貴耳集　張端義(津逮)＊
(g)
97 學菴筆記　陸游(學津)＊
98 晦菴題跋　朱熹(津逮)＊

99 益公題跋　周必大（津逮）＊
100 鶴山筆錄　魏了翁（學海）＊

J 歷史

101 續資治通鑑長編　李燾（浙江書局）
102 通鑑長編紀事本末　楊仲良（廣雅刻本）
103 宋史紀事本末　陳邦瞻（江西書局）
104 東都事略　王稱（四朝別史本）
105 宋史　托克托（坊刻）
106 太平治跡事類統編　彭百川（適園）

K 特種參考

107 名臣言行錄　朱熹（道光壬寅刻本）
108 宋元學案　黃宗羲（長沙河氏）
109 王文公年譜　蔡上翔著，楊希閔節略（豫章先賢九家年譜）
110 王荊公　梁啓超（廣智）
111 王安石評傳　柯昌頤（商務）

L **地理**

112 元豐九域志（聚珍）＊
113 太平寰宇記　樂史（乾隆刻本）
114 東京夢華錄　孟元老（學津）＊
115 夢粱錄　吳自牧（學海）＊
116 武林舊事（知不足）
117 西湖遊覽志餘　田汝成（西湖集覽，嘉惠堂重刊）
118 入蜀記　陸游（寶顏）＊
119 吳船錄　范成大（寶顏）＊

M **真跡墨帖**

120 西樓蘇帖　汪應辰刻（文明書局）
121 天際烏雲帖（嵩陽帖）
122 劓耳圖二蘇題跋（文明書局）
123 贈柳子玉詩帖（文明書局）
124 故宮博物院週刊月刊

林語堂作品精選：4
蘇東坡傳【經典新版】

作者：林語堂
發行人：陳曉林
出版所：風雲時代出版股份有限公司
地址：10576台北市民生東路五段178號7樓之3
電話：(02) 2756-0949
傳真：(02) 2765-3799
執行主編：朱墨菲
美術設計：吳宗潔
業務總監：張瑋鳳

初版九刷：2024年10月
ISBN：978-986-352-422-9

風雲書網：http://www.eastbooks.com.tw
官方部落格：http://eastbooks.pixnet.net/blog
Facebook：http://www.facebook.com/h7560949
E-mail：h7560949@ms15.hinet.net
劃撥帳號：12043291
戶名：風雲時代出版股份有限公司

風雲發行所：33373桃園市龜山區公西村2鄰復興街304巷96號
電話：(03) 318-1378
傳真：(03) 318-1378
法律顧問：永然法律事務所 李永然律師
北辰著作權事務所 蕭雄淋律師

行政院新聞局局版台業字第3595號 營利事業統一編號22759935

定價：280元

國家圖書館出版品預行編目資料

林語堂作品精選：4 蘇東坡傳 經典新版 / 林語堂著. -- 初版. -- 臺北市：風雲時代, 2017.10　面；　公分

ISBN 978-986-352-422-9（平裝）
1.人生哲學

782.8516　　106015697